Christine Ax · Friedrich Hinterberger

Wachstumswahn

Christine Ax · Friedrich Hinterberger

WACHSTUMS WAHN

Was uns in die Krise geführt hat – und wie wir wieder herauskommen

LUDWiG

Verlagsgruppe Random House FSC® N001967
Das für dieses Buch verwendete FSC®-zertifizierte Papier
Super Snowbright liefert Hellefoss AS, Hokksund, Norwegen.

Copyright © 2013 by Ludwig Verlag, München,
in der Verlagsgruppe Random House GmbH
www.ludwig-verlag.de
Redaktion: Heike Gronemeier
Umschlaggestaltung: Eisele Grafik-Design, München
Satz: EDV-Fotosatz Huber/Verlagsservice G. Pfeifer, Germering
Druck und Bindung: GGP Media GmbH, Pößneck
Printed in Germany 2013

ISBN: 978-3-453-28054-0

Gewidmet unseren Familien

Inhalt

Vorwort 9

Teil I
Wunder-bar oder: Wie alles begann 21

Kapitel 1: Wirtschaftswachstum – was ist das
eigentlich? 23
Kapitel 2: Wie wir wurden, was wir sind 49
Kapitel 3: Erste Risse 77

Teil II
Aus-gewachsen oder: Zwischen Wahn und Sinn 99

Kapitel 4: »Scheinriesen« oder: Die Schattenseiten
des Wachstums 101
Kapitel 5: Die 00er-Jahre oder: Börsencrashs und
Blasen 162
Kapitel 6: Sind wir in einer Wachstumsfalle gefangen? . . 175
Kapitel 7: Lessons learned? 198

Teil III
End-lich oder: Langsamer, anders, besser 201

Kapitel 8: Nach dem Crash 203
Kapitel 9: Wirtschaften, um zu leben, oder leben,
um zu wirtschaften? 209
Kapitel 10: Treiben wir den Konsum oder treibt er
uns? 218
Kapitel 11: Investieren? Ja, in die Zukunft! 237
Kapitel 12: Ökologische Grenzen überschreiten?
Respektieren! 248
Kapitel 13: Exportieren? Produzieren wir mehr
für uns selbst! 259
Kapitel 14: Noch mehr Staat? Auf die richtige Balance
kommt es an! 269
Kapitel 15: Immer mehr für einige wenige? Arbeit und
Einkommen fair verteilen! 279

Teil IV
Gesagt – Getan! 301

Kapitel 16: »Wir« haben es in der Hand 303
Kapitel 17: »Die Politik« hat es in der Hand 319
Kapitel 18: Die globale Dimension 344
Kapitel 19: Der Weg entsteht beim Gehen 348

Literatur 361
Danksagung 367

Vorwort

Ein schöner, sonniger Frühsommertag in Hamburg. Es ist halb zwölf, wir sitzen erschöpft bei einem Cappuccino draußen in einem Café auf dem Goldbekmarkt, froh, den Massen, die sich ihren Weg über den Markt bahnen, entronnen zu sein. Ganz Hamburg scheint an diesem Vormittag den gleichen Gedanken gehabt zu haben – in Ruhe (!) über den Markt zu bummeln. Die Stände locken mit einer unglaublichen Vielfalt und Fülle an guten Dingen: Blumen, Früchte aus aller Welt, Käsestände, Frischnudeln, Antipasti und Gemüse, fast alles inzwischen auch in Bioqualität und/oder mit dem Etikett »regional« versehen. Die Einkaufstüten der Vorbeieilenden quellen schier über, auch unsere sind gut gefüllt.

Für Fritz Anlass genug, zu einem Monolog über Dinge, die man braucht (oder eher nicht braucht), anzuheben. Er beklagt sich darüber, dass seine Wohnung vollgestopft sei mit Sachen, die sich in den letzten dreißig Jahren angesammelt hätten, und wie schwer es sei, sich mit seiner Familie darüber zu einigen, was wegkönne und was nicht. Am liebsten immer die Sachen der jeweils andern. Am Ende bleibe alles da, wo es gewesen war.

Wir warten auf Bert Beyers, in dessen Studio in Eimsbüttel wir gerade an diesem Buch arbeiten. Als er kommt – ebenfalls mit Tüten vom Markt bepackt –, diskutieren wir über die Qualität des italienischen Käses, der hier im Café serviert wird, und über das Geschäft auf der anderen Seite des Marktes, das Hosen anbietet, die in »Designerkleider« verwandelt wurden. Die Hosenbeine waren aufgetrennt, die vier Stoffbahnen zu einem Rock zusammengenäht worden. Eines der vielen schönen Beispiele für Up-Cycling, die uns neuerdings begegnen. Aus dem Radio, das uns eben noch mit Eros Ramazzotti in Stimmung gebracht hat, schnarrt jetzt die Stimme des Nachrichtensprechers. Die wenigen Wortfetzen, die wir hören können, reichen völlig aus, um uns die Laune zu verhageln. Seit Wochen die gleichen Geschichten. Die Investoren würden aus dem Euro fliehen, die Wirtschaftskrise in Südeuropa und die hohe Arbeitslosigkeit dort gäben Anlass zur Sorge, ein Experte habe erklärt, man brauche dringend ein Konjunkturprogramm, weil nur Wachstum jetzt noch helfen könne. Dann die nächsten Meldungen: bürgerkriegsähnliche Zustände hier, Armut dort, Klimawandel, Ressourcenknappheit usw., eine Spirale, die sich immer schneller dreht, eine allumfassende Krise, die sich immer weiter zuspitzt.

Und was tun wir? Geben uns Kaufrausch und Genuss hin, tun so, als ob uns das alles nichts anginge, und diskutieren lieber den Fernsehfilm vom Vorabend oder mokieren uns über die Qualität von Tiefkühlpizza. Weil wir ignorant sind? Weil es uns noch »zu gut geht« im Vergleich zu den anderen in Europa – vom Rest der Welt gar nicht zu reden? Weil wir uns den Luxus noch leisten können, über die vom-Falschen-zu-viel-und-vom-Richtigen-zu-wenig-Krankheit zu diskutieren? Zu viele Klamotten, zu viel Stress, zu viel Verantwortung, zu viel Angst vor der Zukunft, zu wenig Muße, zu wenig Zeit für unsere Lieben, zu wenig Sicherheit und Vertrauen in die Zukunft ... Eine Reihe, die sich endlos fortsetzen ließe. Aber während wir an jenem sonnigen Sommertag hier noch im Café sitzen und auf hohem Niveau jammern können, hat es andere – auch in unserer Gesellschaft – längst aus der Kurve getragen. Und wir könnten die Nächsten sein.

Der tägliche Blick in die Zeitung verrät: Die Wirtschafts- und Finanzkrise, die im Jahr 2008/2009 begonnen hat, ist noch längst nicht überwunden; doch schon sagen Experten die nächsten Krisen voraus. Um da nicht sehenden Auges hineinzuschlittern, fordern manche einen radikalen Sparkurs, um wieder wettbewerbsfähig zu werden (unpopulär, wie man z.B. an Griechenland sehen kann), andere setzen auf Konjunkturprogramme und kräftige Finanzspritzen, um Wirtschaft und Wachstum wieder anzukurbeln. Eine Investition für und in die Zukunft sei das, sagen Fachleute. Dumm nur, dass keiner weiß, wie das ohne weiter steigende Staatsverschuldung gehen soll. Und da erheben sich schon die nächsten Stimmen, die davor warnen, dass wir damit den nachfolgenden Generationen eine zu große Belastung aufbürden würden. Wir hinterlassen ihnen nichts als Schulden, eine kaputte Umwelt, legen einen Mühlstein um den Hals unserer Kinder und Enkel, der das ganze System dereinst zum Kippen bringen wird. Es gibt Fatalisten, die sagen: Nach mir die Sintflut. Aber auch Realisten, die sagen: Die Vorboten des Kollaps werden auch uns noch erfassen. Und dann sei Schluss mit Wohlstand und sozialem Frieden.

Aber was ist das eigentlich für ein System, das droht, ins Wanken zu geraten? Worauf gründet sich unser (relativer) Wohlstand, unser vergleichsweise hoher Lebensstandard?

Vereinfacht gesagt: Er gründet auf Wachstum. Und zwar auf einem permanenten, man könnte auch sagen einem grenzenlosen Wachstum. Die zweite Hälfte des 20. Jahrhunderts war, was das Wirtschaftswachstum betrifft, einzigartig. Nie gab es eine so lange anhaltende Phase solch schnellen Wachstums, eine Zeit, in der man glaubte, keine Angst vor der Zukunft haben zu müssen. 150 Jahre hat Europa gebraucht, um sich von einem Kontinent der Bauern und Handwerker in eine Region zu verwandeln, die global vernetzt und hochproduktiv ist. Automatisierung, weltumspannende Datenautobahnen und ein extrem leistungsstarkes Transportwesen haben den weltweiten Austausch von Waren und Dienstleistungen ermöglicht und immer schneller und billiger gemacht und eine hocharbeitsteilige, grenzüberschreitende, internationalisierte Wirtschaft entstehen lassen.

Diese Entwicklung begann mit der Industrialisierung und erreichte um die Wende vom 19. zum 20. Jahrhundert einen ersten Höhepunkt, der auch mit einer ersten »Globalisierung« der Wirtschaft verbunden war. Eine unglaubliche Flut an technischen Innovationen nährte die Hoffnung, dass es immer nur vorangehen würde. Der Erste Weltkrieg versetzte diesem Glauben einen ersten schweren Dämpfer, es folgten politisch schwierige Jahre, am Ende der »Goldenen Zwanziger« riss der Schwarze Freitag die Börsen diesseits und jenseits des Atlantik in eine Abwärtsspirale. Massenarbeitslosigkeit und Armut waren die Folge. In Deutschland und Österreich erstarkten nationale Bewegungen, mit den bekannten Konsequenzen. Der Zweite Weltkrieg mit seinen verheerenden Auswirkungen auf menschlicher Seite war wirtschaftlich gesehen die Grundlage für das, was nun entstehen konnte – wenn Altes kaputtgeht, ist Raum für Neues. In den Jahrzehnten nach 1945 wuchs die Wirtschaft in ungeahnten Dimensionen. Die zweite Hälfte des vergangenen Jahrhunderts hat dem industrialisierten Fünftel der Welt ein unglaubliches »Wirtschaftswunder« beschert. Im Deutschland der 1950er-Jahre hatte Ludwig Erhard, der Vater der sozialen Marktwirtschaft, »Wohlstand für alle« versprochen. Wohlstand durch Wirtschaftswachstum. Ein Versprechen, das tatsächlich eingelöst wurde. Die Wirtschaftsleistung in Deutschland und Österreich vervielfachte sich in wenigen Jahrzehnten und mit ihr der materielle Wohlstand, der langsam, aber sicher in das Credo »Konsum für alle und auf immer und ewig« mündete. Nach wie vor galt: Es gibt keine Grenzen, es geht immer weiter aufwärts.

In den 1970er-Jahren erschien der erste Bericht des Club of Rome. Er beschäftigte sich mit der Frage, ob unendliches Wachstum in einer endlichen Welt überhaupt möglich ist. In der Natur kommen alle Wachstumsprozesse irgendwann zu einem natürlichen Ende. Menschen, Tiere, Pflanzen wachsen erst langsam, dann für kurze Zeit immer schneller, bis sie irgendwann ihre Grenzen erreicht haben und »ausgewachsen« sind. Ein Mechanismus, der sicherstellt, dass das Ökosystem, das sie umgibt, nicht kippt. Wenn zum Beispiel in dem am höchsten entwickelten Ökosystem unserer Erde – dem tropischen Regenwald – bestimmte Pflanzen plötzlich »schneller, höher, weiter« wollten, würde alles aus den Fugen geraten. Solange das nicht geschieht, befindet sich dieses System in einem dynamischen Fließgleichgewicht. Es *entwickelt sich*, aber es wächst nicht.

Auch »die Wirtschaft« hat einmal klein angefangen; ihr Wachstum hat (befeuert zuerst von Kohle und dann von Öl und vom sozialen Wandel) innerhalb des vergangenen Jahrhunderts außergewöhnliche Größenordnungen erreicht. Die Frage ist nur, ob der Peak nicht bereits überschritten wurde. Denn seit rund zwanzig Jahren hat sich das Wachstum der früh industrialisierten Volkswirtschaften wie Deutschland, Österreich oder Japan (gemessen am Bruttoinlandsprodukt BIP) stetig verlangsamt, in anderen Ländern ist es rückläufig.

Ist das eine natürliche Entwicklung, oder müssen wir mit aller Macht dagegen ansteuern? »Ja, natürlich müssen wir das«, sagen die einen. Um Arbeitsplätze zu schaffen, um die Inflation auszugleichen, um die Renten zu sichern, die Staatsschulden abzutragen, wegen des demografischen Wandels, um uns weiterzuentwickeln, damit wir konkurrenzfähig bleiben usw. Beständiges Wachstum sei, sagen sie, letztlich der Garant nicht nur für die Wahrung unseres Besitzstandes, sondern für den sozialen Frieden allgemein.

»Ja, aber«, sagen die anderen und verweisen darauf, dass Wachstum seinen Preis hat. Dass wir unseren Wohlstand auf dem Rücken anderer erzeugen, dass Einkommen und Bildung weltweit sehr ungleich verteilt sind, dass wir angesichts von Ressourcenknappheit und überbordender Staats- und Privatverschuldung nicht allein auf Wachstum setzen dürfen.

Menschen wie die Schriftstellerin Elisabeth Schrattenholzer fragen: »Wann wird die Wirtschaft erwachsen?« Sie hätte eigentlich fragen müssen: »Wann werden *wir* erwachsen?« Wann fangen wir an, umzudenken und nach neuen Wegen zu suchen?

Wenn wir über Wachstum reden, machen wir uns viel zu selten bewusst, wie »relativ« Zahlen sind. »Magere« 2 Prozent Wirtschaftswachstum bedeuteten 2011 in Österreich 11 Mrd. Euro und sind damit in der Summe neunmal so viel wie das, was mit den 8,8 Prozent Wachstum im Jahr 1968 erzielt wurde. Und auch wenn die deutsche Wirtschaft 2012 nur um 2 Prozent gewachsen ist, war das BIP in diesem Jahr immer noch dreimal so hoch wie 1968, und es kamen noch 51,5 Milliarden Euro obendrauf. Wäre es wirklich so schlimm, wenn das Wachstum auf dem heutigen Niveau stagnieren würde? Wenn Firmen nicht Jahr für Jahr verkünden würden, ohne eine Steigerung von soundso viel Prozent ginge es nicht? Warum eigentlich nicht? Wann stoßen wir das goldene Kalb Wachstum endlich vom Thron?

Wir meinen: Es ist höchste Zeit! Nicht, weil wir Wachstumskritiker sind. Es spielt nämlich überhaupt keine Rolle, ob Sie oder wir persönlich für oder gegen Wachstum sind. Über mehr oder weniger Wachstum wird weder in Talkshows noch in Büchern oder auf Parteitagen entschieden. Wachstum lässt sich eben nicht nach Gutdünken steuern, es folgt seinen eigenen Gesetzen. Es ist demnach nicht die Schuld der Wachstumskritiker, dass die Wachstumstreiber immer schwächer werden. Es liegt in der Natur der Sache, denn der Menschheit steht nun einmal nur eine Erde zur Verfügung, deren Ressourcen endlich sind. Es ist nicht die Schuld der Wachstumskritiker, dass die Meere überfischt sind, die großen Ökosysteme erodieren, die Eisdecke an den Polen schmilzt und Peak Oil überschritten ist. Es ist nicht die Schuld der Wachstumskritiker, dass auf diesem Planeten nicht 9 Milliarden Menschen in solchem Überfluss leben können wie wir. Das Wirtschaftswachstum braucht seine Kritiker nicht, um das zu tun, was es nun einmal tun muss: kontinuierlich schrumpfen, weil es sich schlichtweg »ausgewachsen« hat. Wir müssen diesen Tatsachen ins Auge sehen, wir haben keine andere Wahl, als sie zu akzeptieren – und neue Wege zu beschreiten. Damit diese Welt wieder in Balance kommt, damit Wohlstand, Ressourcen und Lebenschancen fairer verteilt werden können, müssen wir endlich er-wachsen werden.

Das ist kein Fluch, keine Katastrophe, sondern eine große Chance für einen nachhaltigen Wandel: Wir als Bürger und Konsumenten haben es in der Hand, diesen notwendigen Transformationsprozess mitzugestalten. Ein erster Schritt wäre es, die Wachstumsversprechen, mit denen uns Industrie und Politik immer wieder ködern wollen, als billigen Taschenspielertrick, als gefährliche Wahnvorstellung zu entlarven. Wenn wir erkannt haben, dass es so nicht weitergehen kann, wird auch die Bereitschaft wachsen, nach neuen Antworten zu suchen und neue Wege zu beschreiten. Das sind wir uns, unseren Kindern und der Welt schuldig. Der Wandel wird nicht über Nacht zu vollziehen sein, aber das sollte uns nicht schrecken. Rom wurde auch nicht an einem Tag erbaut. Vor allem dürfen wir »unsere Herkunft« nicht vergessen. Es ist wichtig, dass wir nachvollziehen können, wie wir wurden, was wir sind. Durch den Blick zurück werden wir verstehen, warum das Wachstumspostulat jahrzehntelang nicht nur die einfachste Antwort war, sondern auch eine durchaus erfolgreiche.

Deshalb werden wir im ersten Teil unseres Buches auf das Wirtschaftswunder der 1950er- und 1960er-Jahre zurückblicken. Jene frühen Jahre des schnellen und guten Wachstums, in denen es den Menschen nahezu täglich besser ging, haben unser positives Bild vom Wachstum geprägt und sich in unser Bewusstsein eingebrannt. Wir gehen der Frage nach, was dieses immense Wachstum nach dem Krieg möglich gemacht hat und wie es sich auf uns, unser Leben und das unserer Familien ausgewirkt hat. Diese autobiografische Sicht macht nicht nur die trockene und abstrakte Welt der Kennzahlen und Wirtschaftsdaten fassbarer, sie hilft auch zu verstehen, wann sich die Idee in unseren Köpfen festgesetzt hat, dass alles immer mehr werden müsse und dass das Wirtschaftswachstum quasi allein über Wohl und Wehe entscheidet. Wir zeigen auf, dass die seit geraumer Zeit existierende Finanz-, Wirtschafts- und Schuldenkrise Ergebnis einer Politik ist, die »Wachstum um jeden Preis« wollte und finanziert hat. Ein Wachstum, das weder systemisch möglich noch sinnvoll ist. Anders als noch im vergangenen Jahrhundert fehlen uns für dieses »Immer-mehr« nämlich inzwischen die Ressourcen, die Menschen und die Zeit. Wenn wir trotzdem an diesem Wachstumscredo festhalten, entstehen Blasen, die platzen, und »Scheinriesen«: Wachstum ohne Wohlstandsgewinne und ohne ein Mehr an Lebensqualität, Wachstum, das mehr zerstört, als es nützt. Vor allem aber erzeugt diese Art von Wachstum einen Großteil der Probleme, die zu lösen es vorgibt.

Erste Anzeichen für diese Entwicklung gab es bereits in den 1970er-Jahren. Der Bericht des Club of Rome und zwei Energiekrisen machten erstmals die Verletzlichkeit des Systems deutlich, auf dem unser Wachstumswunderland fußt. Wir vollziehen den Prozess nach, wie sich die »guten« Wachstumstreiber der beiden Nachkriegsdekaden mit der Zeit ins Negative verkehrt haben und seit wann die Schattenseiten schwerer wiegen als die Vorteile. Erste deutliche Risse zeigten sich in den 1980er- und 1990er-Jahren. In dieser Phase der massiven Konjunkturschwankungen schien es, als könne sich das Wachstum nicht recht entscheiden, wie es auf die zunehmenden Krisensymptome reagieren solle. All das mündete letztlich in den Crash von 2008, der mehr war als die Folge des Gebarens wild gewordener Finanzmärkte. Der Crash war das notwendige und logische Ende einer Entwicklung, die so nicht weitergehen konnte. Seitdem ist klar: Wachstumsraten jenseits der 2 Prozent, an die nicht nur wir uns gewöhnt haben, sondern vor allem unsere Wirtschaft und Politik, werden nicht mehr zurückkehren.

Der zweite Teil unseres Buches geht daher der Frage nach, was in den letzten Jahrzehnten tatsächlich gewachsen ist und wer davon profitiert hat. Und wir hinterfragen das Schreckensszenario, mit dem Wachstumspropheten und -profiteure das Ausbleiben von Wachstum verbinden. Sitzen wir ohne Wachstum tatsächlich in einer Falle, aus der es kein Entrinnen gibt? Oder liegt darin nicht eine Chance, die Zukunft besser zu gestalten?

Genau darum wird es im dritten Teil unseres Buches gehen. Wir blicken nach vorn und diskutieren Szenarien, wie unsere Welt *nach* dem Ende des Wachstumswahns aussehen könnte. Wir zeigen auf, dass wir auf die Wachstumsraten von gestern verzichten können. Wir suchen Antworten auf die Frage, was in Zukunft noch wachsen darf und unbedingt wachsen sollte. Auch dabei berücksichtigen wir unsere eigene Situation und die Lebensumstände von KollegInnen, FreundInnen und Bekannten.

Ich, Christine Ax, bin inzwischen 60 Jahre alt und lebe in Hamburg. Mein Sohn Christopher hat in diesem Jahr sein Studium beendet. Meine Tochter Catarina geht noch in die Schule. Nachdem ich Anfang der 1980er-Jahre in Hamburg für den Senat den ersten Umweltatlas schreiben durfte, ließ mich das Thema Umwelt und nachhaltige Entwicklung nicht mehr los. Seit zwanzig Jahren beobachte und begleite ich diese Themen als Wissenschaftlerin und Autorin. Dabei hat mich vor allem auch die Frage beschäftigt, welche Rolle kleine Unternehmen und das Handwerk mit seinen unendlich vielfältigen Kompetenzen in einer zukunftsfähigen Wirtschaft spielen. Welchen Beitrag sie zu einer nachhaltigen Lebens- und Wirtschaftsweise leisten.

Ich, Friedrich Hinterberger, bin 53 und lebe mit meinen beiden Kindern in Wien. An der Universität beschäftigte ich mich erstmals mit »grüner« Politik. Nach meinem Abschluss ging ich in die Forschung und gründete dann vor vierzehn Jahren mit FreundInnen ein eigenes Institut, das sich den Herausforderungen stellt, die sich aus dem Zusammenspiel von Umwelt und Wirtschaft ergeben. Wir forschen und entwickeln nachhaltige Alternativen für Kommunen, Unternehmen, Ministerien und für die EU. Dabei erleben wir nicht nur in unserer fachlichen Arbeit, sondern auch als Unternehmen Tag für Tag, was es bedeutet, einem Wachstumszwang zu unterliegen bzw. diesem entkommen zu wollen.

Wenn wir an unsere eigene Biografie anknüpfen, dann tun wir dies zum einen, weil wir das Thema »Wachstum« möglichst lebensnah beschreiben und verstehen wollen. Wir verbinden unsere Lebensgeschichten mit denen jener Menschen, mit denen wir privat und beruflich seit Jahrzehnten zu tun haben und die unser Denken über das Thema Wachstum geprägt haben. Zum anderen – und das ist das Entscheidende – tun wir dies, weil wir der Ansicht sind, dass alles, was sich in der Welt ereignet, durch unser Zutun geschieht. Im Positiven wie im Negativen. Wenn wir uns verändern, verändert sich immer auch die Welt. Wir haben es in der Hand, die große Transformation, vor der wir stehen, positiv mitzugestalten. Es gibt keinen Grund zu verzagen. Denn: Auch wenn das Wachstum ausbleibt, können wir Arbeitsplätze schaffen, Renten bezahlen und gut leben.

Wir spiegeln mit diesen persönlichen Betrachtungen also auch die Wirtschafts- und Sozialgeschichte unserer Länder und verknüpfen sie mit ökonomischen und wirtschaftspolitischen Deutungen. Auf allen Ebenen (der theoretischen, der persönlichen und wirtschaftshistorischen) werden uns die Faktoren immer wieder begegnen, die die entscheidenden Treiber oder Bremser des wirtschaftlichen Wachstums waren und sind: Konsum, Investitionen, Staatsausgaben und Exporte, aber auch Arbeit, Kapital, Ressourcen, der technische Fortschritt und die Frage nach der Verteilung von Gütern und Vermögen. Es ist diese Vielschichtigkeit, die das Thema Wachstum jenseits platter Pro-und-contra-Debatten so spannend macht. Je besser wir diese Zusammenhänge verstehen, desto besser können wir alle den Wandel mitgestalten.

Dieses Buch ist eine Einladung, diesen Weg des Wandels solidarisch zu beschreiten und die dafür notwendigen sozialen, gesellschaftlichen, wirtschaftlichen und ökologischen Maßnahmen mitzutragen. Eine Bürgergesellschaft wie die unsere muss diesen Transformationsprozess, der durch das Ende des Wachstums eingeläutet wird, nicht einfach nur ertragen – sie kann ihn positiv gestalten. Im kleinen, ganz persönlichen Bereich wie auch im staatlich-politischen.

Teil I

WUNDER-BAR ODER:
WIE ALLES BEGANN

In diesem Teil des Buches blicken wir auf unser bisheriges Leben zurück. Wir erklären, was Wirtschaftswachstum ist, schauen uns die Begriffe an, mit denen über Wirtschaftswachstum geredet wird, und beschreiben, welche Faktoren Wirtschaftswachstum in Europa oder weltweit möglich machen. Die Faktoren, die Wirtschaftswachstum ermöglichen, nennen wir Treiber. Wir zeigen auf, wie das Wirtschaftswachstum bis weit in die 1970er-Jahre hinein unseren Teil der Welt und alle früh industrialisierten Länder immer wohlhabender gemacht hat. Indem wir uns mit diesen Treibern beschäftigen, wird aber auch sichtbar, wie fragil und komplex diese Prozesse sind und dass viele Entwicklungen früher oder später an eine Grenze stoßen müssen. Wir beschäftigen uns zunächst mit dem Guten am Wachstum, das es zweifelsohne für uns alle hatte und hat, was es uns gebracht hat und was wir weder missen wollen noch vermissen müssen, wenn das Wachstum von gestern ausbleibt.

Kapitel I

Wirtschaftswachstum – was ist das eigentlich?

Wenn wir Politiker, Journalisten oder Unternehmer von Wachstum reden hören, dann gehen wir ganz selbstverständlich davon aus, dass sie das Wirtschaftswachstum meinen und nicht den Zuwachs an Wäldern, Wissen und Können oder guter Laune. Das ist eigentlich erstaunlich. Denn grundsätzlich kann alles wachsen, nicht nur die Wirtschaft. Und ein wenig mehr gute Laune würde uns allen sicher guttun.

Wachstum im Allgemeinen bedeutet, dass etwas mehr oder größer wird. Im Alltag beschreiben wir Wachstum in absoluten Zahlen und nicht in Prozenten. Wenn wir einem Freund erzählen, dass unser Kind um 5 cm gewachsen ist, dann weiß er, was gemeint ist. Aber weiß er es auch, wenn wir von 5 Prozent sprechen? Ist ein Kind gerade erst geboren und 50 cm groß, dann bedeuten 5 Prozent Wachstum, dass es um 2,5 cm gewachsen ist. Ist aber von einem Teenager die Rede, der 1,50 m groß ist, dann bedeuten 5 Prozent Wachstum schon das Dreifache, nämlich 7,5 cm. Entscheidend ist also immer, was wir zum Ausgangspunkt unserer Berechnung machen.

Wächst etwas stets um den gleichen Betrag (z.B. um 1 Milliarde oder um 2,5 cm, um bei unserem Beispiel zu bleiben), dann handelt es sich um *lineares Wachstum*. Wächst etwas um den immer gleichen Prozentsatz (z.B. pro Jahr um 3 Prozent), dann ist das Wachstum *exponentiell*.

Ein exponentielles Wachstum von jährlich 3 Prozent bedeutet, dass sich das *Bruttoinlandsprodukt* (BIP) in 24 Jahren verdoppelt und in 100 Jahren vervierfacht. Ein Beispiel: 3 Prozent von 100 Euro sind 3 Euro. Wenn sich 103 Euro um 3 Prozent vermehren, kommt schon etwas mehr dazu, nämlich 3 Euro und 9 Cent. 3 Prozent von 106,09 sind 3,20 Euro. Nach fünf Jahren sind aus 100 Euro schon 116 geworden, nach zehn Jahren 134. In 24 Jahren hat sich unser Ausgangsbetrag verdoppelt, in 50 Jahren vervierfacht. Und in 100 Jahren hätten sich die 100 Euro verachtfacht. Ist das vorstellbar?

Richtig ist: In den letzten fünf Jahrzehnten hat sich unser Sozialprodukt tatsächlich vervierfacht. Ein Blick auf die Fakten zeigt aber, dass es so nicht weitergehen wird: Das Wirtschaftswachstum der führenden Industrienationen hat sich in Prozenten gerechnet stetig abgeschwächt. Was aber nicht heißt, dass es – in absoluten Zahlen betrachtet – weniger geworden wäre. Dazu später mehr.

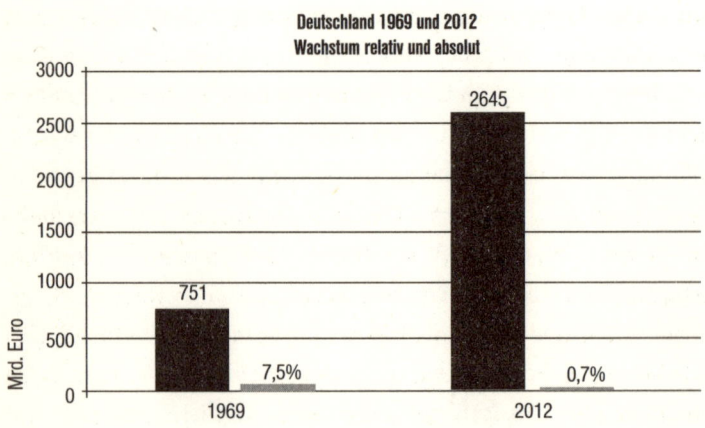

Exponentielles Wachstum gibt es auch in der Natur – aber immer nur für eine begrenzte Zeit. Lebewesen, die nicht aufhören, exponentiell zu wachsen, zerstören die eigenen Lebensgrundlagen: ihre Mitwelt oder, wenn es sich um Schmarotzer handelt, ihren Wirt.

Wenn das Wirtschaftswachstum ausbleibt, sprechen die Experten von Stagnation oder *Null-Wachstum*. Und wenn das Bruttoinlandsprodukt sogar niedriger ausfällt als im Vorjahr, ist die Rede von *negativem Wachstum* oder Schrumpfung (Englisch *de-growth*, Französisch *decroissance*).

Es gibt Faktoren, die Wachstum möglich machen oder sogar antreiben. Diese Faktoren und Treiber werden wir uns im Folgenden genauer ansehen.

Wachstumstreiber

Sehr vereinfacht kann man sagen: Die Wirtschaft wächst, wenn sowohl das *Angebot* als auch die *Nachfrage* nach Gütern und Dienstleistungen wächst – wobei die Betonung auf dem *sowohl als auch* liegt. Mit »Angebot« meinen wir alle Güter, die auf den Markt kommen. Um sie zu produzieren, braucht man Arbeitskraft, Kapital, natürliche Ressourcen und Know-how. Der Begriff »Nachfrage« umfasst alles, was Konsumenten, Unternehmen sowie private und staatliche Organisationen kaufen. Wirtschaftswachstum setzt voraus, dass *beides* wächst. Steigt nur die Nachfrage an, nicht aber die Menge der verfügbaren Güter, erhöhen sich die Preise (*Inflation*). Umgekehrt gilt: Wird mehr produziert als nachgefragt, bleiben die Unternehmen auf ihrem Angebot sitzen, die Preise geben nach (*Deflation*). Beides hat Auswirkungen auf das Bruttoinlandsprodukt (BIP), also den

Geldwert aller Güter und Dienstleistungen, die pro Jahr in einem Land erzeugt und nachgefragt wurden.

Konsum

Ob die Wirtschaft wächst, darüber entscheiden zu einem großen Teil die Bürger eines Landes. Unser Konsum macht den größten Teil des gesamten Bereichs »Nachfrage« aus. Wenn wir jedes Jahr mehr konsumieren als im vergangenen, wächst die Wirtschaft. Konsum ist also einer der wichtigsten Treiber.

Wie viel Geld wir ausgeben, hängt nicht nur mit unserem frei verfügbaren Einkommen zusammen. Auch psychologische Aspekte spielen eine Rolle. Verdienen wir z.B. mehr als im Vorjahr und haben daher das Gefühl, dass wir es uns leisten können, geben wir mehr aus. Es wird allerdings auch dann mehr gekauft und investiert, wenn das Vertrauen in die Währung oder die Wirtschaft sinkt. Wenn es keinen Sinn macht, Geld auf die Bank zu legen, weil es kaum Zinsen bringt oder gar an Wert verliert, oder wenn wir uns scheuen, in Aktien oder andere Finanzprodukte zu investieren. In solchen Situationen »entsparen« Haushalte und investieren in Sachwerte, so wie dies seit der Finanzkrise in Deutschland der Fall ist. Der Run auf Gold oder Immobilien war die Folge.

Nicht nur die Höhe, auch die Verteilung der Einkommen spielt für das Konsumniveau eine große Rolle. Werden immer nur diejenigen reicher, die schon alles haben, wird mehr gespart oder in Sachwerte investiert. Wächst das Einkommen der Haushalte, die noch viele Wünsche haben, wird dagegen mehr konsumiert.

Der amerikanische Humorist Will Rogers (1879–1935) hat einmal gesagt: »Zu viele Leute geben Geld aus, das sie nicht verdient haben, um Dinge zu kaufen, die sie nicht wollen, um Leute zu beeindrucken, die sie nicht mögen.« Ein Satz, der uns zu den gesellschaftlichen Faktoren bringt, die den Konsum beeinflussen. Jenseits von objektiven Faktoren (Preisentwicklung für einzelne Güter und Bedürfnisfelder wie z.B. Energie oder Mieten) ist hier vor allem das Streben nach sozialem Status zu nennen. Man will dazugehören, setzt mit dem Kauf eines bestimmten Produkts ein Zeichen. Konsum dient nur zum Teil der Befriedigung unserer wichtigsten Grundbedürfnisse (Wohnraum und Nahrung). Unser Streben nach mehr wird von der Industrie und der Werbung gezielt befeuert. Indem das Bedürfnis nach dem Kauf eines neuen Produkts erst geweckt wird. Eine Maschinerie, die niemals zum Stillstand kommen wird – und kommen darf; es sei denn, wir entziehen uns diesen Suggestionen oder das Wachstum selbst stößt an seine Grenzen – wovon später noch ausführlich die Rede sein wird.

Das Konsumverhalten hat sich in den letzten Jahrzehnten stark gewandelt. Während früher ein Einkommen ausreichte, um eine Familie zu ernähren, vielleicht sogar noch etwas zu sparen oder ein Häuschen zu bauen, schafft das heute kaum noch jemand. Dies liegt neben den gestiegenen Lebenshaltungskosten auch daran, dass unsere Ansprüche gestiegen sind. Eltern wollen (müssen?) ihren Kindern heute ein Vielfaches dessen bieten, was sie selbst im gleichen Alter hatten: Markenbekleidung, den neuesten Computer, ein schickes Handy … Kinder und Jugendliche, die bei diesem Statusrennen nicht mithalten können, haben es schwer bei ihren Altersgenossen.

Aber auch wir Erwachsenen folgen nur allzu gern den Einflüsterungen der Werbung. Dabei sollten wir uns ehrlich fragen, welche der unendlich vielen Produkte, die heute überall angeboten werden, wir wirklich für unser Glück brauchen. Unter den vielen Dingen, von denen wir scheinbar nie genug haben können, nimmt Bekleidung eine Sonderstellung ein. Schuhe sind ein sehr gutes Beispiel, um der Frage nachzugehen, wie unsere Wirtschaft bisher gewachsen ist, warum wir immer weiter konsumieren (müssen) und wie sich das Geld verteilt, das wir auf den Ladentisch gelegt haben, wenn wir das Geschäft mit einem Paar neuer Schuhe verlassen haben.

500 bis 600 Mio. Paar Schuhe werden jährlich nach Deutschland importiert, das sind rund fünf Paar Schuhe pro Kopf. Schuhe sind ein »Frauenthema«. 65 Prozent aller Schuhe wurden 2010 von Frauen gekauft. Männer kamen auf den eher bescheidenen Anteil von 12 Prozent, Kinder auf 8. Der Rest fällt in der Verkaufsstatistik unter »Sonstige«. Das jedenfalls erfuhren wir auf der Jahrespressekonferenz der Deutschen Schuhindustrie in 2011.

Das war nicht immer so. Jahrhundertelang verdienten Europas Schuhmacher kaum etwas mit der Herstellung von Damenschuhen. Die Damenwelt trug Kleider bis zum Boden, es machte kaum Sinn, viel Geld für Schuhe auszugeben, die man ohnehin nicht sah. Die Herrenschuhmode hingegen ließ keine Wünsche offen (hohe Absätze, Schleifen, Verzierungen) und trieb erstaunliche Blüten wie den Schnabelschuh, dessen Länge über den sozialen Status präzise Auskunft gab. Wie sehr Mode mit gesellschaftlichen Veränderungen verbunden ist, dafür ist die Geschichte des Ballerinas ein wunderbares Beispiel. Nach der Französischen Revolution ließ der französische Adel alle hochhackigen Schuhe im Kleiderschrank stehen und ging dazu über, flache Schuhe zu tragen. Der Ballerina war damals für das gesellschaftliche und politische Reüssieren ein Muss. Eine Schuhmode, die die Welt übrigens den damals in Mode gekommenen »Saboteuren« verdankt. Denn die Männer und die Frauen aus dem Volk, denen wir die Französische Revolution verdanken, trugen *sabots* (Bauernschuhe, oft aus Holz). Der Ballerina war also ein Symbol für Fortschritt und die Abkehr von den veralteten höfisch-künstlichen Sitten. Und eines für die neue Einfachheit und einen freieren Umgang mit der inneren und äußeren Natur. Einzig Joschka Fischers Turnschuhe, in denen er zum Amtseid als erster grüner Minister auf Landesebene schritt, kann heute mit so viel politischer Symbolik mithalten.

Inzwischen nehmen Schuhe, Handtaschen und andere Accessoires einen kaum nachvollziehbaren Stellenwert im Leben vieler Frauen ein. Wer dieses Phänomen besichtigen möchte, dem seien ein paar Folgen der amerikanischen Kult-Serie *Sex and the City* empfohlen. Es gibt keine Episode, in der nicht auf die (erotische) Bedeutung eines Luxusschuhs und/oder der dazu passenden Handtasche eingegangen wird. Und das, obwohl (oder vielleicht weil) der praktische Nutzen, den Schuhe in unserem Leben haben, recht überschaubar ist. Wir brauchen sie, um unsere Füße beim Stehen, Gehen und Laufen gegen Umwelteinflüsse zu schützen. Der Rest ist Mode und Statement. Schuhe sind ein Mittel der Selbstinszenierung, wir teilen mit ihnen der Welt etwas über uns mit. Die Schuhindustrie hat ein feines Gespür für unsere Schwächen und überschwemmt den Markt ganzjährig mit immer neuen Must-Haves. Tatsächlich tragen können wir immer nur ein Paar. Dennoch zieht es uns Saison für Saison in die Schuhläden.

Wir hätten an dieser Stelle Ähnliches auch über Kleider schreiben können, über Handys und Handyzubehör, über Taschen und Sportartikel, Küchengeräte oder die zahllosen Neuerungen auf dem Elektronikmarkt. Ohne dass wir uns Jahr um Jahr von Neuem verführen lassen und brav weiterkaufen, obwohl wir eigentlich alles haben, würde unsere Wirtschaft nicht wachsen. Wir selbst – die Befriedigung unserer vermeintlichen (oft nur von der Werbung gesteuerten) Bedürfnisse – sind die mächtigsten Treiber des Wachstums. Würden wir von heute auf morgen aufhören zu konsumieren, hätte das Folgen, die jedem Wachstumsfetischisten den Angstschweiß auf die Stirn treten ließen.

Unternehmerische Investitionen

Aber »zum Glück« gibt es ja neben dem Konsum noch andere Treiber: Investitionen zum Beispiel. Damit immer mehr produziert werden kann, müssen Unternehmen den dafür erforderlichen Maschinenpark bereitstellen und Rohstoffe einkaufen. Das, was bereits vorhanden ist, muss gewartet und instand gehalten werden. Investitionen in diesem Bereich sind Wachstumstreiber im doppelten Sinn. Steigt die Nachfrage nach einem Produkt (oder wird sie künstlich angetrieben), muss der Output des Unternehmens erhöht werden. Man muss mehr in Rohstoffe investieren oder auch in neue Maschinen. Damit dieses höhere Kapazitätsniveau auch in Zukunft ausgeschöpft werden kann, muss man immer wieder ein neues Produkt auf den Markt werfen, wenn das alte nicht mehr zieht.

Gewerbliche Investitionen setzen also die Produktion von Investitionsgütern voraus. Diese wiederum schaffen die Voraussetzung für die Herstellung immer neuer Güter. Solche Investitionen sind oft mit technischem Fortschritt und mit Innovationen verbunden. Und auch hier spielt die Psychologie eine Rolle. Unternehmen investieren mehr, wenn sie davon ausgehen können, dass ihre Produkte auch in Zukunft nachgefragt werden. Für die meisten Güter allerdings gilt, dass der Markt irgendwann gesättigt ist. Die Konsumenten brauchen den Reiz des Neuen, um ihren Geldbeutel immer wieder zu öffnen. Die Folge sind immer neue Produkte und/oder solche, die nur eine gewisse Zeit halten und dann ersetzt werden müssen. Der Wachstumstreiber Investitionen ist einer, an dem man die Spirale des »Immermehr« gut erkennen kann. Wer investiert, muss diese Investitionen wieder einspielen, indem mehr oder Neues produziert wird. Und je mehr hergestellt wird, umso mehr muss wieder investiert werden. Ein Kreisel, der sich immer schneller dreht.

Für diesen Wachstumstreiber wäre nichts schlimmer als Produkte, die ewig halten, und Konsumenten, die nicht endlos Dinge anhäufen wollen, sondern das, was sie besitzen, ausgiebig nutzen und womöglich auch noch reparieren lassen, statt eine Neuanschaffung zu tätigen.

Staatliche Ausgaben

Wenn der Staat investiert, geht es nicht allein um Infrastrukturmaßnahmen wie Bildung, Ausbau des Verkehrswesens, Instandhaltung von Gebäuden, Sicherung des Gesundheitssystems usw. Viel Geld fließt auch in Gehälter für Staatsbedienstete und in staatliche Leistungen wie Bildung, Arbeitslosengeld oder Subventionen. Werden alle diese Ausgaben durch Steuererhöhungen finanziert, fehlt dieses Geld den Bürgern und Unternehmen; sie haben weniger Geld für den Konsum oder für Investitionen zur Verfügung. Diese beiden Wachstumstreiber geraten dann ins Stottern.

Der Staat kann sich aber auch verschulden, um seine Ausgaben finanzieren zu können, und Geld ausgeben, das irgendwann zurückgezahlt werden muss: Dann wächst die Wirtschaft zwar, weil zusätzliches Geld ausgegeben wird – Geld, das durch die Kreditaufnahme in der Regel erst »geschöpft« wurde. Diese

Form des Wachstums ist aber nur so lange möglich, wie der Staat das neue Geld nicht für den Schuldendienst aufwenden muss.

Während der Weltwirtschaftskrise in den 1930er-Jahren griffen die USA erstmals antizyklisch in die Wirtschaftspolitik ein. Die Regierung ließ Geld drucken, mit dem sie die Wirtschaft und den Konsum ankurbelte. Nach dem Crash von 2008 haben Europas Staaten zu demselben Mittel gegriffen, um die Rezession (negatives Wachstum) zu bekämpfen und Wachstum zu erzeugen. Die Idee dahinter: Das schuldenfinanzierte Wachstum sollte zu steigenden Steuereinnahmen führen, mit deren Hilfe die Länder die Schulden anschließend wieder tilgen könnten. Ein Blick in die Vergangenheit zeigt, dass diese Rechnung nur selten aufgegangen ist. In Deutschland wurden solche Rückzahlungen nur zwischen 1951 und 1960 geleistet. Regierungen aller Couleur verwendeten solche Mehreinnahmen lieber dafür, immer neue staatliche Leistungen zu finanzieren und noch mehr Wachstum zu erkaufen. Gerechtfertigt wurde das fast immer mit dem Argument, bestehende Arbeitsplätze müssten gesichert und/oder neue geschaffen werden. Das Resultat ist ein enormer Schuldenberg, von dem niemand weiß, wann und wie er jemals abgetragen werden kann.

Exporte und Importe

Stagniert die Kaufkraft und können die Waren im eigenen Land nicht mehr abgesetzt werden, muss das nicht zwangsläufig dazu führen, dass das Wirtschaftswachstum schrumpft oder weniger produziert wird. Denn man kann die Schwäche auf dem Binnenmarkt dadurch ausgleichen, dass mehr exportiert wird. Werden mehr Waren ausgeführt als importiert, werden Handelsbilanzüberschüsse erzielt. Dadurch entstehen aber auch Forderungen der einheimischen Unternehmen gegenüber den Bürgern und Unternehmen in den Ländern, die mehr von uns kaufen als wir von ihnen. Anders gesagt: Sie verschulden sich bei uns. Normalerweise reagieren Länder auf eine negative Handelsbilanz mit einer Abwertung ihrer Währung. Dann werden ihre Produkte für andere Nationen billiger, die Exporte steigen, und sie können ihre Handelsbilanz früher oder später wieder ausgleichen. Das geht allerdings nur, wenn die Währungsrelationen flexibel sind. Im Euroraum ist das seit der Einführung der gemeinsamen Währung nicht mehr der Fall.

Für den Exportweltmeister Deutschland war der Außenhandel in der Vergangenheit trotz stagnierender Nachfrage im eigenen Land einer der wichtigsten Wachstumstreiber; Gleiches gilt für Österreich.

Produktionsfaktoren

Wenn wir über Konsum, unternehmerische und staatliche Investitionen oder Exporte als Wachstumstreiber nachdenken, landen wir schnell bei der Frage, was zuerst da war: das Angebot oder die Nachfrage? Nun, ganz einfach: Beides bedingt einander. Eine steigende Nachfrage führt nur dann zu einem höheren BIP, wenn auch mehr produziert und angeboten wird. Steigt die Nachfrage (Kaufkraft) und das Angebot bleibt konstant, dann steigen nur die Preise, das BIP wächst nicht.

Am Beispiel der Unternehmensinvestitionen haben wir bereits aufgezeigt: Damit das Angebot wachsen kann, müssen Unternehmen immer auch mehr *Produktionsfaktoren* einsetzen oder vorhandene besser/effizienter nutzen. Produktionsfaktoren sind vor allem Arbeit, Rohstoffe und Kapital. Je mehr Menschen arbeiten, desto mehr kann produziert werden. Gleiches geschieht, wenn die Mitarbeiter eines Unternehmens effizienter arbeiten.

Faktor Arbeit

Weltweit gesehen hat sich die arbeitsfähige Bevölkerung seit den 1950er-Jahren beinahe verdreifacht. Dies ist sowohl eine Folge des allgemeinen Bevölkerungswachstums als auch ein Ergebnis der Tatsache, dass immer mehr Frauen berufstätig sind. Die Zahl der Erwerbstätigen ist ein wichtiger Faktor, der Wachstum begrenzen oder antreiben kann. Weil mehr Menschen in Lohn und Brot stehen und konsumieren können oder weil mit mehr Angestellten oder Arbeitern die Produktion ausgebaut werden kann. Der Faktor Arbeit ist allerdings schwer zu beeinflussen, schon gar nicht kurzfristig. Die Alterspyramide einer Gesellschaft verändert sich langsam, über Generationen hinweg. In den 1950er- und 1960er-Jahren hat Westdeutschland sehr von dem Flüchtlingsstrom gut ausgebildeter Fachkräfte aus der damaligen DDR profitiert. Und als das nicht mehr ausreichte, um den Bedarf an Arbeitskräften zu decken, wurden »Gastarbeiter« aus Südeuropa angeworben. In den Jahren, in denen dann ein Überangebot an Arbeitskräften herrschte, kämpften die Gewerkschaften mehrfach erfolgreich für eine Verkürzung der Wochenarbeitszeit. Die Effizienzsteigerungen bei der Produktion machten es in der Vergangenheit möglich, dass weder der Warenausstoß noch die Löhne deswegen zurückgefahren werden mussten. Die weniger gewordene Arbeit wurde einfach auf mehr Schultern verteilt.

Als in den 1980er- und 1990er-Jahren die Wirtschaft stagnierte, Stellen abgebaut wurden und die Zahl der Arbeitslosen stetig nach oben kletterte, sah sich die Politik in der Verantwortung, gegenzusteuern. Nicht, indem neue Arbeitsmodelle entwickelt wurden, sondern indem alles dafür getan wurde, das Wirtschaftswachstum wieder in Gang zu bringen.

Inzwischen schrumpft die Bevölkerung vor allem in Deutschland, sodass sich das Verhältnis zwischen Beschäftigungsangebot und Arbeitskräften umkehren wird. Eine Entwicklung, die in den meisten Industrieländern zu beobachten ist, ja selbst in China. Besonders dramatisch ist die Lage derzeit im hoch verschuldeten Japan, was bei vielen Analysten erhebliche Sorgen auslöst. Nur in Indien und Afrika geht der Trend nach wie vor in die andere Richtung.

Kapital und Zinsen

Wachstum erfordert und produziert Kapital. Unternehmen und Staaten brauchen Geld, das sie in Maschinen, Fabriken, Häuser und Brücken, Schulen, Stromnetze und Kanalisation, Universitäten usw. investieren können. Wer ein Unternehmen gründen möchte, braucht zunächst eine Art Vorschuss, damit er die notwendigen Maschinen und Betriebsmittel wie Rohstoffe anschaffen kann. Das wird der zukünftige Unternehmer zum Teil mit Eigenkapital finanzieren, vor allem aber mit Fremdkapital – Krediten, die er oder sie bei einer Bank aufnimmt. Läuft die Firma gut, werden sich die Investitionskosten rasch amortisiert haben, ein Kapitalstock kann gebildet werden: um die Schulden zurückzuzahlen oder aber um Rücklagen für zukünftige Anschaffungen zu bilden. Und die sind ja, gemäß dem Wachstumscredo, notwendig.

Wie das einzelne Unternehmen braucht auch die Wirtschaft als Ganzes Kapital, um wachsen zu können; und sie wächst weiter, wenn genügend Kapital bereitsteht. Alles in der Hoffnung, dass am Ende ein größeres Sozialprodukt steht und ein Gewinn, der dazu beiträgt, dass die Kapitaldecke in dem Maße mitwächst, wie sie für Investitionen benötigt wird. Gelingt das nicht oder nur zum Teil, kommen die Banken ins Spiel. Die Geldmenge, die heute in Umlauf ist, hat sich in den letzten Jahren deutlich erhöht – weil Banken den Unternehmen, Staaten und Privathaushalten nahezu unbegrenzt Kredite bereitgestellt haben. Das war möglich, weil Banken Kredite, die sie vergeben, nur zu einem geringen Teil mit Eigenkapital absichern müssen. Diesem neuen Geld stehen also keine echten Werte gegenüber, kein Gold und auch kein Guthaben bei Zentralbanken. Es wird von den Banken selbst erschaffen, indem sie Kunden Kredite gewähren. Dieser Vorgang wird »Geldschöpfung« genannt.

Für viele Beobachter der Finanzmärkte war diese unkontrollierte Geldschöpfung die Hauptursache der Finanzkrise. Die G-10-Länder haben inzwischen mit neuen Regeln für die Finanzmärkte reagiert. Sie verpflichten die Banken zum Beispiel, ihre Risikopositionen mit 8 Prozent Eigenkapital abzusichern, von denen 4,5 Prozent sogenanntes hartes Kernkapital sein müssen. Außerdem müssen zusätzliche Kapitalpuffer für den Krisenfall vorhanden sein, damit in Zukunft keine Bank mehr mit Steuergeldern gerettet werden muss.

Die enorme Geldmengenausweitung der letzten zwanzig Jahre stützte sich im Wesentlichen auf den Glauben, der Schuldner werde den Kredit schon irgendwann zurückzahlen können, und wohl auch auf die Gewissheit, dass die Staaten alles tun würden, um einen Zusammenbruch des Finanzwesens zu verhindern. Damit Kreditnehmer ihre Schulden zurückzahlen können, muss »der Kuchen« aber insgesamt immer weiter wachsen. Bleibt das Wachstum aus, gerät das Finanzsystem in Schieflage. Das Prinzip Zins sorgt nämlich dafür, dass die Forderungen der Kreditgeber an die Wirtschaft schneller wachsen als die Wertschöpfung der Unternehmen.

Unternehmen müssen aus dem Verkauf ihrer Produkte nicht nur alle laufenden Kosten decken, sondern auch die Finanzierungskosten (Tilgung von Krediten nebst Zinsen) erwirtschaften. Am Ende soll Jahr für Jahr außerdem ein Gewinn übrig bleiben, der an Aktionäre oder Teilhaber ausgeschüttet wird oder der für den Ausbau oder die Modernisierung der Produktionsstätte zu Verfügung steht. Und als Arbeitnehmer hoffen wir natürlich darauf, dass auch wir vom guten Ergebnis »unseres« Unternehmens profitieren, indem wir zum Beispiel eine Lohnerhöhung bekommen. Immerhin haben wir dieses gute Ergebnis mit unserer Arbeit möglich gemacht.

Gerät dieses Prinzip ins Stottern, kommt eine fatale, geldgetriebene Wachstumsspirale in Gang: Dem Unternehmen fehlt das Kapital, die Fixkosten zu decken. Es nimmt neue Kredite auf, was neue Zinsverpflichtungen nach sich zieht. Um diese Forderungen bedienen zu können, muss noch mehr produziert, noch mehr konsumiert, noch mehr investiert werden. Kurzum: Es braucht immer mehr Wachstum. Das Prinzip Zins und Zinseszins und die Notwendigkeit, immer mehr Geld »zu machen«, sind maßgebliche Wachstumstreiber.

Welche Folgen das haben kann, lässt sich unter anderem am Beispiel der sogenannten Entwicklungsländer sehen. Seit den 1970er-Jahren haben sich viele Staaten Lateinamerikas oder Afrikas durch Kreditaufnahmen bei reichen Industrienationen verschuldet. Ihre Verbindlichkeiten haben inzwischen astronomische Höhen erreicht. Laut Angaben der Weltbank hat sich die Summe im Jahr 2010 noch einmal um 12 Prozent erhöht, auf gut 4 Billionen US-Dollar. Viele dieser Staaten müssen mehr als ein Viertel ihrer Exporterlöse allein für den Schuldendienst (also die Zinszahlungen) aufbringen. Da diese Länder vorwiegend auf den Abbau und den Export von Rohstoffen spezialisiert sind (dazu später mehr), führt die kontinuierlich steigende Schuldenlast unmittelbar zu einer stärkeren Ausbeutung der Natur: immer mehr Erdölförderung, immer neue Bergwerke, in denen Erze abgebaut werden, eine immer schnellere Abholzung von Regenwald zur Gewinnung von Tropenhölzern, massive Brandrodung zum Anlegen von Feldern und Weideflächen. Das Gewähren von weiteren Krediten ist daher eine zweischneidige Sache. Es zwingt Entwicklungsländer in eine fatale Wachstumsspirale.

Die 4 Billionen US-Dollar Schulden der Entwicklungsländer mögen angesichts von 2,2 Billionen Euro deutscher Staatsschulden nicht sehr hoch erscheinen. Doch nicht die absoluten Zahlen sind für die Beurteilung der Staatsschulden entscheidend, sondern der Schuldenstand im Verhältnis zum Volkseinkommen. Die Maastricht-Kriterien schreiben vor, dass die Staatsschulden der Euroländer 60 Prozent des BIP nicht überschreiten dürfen. In Deutschland liegt die Schuldenquote heute bei rund 80 Prozent, in einigen Ländern Europas liegt sie bei 100 Prozent oder deutlich darüber. Griechenland ist mit 160 Prozent Spitzenreiter.

Theoretisch sollte die Zinslast stets niedriger liegen als das Wirtschaftswachstum, da die Tilgung der Schulden sonst schnell unmöglich wird oder das Wachstum sofort auffrisst. Angesichts des seit Längerem bestehenden Trends zu sinkendem Wirtschaftswachstum in den OECD-Staaten und Europa müsste eigentlich klar sein, dass sich niemand einen weiteren Anstieg des Schuldenstands leisten kann. Erste Maßnahmen wie die Einführung der Schuldenbremse gehen in die richtige Richtung. Länder wie Griechenland allerdings haben außerdem mit anderen strukturellen Problemen zu kämpfen als Deutschland, das von Analysten immer noch als kreditwürdig und stabil gilt. Die internationalen Geldgeber reagieren auf die Überschuldung von Staaten mit Zinsaufschlägen. Denn man geht davon aus, dass Länder, deren Schulden höher sind als das BIP, ihre Schulden nicht mehr zurückzahlen können. Die Zinsenfalle wird dann zur neuen Schuldenfalle.

Diesen öffentlichen und privaten Schulden und Forderungen stehen auf der Habenseite allerdings auch riesige (Geld-)Vermögen und immense Guthaben im Bereich Infrastruktur gegenüber. Den 2 Billionen deutschen Staatsschulden etwa stehen heute 15 Billionen privates und öffentliches Volksvermögen gegenüber. 10 Billionen davon gehören dem Privatsektor. Eine Schuldenuhr auf dem Campus der Hamburger Uni zeigt uns nicht nur, wie schnell die öffentlichen Schulden sekündlich anwachsen. Sie zeigt auch, dass die privaten Vermögen nicht nur viel höher sind als die öffentlichen Schulden, sondern auch sehr viel schneller wachsen als diese.

Wer von Wirtschaftswachstum redet, meint die »Flussgröße« BIP, also alles, was Jahr um Jahr neu erzeugt wird. Seit Jahrhunderten haben wir aber regelmäßig einen Teil des privaten und öffentlichen Einkommens in Sachwerte investiert: Immobilien, Kunst, öffentliche Bauten, Brücken, Schmuck, Museen und Schlösser, Straßen. In der Statistik finden wir diesen Vermögensbestand nur in der Vermögensrechnung. Wir sollten daher immer mal wieder einen Blick auf diese Statistik werfen. Denn was schon da ist, muss nicht neu erarbeitet werden. Doch auch der Bestand kann zu einem Wachstumstreiber werden, wenn sein Erhalt oder der Rückbau immer mehr Geld verschlingt. Ein ständiger Zuwachs an solchem infrastrukturellen Vermögen treibt die Kosten der Instandhaltung und der Nutzung nach oben: Je mehr schon da ist, desto höher ist der Anteil der Instandhaltung und Wiederbeschaffung am Bruttoinlandsprodukt. Mit seinen vielen Straßen, Brücken und Schleusen war Deutschland in den letzten Jahrzehnten ganz offensichtlich bereits überfordert. Fachleute beklagen eine enorme Investitionslücke in diesem Bereich.

Allerdings: Angesichts einer schrumpfenden Bevölkerung in Europa und den Erfordernissen, ressourceneffizienter zu leben und zu wirtschaften, könnte sich der schon heute existierende Vermögensbestand sehr bald als überdimensioniert erweisen oder hohe (ökologische) Modernisierungserfordernisse mit sich bringen. Denn nicht nur die Herstellung, sondern auch der Rückbau von Infrastruktur und Vermögen kosten Geld und Ressourcen.

Human- und Sozialkapital

Zum Kapital einer Gesellschaft gehören in einem erweiterten Sinn auch die Fähigkeiten und Fertigkeiten der Menschen. Wirtschaftswissenschaftler sprechen hier von »Humankapital«. Dieser »immaterielle« Faktor ist für den Erfolg einer Volkswirtschaft und für jeden von uns von herausragender Bedeutung. Keine Investition ist krisensicherer und hat eine höhere Rendite als (Aus-)Bildung.

Nicht weniger wichtig ist das »Sozialkapital«. Es entsteht, wenn Menschen einander und ihrem System vertrauen. Das fängt in den Familien an. Kinder, die nicht in ein Umfeld hineingeboren werden, das sie liebt, ihnen emotionale Sicherheit gibt und fördert, starten mit einem Handicap ins Leben. Wer selbst keine glückliche Kindheit hatte, dessen Chancen, ein auf Beziehungen gegründetes, stabiles Leben zu führen, gelten statistisch gesehen als geringer. Wer seinen Nachbarn und den Kollegen nicht vertrauen kann, nicht seinem Chef und seinem Unternehmen, oder sich generell von Politik und Gesellschaft im Stich gelassen fühlt, wird sich zurückziehen und weniger einbringen. Eine Gesellschaft, in der viele Menschen leben, die nicht mehr vertrauen, und in der der soziale Zusammenhalt bröckelt, bekommt früher oder später auch wirtschaftliche Probleme.

Technischer Fortschritt und gesteigerte Produktivität

In der Vergangenheit war der technische Fortschritt ein wichtiger Treiber für das Wirtschaftswachstum. Ohne die großen Technologiesprünge – angefangen bei der Erfindung der Dampfmaschine und der Elektrizität bis hin zu den neuesten Informations- und Kommunikationstechnologien – wäre unser Bruttoinlandsprodukt entschieden niedriger. Bedeutende Ökonomen gehen davon aus, dass vor allem der nicht enden wollende Strom an Erfindungen und technischen Verbesserungen die Produktivität in Europa, den USA und Japan so massiv vorangetrieben hat. Man spricht von gesteigerter Produktivität, wenn bei einem gegebenen Einsatz von Arbeit das Ergebnis (der Output) größer wird. Das kann zum Beispiel durch eine effizientere Arbeitsorganisation, neu entwickelte Verfahren und Technologien oder eine höhere Qualifikation der Beschäftigten erreicht werden.

Ressourcen und Rohstoffe

Jede wirtschaftliche Tätigkeit ist mit dem Einsatz von Energie und Rohstoffen verbunden. Der wirtschaftliche Aufstieg der Industrienationen im 20. Jahrhundert wurde ganz wesentlich von fossilen Brennstoffen befeuert, namentlich von Öl und Kohle. Die Kolonialisierung Lateinamerikas, Afrikas und Asiens im ausgehenden 19. Jahrhundert diente vor allem der Verfügbarmachung der Rohstoffe, die für das Wachstum des Westens erforderlich waren.

Die Preise, die heute auf dem Weltmarkt für Rohstoffe bezahlt werden müssen, werden durch deren Verfügbarkeit bestimmt. Je knapper ein Rohstoff, desto höher der Preis. Eine Reduzierung der Fördermenge der OPEC-Staaten hat unmittelbare Folgen für die Wirtschaft der Öl-importierenden Länder. Inzwischen sind wir nicht nur von Brennstoffen abhängig, auch seltene Erden oder Erze müssen eingeführt werden. Der Kampf um Rohstoffe wird sich in den nächsten Jahren deutlich verschärfen.

All diese Wachstumstreiber und Produktionsfaktoren waren in den letzten Jahrzehnten wirksam und ließen nicht nur bei uns, sondern in allen Industrienationen das BIP wachsen. Doch wie heißt es ebenso zutreffend wie schön: Die Bäume wachsen nicht in den Himmel. Nirgendwo. Das gilt auch für die Treiber, die unser Wirtschaftswachstum möglich machten. Und wir werden sehen: Wirtschaftswachstum hat keineswegs immer etwas mit einem Zuwachs an echtem Wohlstand und Lebensqualität zu tun.

Zusammenfassung:
Die maßgeblichen Treiber des Wachstums

- *Konsum*: Wenn mehr konsumiert wird, steigt das Bruttoinlandsprodukt. Damit immer mehr konsumiert wird, muss das Angebot beständig wachsen.
- *Investitionen:* Staatliche oder unternehmerische Investitionen erhöhen ebenfalls das Bruttoinlandsprodukt. Diese Form des Wachstums ist oft kreditfinanziert; die Rückzahlung des aufgenommenen Kapitals nebst Zinsen erfordert weiteres Wachstum.
- *Exporte* befeuern das Wachstum vor allem dann, wenn die Nachfrage im eigenen Land stagniert und die Waren auf neuen Märkten im Ausland veräußert werden können.
- *Faktor Arbeit:* Das Bruttoinlandsprodukt wächst, wenn das Arbeitsvolumen steigt. Wenn also mehr Menschen arbeiten oder mehr Stunden gearbeitet werden.
- *Faktor Kapital:* Wachstum erfordert mehr Geld, Maschinen, Infrastruktur, Human- und Sozialkapital.
- *Faktor Umwelt:* Die Wirtschaft wächst, wenn immer mehr natürliche Ressourcen in sie hineingepumpt werden.
- *Faktor Innovation/Effizienz:* Technischer Fortschritt führt in der Regel zu höherer Effizienz und größerem Output. Mehr Waren können in kürzerer Zeit und bei gleichem oder niedrigerem Einsatz von Arbeitskraft und Ressourcen hergestellt werden. Das Bruttoinlandsprodukt steigt.

Das Bruttoinlandsprodukt als Maßstab

Alle Wachstumstreiber, die wir bisher kennengelernt haben, haben Auswirkungen auf das Bruttoinlandsprodukt. Das BIP fasst alle Güter (also Waren und Dienstleistungen), die innerhalb eines Jahres in einer Volkswirtschaft hergestellt werden, in einer Kennziffer zusammen. Es gibt ein *nominales BIP* – das noch nicht inflationsbereinigt ist – und ein *preisbereinigtes BIP*. Um dieses berechnen zu können, müssen Statistiker feststellen, ob die Produkte und Dienstleistungen des betreffenden Jahres wirklich mehr geworden sind oder einfach nur teurer. Nur bei technischen Produkten berücksichtigen sie die Qualität. Als Maßstab für die Berechnung des BIP dient ein Warenkorb, dessen Zusammensetzung hin und wieder aktualisiert wird; ausgehend von einem festgelegten Basisjahr werden die Durchschnittspreise dieses Warenkorbs mit dem aktuellen Jahr verglichen. Sind die Preise gestiegen, ohne dass mehr konsumiert wurde, spricht man von Inflation.

Am Ende der Berechnung sind Preisschwankungen herausgefiltert, damit man ein möglichst eindeutiges Bild von der wirtschaftlichen Leistungsfähigkeit des Landes erhält.

Das deutsche Bruttoinlandsprodukt hat sich seit dem Zweiten Weltkrieg vervierfacht. In den ersten Jahrzehnten ist es in Prozenten exponentiell gewachsen, danach wurde die Wachstumskurve immer flacher. Dies trifft übrigens auf alle OECD-Länder zu. Betrachten wir die Zuwächse nicht prozentual, sondern in absoluten Zahlen, dann stellen wir fest, dass die Wirtschaft linear gewachsen ist. Das BIP stieg in Deutschland in jedem Jahrzehnt im Schnitt um etwa 300 Milliarden Euro an. Wobei es sich in den Fünfzigern relativ gesehen mehr als verdoppelt hat, während es in den Neunzigern nur noch um 20 Prozent gewachsen ist.

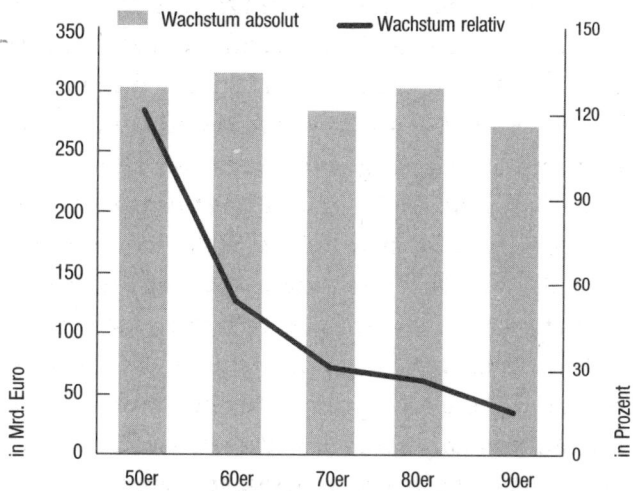

Wachstum in der BRD je Jahrzehnt*

in IWS Gießen von 1995, unterschiedliche Datengrundlage
weitgehend ausgeglichen**

* zur besseren Vergleichbarkeit: 1950–1960 ohne den Beitritt von Berlin-West/Saarland;
90er-Jahre von 1991–2001, da erst ab 1991 Zahlen für Gesamtdeutschland verfügbar.
** siehe dazu »Erläuterungen zur Datengrundlage«

Quelle: *IWS, Institut für Wachstumsstudien, Gießen*

Misst man das Wirtschaftswachstum in Prozentzahlen, führt
das also zu dem wahrlich kuriosen Phänomen, dass das BIP stetig größer wird, obwohl das Wachstum prozentual abnimmt.
Wenn die Wirtschaft einmal nicht wächst, bedeutet dies demnach nicht automatisch Stillstand oder Stagnation, sondern ist
ein Zeichen dafür, dass die Wirtschaft einem ständigen Verän-
derungs- und Erneuerungsprozess unterworfen ist. Ein schönes
Beispiel hierfür ist das Handwerk, das für die Grundversorgung
der Menschen immer schon eine Schlüsselrolle gespielt hat.
Historiker haben herausgefunden, dass über die Jahrhunderte
im Durchschnitt rund 15 Prozent der Bevölkerung eines Landes

im Handwerk tätig waren. Die Handwerker sind also weder mehr noch weniger geworden. Dieser Wirtschaftsbereich – seine Unternehmen, Berufe, Fähigkeiten und Techniken – hat sich einfach immer mit der Gesellschaft, ihren Bedürfnissen und dem Stand der Technik mitentwickelt. Es war ein evolutionärer Prozess und in der Summe ohne zerstörerisches Wachstum (auch wenn viele Unternehmen kamen und gingen).

Der einfache Rückschluss von der Kennziffer BIP auf den Wohlstand eines Landes ist allerdings gewagt. Stellen wir uns eine Volkswirtschaft vor, in der nur noch halb so viele Schränke hergestellt werden wie im Vorjahr. Dies hätte zur Folge, dass das BIP schrumpft. Wenn diese Schränke aber doppelt so lange genutzt werden können, weil die Qualität viel besser geworden ist, die Schränke multifunktionaler sind oder weil sie weiter- und wiederverwendet werden können, wäre der »Schrankwohlstand« gestiegen. Ein schrumpfendes Bruttoinlandsprodukt ist also ebenso wenig ein untrügliches Indiz dafür, dass es uns schlechter geht als noch im Vorjahr, wie ein steigendes BIP ein Indiz dafür ist, dass es uns besser geht.

Die beiden großen »Jahrhundertfluten« in Deutschland werden ganz sicher einen Beitrag zum Wirtschaftswachstum leisten. Sie machen Neuanschaffungen und Investitionen in Milliardenhöhe erforderlich. Die Menschen und Unternehmen aber, die durch die Flut alles verloren haben, werden mit gutem Grund sagen, es geht ihnen schlechter als vorher.

Das BIP allein ist also eine Kennziffer, die nicht alle Faktoren berücksichtigt. Das oben aufgeführte Beispiel des Schrankes zeigt, dass sich ein subjektiv empfundener Mehrwert (durch ein langlebiges und hochwertiges Produkt) im BIP objektiv als negatives Wachstum niederschlagen kann. Umgekehrt gilt auch: Wenn wir immer mehr Produkte kaufen, die aus immer billigeren Materialien hergestellt wurden, mögen wir zwar das BIP steigern, unsere Zufriedenheit wird aber nicht zunehmen. Das BIP als Messgröße ist also nur auf den ersten Blick verlässlich – dazu gleich mehr.

Man kann sich das Bruttoinlandsprodukt auch als eine Art »Nationaleinkommen« vorstellen. Das Wachstum des BIP ist gleichsam eine Art »Gehaltserhöhung« für alle. Wenn wir das BIP durch die Zahl aller BürgerInnen eines Landes teilen, kommen wir auf das Bruttoinlandsprodukt pro Kopf. Diese Kennziffer wird oft verwendet, um Länder miteinander zu vergleichen. Ein Vergleich, der mit Vorsicht zu genießen ist. Denn weder die Höhe noch das Wachstum des BIP sagt etwas darüber aus, wie das Volkseinkommen verteilt wird, ob alle davon profitieren und wie zufrieden sie mit ihrer Lebenssituation sind.

Was braucht der Mensch oder: Wachstum und Lebensqualität

Der amerikanische Psychologe Abraham Harold Maslow (1908–1970) war der Erste, der versuchte, die menschlichen Bedürfnisse nach ihrer Dringlichkeit zu bewerten. Er befragte Hunderte US-Amerikaner und veröffentlichte als Ergebnis seiner Untersuchungen eine Bedürfnispyramide, die wir alle aus der Schule kennen. Die Maslow-Pyramide fasst unsere Bedürfnisse in fünf Kategorien zusammen, und sie geht davon aus, dass wir ein Leben lang immer wieder neue Bedürfnisse verspüren, die aber in einer klaren Hierarchie zueinander stehen. Erst wenn das Grundbedürfnis nach Essen und Trinken und Sicherheit befriedigt ist, treten andere Bedürfnisse wie soziale Anerkennung oder Selbstverwirklichung in den Vordergrund.

Nach Maslow entwickeln sich unsere Bedürfnisse vom Materiellen zum Immateriellen. Als höchste Stufe beschreibt er die Selbstverwirklichung. Nur wenn wir daran gehindert werden, uns in diesem Sinne weiterzuentwickeln, wenden sich unsere Bedürfnisse gegen uns. Wir suchen nach Ersatzbefriedigung durch Sublimierung (wenn uns die Anerkennung als Professor verwehrt wird, dann werden wir eben Präsident des Lion-Clubs, suchen uns also eine »Ersatzbefriedigung«), oder wir gehen in die Regression (auf niedrigere Bedürfnisstufen zurück), indem wir z.B. maßlos essen.

Zwei Erkenntnisse der Maslow-Pyramide erscheinen uns besonders wichtig. Erstens: Wachsender materieller Wohlstand führt dazu, dass wir uns immateriellen Gütern zuwenden, das können soziale Anerkennung sein, das Ausleben unserer Kreativität oder befriedigende soziale Beziehungen (Freundschaft, Liebe, Kinder).

Zweitens: Die Bedürfnispyramide ist nach oben offen. Wir streben ein Leben lang immer wieder nach Erfüllung – es gibt keinen Stillstand, keinen Zustand anhaltender Zufriedenheit. Der »Nörgelfaktor« holt uns immer wieder ein. Die entscheidende Frage ist: Wie gehen wir damit um?

Kapitel 2

Wie wir wurden, was wir sind

Nach diesen eher wirtschaftstheoretischen Betrachtungen werfen wir nun einen Blick zurück in die Vergangenheit. Welche Faktoren haben in welcher Phase die Wirtschaft besonders vorangetrieben, wer hat von diesem Wachstum profitiert, welche Auswirkungen hatte es auf Politik und Gesellschaft?

Wir beginnen mit den 1950er- und 1960er-Jahren. Jahrzehnten, in denen es wirtschaftlich nur in eine Richtung geht: voran. Der Zweite Weltkrieg hat weite Teile Europas, vor allem Deutschlands, in Schutt und Asche gelegt. Die Infrastruktur ist weitgehend zerstört, ebenso viele Produktionsstätten. Man krempelt die Ärmel hoch und baut wieder auf. Im Rückblick ist es erstaunlich, wie schnell die materiellen Engpässe beseitigt werden konnten, wie rasant das Land wieder auf die Beine kam.

1963 gibt es eine erste kleine Krise, die ist aber schnell bewältigt. Das Wirtschaftswunder geht unvermindert weiter. Ein breiter gesellschaftlicher Konsens und starke Gewerkschaften sorgen dafür, dass alle von diesem Wachstum profitieren. Es kommt zu wichtigen Sozialreformen, die Arbeitszeit wird verkürzt, die Rente an die Lohnentwicklung angepasst. Deutschland steigt zur zweitgrößten Industrienation der Welt auf.

Die zweite Periode, die wir uns genauer ansehen wollen, beginnt 1973. Deutschland steht an einem Wendepunkt: Die Wirtschaft gerät in eine schwere Rezession, die Arbeitslosigkeit steigt, Verteilungskämpfe nehmen zu. Die erste Ölkrise macht die Verletzlichkeit Europas in der Energiefrage deutlich. Aber nachdem diese erste Talsohle durchschritten ist, scheint es wieder stetig aufwärts zu gehen. Bis es in den 1980er- und 1990er-Jahren immer häufiger zu kleineren Rezessionen kommt. Die Arbeitslosigkeit steigt von Krise zu Krise. Ausgehend von der neoliberalen Wirtschaftspolitik Margaret Thatchers in Großbritannien und Ronald Reagans in den USA zerbricht das soziale Fundament, das in den ersten Jahrzehnten davor dafür gesorgt hatte, dass alle vom Wirtschaftswachstum profitierten. Auch in Deutschland und Österreich wird die Lücke zwischen den sozialen Schichten größer. Die Folgen des ungebremsten Wachstums werden zunehmend sichtbar, die Themen Umweltzerstörung und »Wohlstandsverlierer« rücken ins Bewusstsein der Bevölkerung.

Dann kommt die Wiedervereinigung, Deutschland hat erst einmal andere Sorgen, wird zum »kranken Mann« Europas. Globalisierung und Digitalisierung, die eng miteinander verbunden sind, verändern in den 1990er-Jahren noch einmal die Rahmenbedingungen – für die Wirtschaft wie auch für jeden Einzelnen. Die rot-grüne Regierung sieht sich zu Reformen genötigt, die das Land in seinen Grundstrukturen verändern und den sozialen Konsens für viele infrage stellen. Die Agenda 2010 wird zur Zerreißprobe, sie spaltet bis heute die Nation. Der Zusammenbruch des Neuen Marktes an den Börsen, der große Crash 2008, das Platzen der Finanz- und Immobilienblase und die seitdem anhaltende Dauerkrise bilden den Endpunkt unseres Blicks in die Vergangenheit.

Das Wirtschaftswunder oder:
Die Nachkriegsjahre bis 1963

Ich (Christine Ax – im Weiteren zu erkennen am Kürzel »C.A.«) bin ein Nachkriegskind, geboren 1953 in Neunkirchen an der Saar. Mitten hinein in eine Welt, in der Mangel unser Leben bestimmte. Um die Familie zu ernähren, ging mein Vater – Jahrgang 1924 – trotz Abitur als Bergmann unter die Erde: Harte körperliche Arbeit gab es dort, aber auch Sonderrationen an Lebensmitteln. Die Kumpel verdienten mehr als die anderen. Wir wohnten in der Hüttenstraße in einer Wohnung unterm Dach, direkt gegenüber befand sich das größte Stahlwerk der Region. Der Qualm aus den Schornsteinen hing über dem ganzen Ort, er verdunkelte die Sonne, viele Kinder erkrankten an Rachitis. Ein Mangel an Vitamin D, das die Knochen brauchen, um auszuhärten und zu wachsen. Wir bekamen deswegen täglich eklig schmeckenden Lebertran, eine gelbe, tranige Paste aus dem Fett von Walfischen. Den Geschmack kann ich heute noch auf meiner Zunge spüren.

Ich war vier Jahre alt, als meine Eltern beschlossen, aus Neunkirchen wegzugehen. Mein Vater verzichtete auf das ersehnte Medizinstudium und machte eine Ausbildung zum REFA-Fachmann, die gerade einmal drei Wochen dauerte. REFA ist eine bis heute beliebte »Zeitstudienmethode«, mit der industrielle Prozesse optimiert werden, damit pro Arbeitsstunde immer mehr produziert wird und alle immer mehr verdienen können.

Kaum war er mit der Ausbildung fertig, bekam er eine Stelle in einer Aachener Reifenfabrik angeboten. Das Unternehmen lockte nicht nur mit einem akzeptablen Lohn, sondern auch mit einer Drei-Zimmer-Neubauwohnung. Der pure Luxus. Die Neubausiedlung lag am Stadtrand, gleich hinter unserem Wohnblock fing die Wildnis an: Trümmergrundstücke und verwilderte Gärten, ein kleiner Bach, unbebaute

Wiesen. Zehn Jahre später war das Vergangenheit. Die Natur wurde mit weiteren Neubauten und Straßen zugepflastert.

Mein größter Freund war damals das Radio. Jeden Nachmittag (in den Ferien auch am Vormittag) durfte ich Schulfunk hören. Kein Tag, an dem ich nicht mit glühenden Ohren an unserem Loewe Opta Luna klebte. Einmal die Woche war Waschtag. Dann ging meine Mutter mit den Nachbarsfrauen in den Waschkeller. Dort stand ein großer Bottich aus Beton, der von unten mit Holz beheizt wurde. Die Wäsche wurde eingeweicht, auf einem Waschbrett geschrubbt, ausgewrungen und zum Trocknen aufgehängt. Eine Arbeit, die nur in Gemeinschaft zu ertragen war. Meine Mutter war den ganzen Tag auf den Beinen, ich erinnere mich nicht daran, dass sie so etwas wie »Freizeit« gehabt hätte. Wir Kinder und der Haushalt hielten sie auf Trab. Die einzige Abwechslung war die Zeit, die sie mit den Nachbarn verbrachte – und sei es beim Waschen.

In den anderen fünf Wohnungen unseres Hauses wohnten überwiegend Arbeitskollegen meines Vaters. Sozialer Status war nicht so wichtig wie heute, und mangels Konsummöglichkeiten konnte man die soziale Stellung mit Äußerlichkeiten auch nicht so einfach sichtbar machen. Im Nachbarhaus lebte Henriette, meine allerbeste Freundin. Ihr Vater war Arbeiter. Meiner war Angestellter. Wir hatten wenig Gefühl für soziale Unterschiede, außerdem gab es wichtigere Dinge: Wer konnte am schnellsten rennen, wer war bei der nächsten Schlägerei unterlegen? Wer kam mit dem Fuß ans rechte Ohr? Und wenn wir schon mal über »Luxus« sprachen, dann waren es ganz simple Dinge: eine ganze Dose Pfirsiche oder eine Tafel Schokolade ganz alleine zu essen, ohne den Geschwistern etwas abgeben zu müssen. Aber das blieb lange Zeit ein Traum. Wenn es bei uns zu Hause eine Tafel Schokolade gab, wurde sie fein säuberlich unter fünf Personen aufgeteilt. Vater sorgte dafür, dass jeder genau einen Riegel und ein Stück bekam. Nur das Eis im Sommer durfte jeder für sich schlecken. Die Kugel kostete 10 Pfennige. Und im Krämerladen gegenüber gab es Bonbons in allen Farben für je einen Pfennig.

Ich denke, meine Eltern hatten damals trotz der bescheidenen Verhältnisse eine glückliche Zeit, vielleicht sogar die glücklichste in ihrem Leben. Es gab immer einen Grund, mit Nachbarn und Kollegen zu feiern. Wenn nicht Weihnachten, Silvester, Karneval oder Geburtstag war, wurde einfach ein anderer Anlass gefunden. Genau genommen brauchte es vielleicht gar keine Anlässe. Den Krieg überlebt und genug zum Leben zu haben, reichte für eine fröhliche, oft übermütige Stimmung. Und wir Kinder taten es ihnen gleich. Wir gingen ganz selbstverständlich in allen Wohnungen der Nachbarschaft ein und aus. Wir spielten auf den Straßen, in den Gärten, auf dem Lousberg gegenüber. Wir organisierten Gummitwistwettbewerbe oder Hüpfspiele, Hauptsache, wir waren draußen.

Ich (Fritz Hinterberger, »F.H.«) kam in der österreichischen Provinz zur Welt, da war das Wirtschaftswunder schon etwas weiter fortgeschritten. Mein Vater war Chemielaborant, er arbeitete in der etwa 20 Kilometer entfernten Chemiefaser-Fabrik Lenzing. Heute nennt man das, was dort erzeugt wird, »Naturfaser«: Viskose, weil es ja aus Holz bzw. Zellstoff erzeugt wird, einem »nachwachsenden Rohstoff«. Aber damals war »Chemie« modern, also hieß das Werk »Chemiefabrik«.

Mein Vater stammt eigentlich aus einer Familie von Ärzten und Wissenschaftlern, die der Zweite Weltkrieg aus Wien aufs Land vertrieben hatte; dort hatte das Haushaltseinkommen gerade einmal dafür gereicht, den älteren Bruder studieren zu lassen (er wurde Lehrer), während mein Vater nach der Unterstufe am Gymnasium in die Lehre ging.

Die Industrie zahlte gutes Geld, mit dem mein Vater seine junge Familie gut ernähren konnte. Meine Eltern (meine Mutter stammt aus Siebenbürgen) bauten zusammen mit meinem Großvater in einer neu entstehenden Siedlung ein Haus »in Nachbarschaftshilfe«, wie man damals sagte. Auf alten Fotografien sieht man, wie sie gemeinsam Keller aushoben und dann Mauer für Mauer, Dachstuhl für Dachstuhl fertigstellten. Insgesamt zwölf Häuser. Jede Familie verpflichtete sich, über den Zeitraum eines Jahres, so lange dauerte der Bau, tausend Stunden Arbeit zu leisten; die Frauen sorgten darüber hinaus für die Verpflegung der Arbeiter, darunter natürlich auch Profis. Diese tausend Stunden Eigenarbeit sorgten dafür, dass der Preis des Hauses auf eine erschwingliche Größe schrumpfte. Mein Vater hat all das neben den etwa zweitausend Stunden Arbeit, die er in der Fabrik ableisten musste, gestemmt.

Als ich an Weihnachten 1959 aus der Geburtsstation nach Hause kam, war das Haus mit seinen rund 120 m² Wohnfläche praktisch leer. Die wenigen Möbel hatte mein Großvater, der Tischler war, selbst gebaut. Einige davon existieren heute noch, Qualitätsarbeit und inzwischen im Zuge der Retrowelle Stücke mit Sammlerwert. Das, was meine Eltern – weil es unmodern geworden war – durch neues Mobiliar ersetzt haben, hat die Zeiten indes nicht überdauert.

Der größte Luxus im Haus war damals die »Zentralheizung«. Ein Ofen, der in der Küche stand und mit Koks befeuert wurde, aber nicht nur als Herd diente, sondern die Wärme über Heizkörper im ganzen Haus verteilte. Theoretisch zumindest. Denn wenn man in der Früh aufstand und noch niemand eingeheizt hatte, war es eiskalt. Ich erinnere mich, dass das unangenehm, aber nicht wirklich schlimm für uns war. Vielleicht, weil ich mit dem Einheizen nichts zu tun hatte – ich war zu jung – und weil mir die Eisblumen an den Fenstern im Winter gefielen.

Wir hatten, wie alle in der Siedlung, einen Garten von ungefähr 1000 m², in dem wir allerdings kaum Gemüse anpflanzten. Meine Eltern hatten keinen grünen Daumen, außer Holler (Holunder), Ribisel (rote Johannisbeeren) und ein paar Erdbeeren wuchs nicht einmal Obst darin. Dafür hatten wir Kinder umso mehr Platz zum Spielen – und Kinder in unserem Alter gab es viele in unserer Siedlung, weil alle Familien mehr oder weniger zur gleichen Zeit gegründet worden waren.

1949 machen sich Anzeichen für eine Normalisierung des Lebens in Deutschland bemerkbar: In Köln findet zum ersten Mal wieder ein Karnevalsumzug statt; nach zehnjähriger Unterbrechung öffnet in München das Oktoberfest seine Pforten. Doch noch immer bestimmen Trümmer, Wohnungsnot und Arbeitslosigkeit den Alltag. Das Bruttoinlandsprodukt ist auf dem Niveau von 1936. Deutschland hat zwei Währungen. 2 Ostmark sind nur 30 Westpfennig wert. Über eine Luftbrücke schicken die USA 1 Million Tonnen Güter in das zeitweise abgesperrte Berlin. Der Strom der Heimatvertriebenen aus den früheren deutschen Ostgebieten und dem Sudetenland reißt nicht ab. Dieser Abwanderungsstrom aus dem Osten in Richtung Westen wird bis zum Mauerbau weiter anhalten und sich als einer der wichtigsten Treiber des westdeutschen Wirtschaftswunders erweisen. Während die ostdeutsche Planwirtschaft auf den Aufbau der Schwerindustrie setzt, stehen in der westlichen Marktwirtschaft die Konsumbedürfnisse der Bevölkerung im Vordergrund. Die Lebensmittelkarten werden endlich abgeschafft, und die Wiedereröffnung des KaDeWe (Kaufhaus des Westens) in Berlin löst einen regelrechten Kaufrausch aus. In der bundesdeutschen Gesellschaft gewinnt die Sehnsucht nach Harmonie und Normalität Oberhand. Dafür stehen der Erfolg von Heimatfilmen wie *Das Schwarzwaldmädel* und die Wahl der ersten Miss Germany. In der DDR wird der westdeutsche Lebensstil als dekadent, materialistisch und amerikanisiert verurteilt.

1951 legt die Montanunion den Grundstein für die deutsch-französische Freundschaft. Das Motto: Eisen und Stahl soll Europas Völker verbinden. Anfang 1951 gibt es 1,5 Millionen Arbeitslose. Die Preise steigen schneller als die Einkommen, die Inflation liegt bei 8 Prozent, Genussmittel werden hoch besteuert. Das Einkommen reicht gerade eben zum Sattwerden. Erst im Herbst 1951 sinkt die Arbeitslosigkeit endlich. Das Angebot wächst, die Auslagen in den Schaufenstern werden größer. Platzsparende Möbel für die zeitgemäße Kleinwohnung sind in Mode. Denn Wohnraum ist knapp. Das Ruhrgebiet legt ein Wohnungsbauprogramm auf, 100.000 Bergarbeiterwohnungen sollen bis 1953 gebaut werden, um mehr Arbeitskräfte nach NRW holen zu können.

1952 wird die Europäische Verteidigungsgemeinschaft gegründet, und in beiden deutschen Staaten beginnt die Wiederbewaffnung. Bald wird es zwei deutsche Armeen geben, die im Kriegsfall aufeinander schießen müssen. Ulbricht erklärt, dass das Zentralkomitee in Übereinstimmung mit den Werktätigen beschlossen hat, den Kommunismus als Staatsform durchzusetzen. Die Landwirtschaft wird vergesellschaftet. In Berlin werden an der Stalinallee im Zuckerbäckerstil Paläste für die Werktätigen gebaut – Wohnungen mit Küche, Kinderzimmer, Bad und Wohnzimmer. Die Miete liegt bei 69 DDR-Mark.

Am 1. Weihnachtstag 1951 geht das erste Deutsche Fernsehen auf Sendung. Es gibt 4.000 Empfangsgeräte in Westdeutschland, die meisten davon stehen in Gaststätten. Public Viewing ist angesagt. 1953 läuft der 500.000. VW-Käfer vom Band. Der Osten erlebt am 17. Juni desselben Jahres seinen ersten Aufstand. Die Werktätigen sind beim planmäßigen Aufbau des Kommunismus ganz unplanmäßig überfordert. Überall fehlt es an Material, die Sollzahlen können nicht erfüllt werden. Das Ziel, die

Überlegenheit des Sozialismus zu beweisen, ist gefährdet. In Ostberlin kommt es zu Streiks. Die Werktätigen fordern bessere Arbeitsbedingungen und den Rücktritt der Regierung. Der Ausnahmezustand wird verhängt, Steine fliegen gegen Panzer, es kommt zu Verhaftungen, es gibt Tote und Verletzte. Bis zur Wiedervereinigung wird der 17. Juni im Westteil Deutschlands ein Gedenktag sein.

Die Kanzlerwahl entschied 1949 Adenauer mit seiner eigenen Stimme zu seinen Gunsten, 1953 hat er eine komfortable Mehrheit. Die Kaffeesteuer wird gesenkt, das Pfund kostet nun 8 Mark und 10 Pfennige. Es gibt nicht mehr nur »Muckefuck«, sondern immer öfter auch Bohnenkaffee. Zu Weihnachten packen die Bundesbürger Carepakete für die Brüder und Schwestern im Osten. Die Versorgungslage dort ist schlecht. Erst, als die UdSSR auf die Zahlung weiterer Reparationsleistungen verzichtet, bessert sich zumindest die staatliche Haushaltslage: Die DDR ist auf einen Schlag um 13 Mrd. DDR-Mark reicher.

Als die Fußballweltmeisterschaft 1954 in Bern beginnt, ist die Zahl der Fernsehgeräte bereits auf 40.000 gestiegen. Helmut Rahn schießt in der 84. Minute des Finales das entscheidende Tor. Deutschland »ist wieder wer«. Österreich wird Dritter und bekommt 1955 seinen Staatsvertrag, der zum Abzug der alliierten Truppen führt. Staatsoper und Burgtheater werden wiedereröffnet. Der wirtschaftliche Aufschwung erfasst nun auch Österreich, wo nach dem Zweiten Weltkrieg große Teile der Industrie, des Energiesektors, aber auch der Finanzwirtschaft verstaatlicht worden waren.

1955 geht die Lufthansa mit einem Flugzeug und mit einer Stewardess an den Start. Sie verdient 280 Mark netto und wohnt möbliert. Zwei Jahre später werden die Austrian Airlines gegründet. Das Auto wird zum Sehnsuchtsobjekt. BMW bringt die Isetta heraus und kann so den drohenden Konkurs abwenden. In Österreich wird der Fiat 500 mit 16 (später 20) PS von Steyr-Daimler-Puch in Lizenz gebaut. Mehr Mobilität fördert die Reisetätigkeit. Hatte man in den ersten Jahren noch Urlaub in der Heimat gemacht, kommt nun die Adria in Mode. Italien wird zum Traumziel.

1956 ist in Westdeutschland das Jahr der Wirtschaftsrekorde. Im März sinkt die Arbeitslosenzahl um 800.000. Im April wird die 45-Stunden-Woche eingeführt. Zwei Millionen Autos sind auf den Straßen unterwegs, bis Ende des Jahres werden eine Million Fernsehgeräte verkauft sein. Neben Äpfeln und Birnen liegen immer öfter Südfrüchte in den Auslagen der Geschäfte. Die sogenannte Fresswelle rollt an. Wer Geld hat, zeigt das mit seinem Wohlstandsbauch. Ludwig Erhard, der damalige Wirtschaftsminister, steckt sich dazu noch eine dicke Zigarre an. Sein Bestseller *Wohlstand für alle* wird 1957 veröffentlicht.

Mit den »Römischen Verträgen«, die im gleichen Jahr unterzeichnet werden, wird die Europäische Wirtschaftsgemeinschaft gegründet. Und die DDR baut endlich auch eigene Autos. Mangels Blech wird mit Kunststoffen und später mit Pappe experimentiert. Adenauer wird wiedergewählt. Sein Motto: Nur keine Experimente. Es ist das bislang einzige Mal in der Geschichte der Bundesrepublik, dass die CDU die absolute Mehrheit bekommt. Im Herbst erobert die UdSSR mit dem Sputnik als erste Nation den Weltraum – für den Westen ein Schock.

1958 ist das Jahr der ersten richtig großen Urlaubswelle. Ein Zimmer in einer italienischen Pension kostet 1,20 DM. Im Osten werden die Lebensmittelkarten abgeschafft. In den HO-Läden kosten sechs Eier 1 DDR-Mark. 1959 erleidet die DDR mit ihrem ersten selbst gebauten Flugzeug eine schreckliche Bruchlandung, im Westen geht die Preussag an die Börse; als sogenannte Volksaktie darf sie nur von Familien mit einem Jahreseinkommen von unter 16.000 Mark gekauft werden. VEBA und VW werden auf dieselbe Weise an die Börse gebracht. Peter Kraus verdreht als »deutscher Elvis« den Mädchen den Kopf, im Osten erfindet man als Alternative zu Twist und Rock den »Lipsi«, den keiner tanzen will. Allein das Sandmännchen, das in diesem Jahr auf Sendung geht, erweist sich als kulturell überlegen.

Anfang der 1960er-Jahre ist die Bundesrepublik wirtschaftlich auf dem Gipfel angelangt. Es herrscht Vollbeschäftigung, man ist zur zweitgrößten Wirtschaftsmacht hinter den USA aufgestiegen. 1961 erklärt Ulbricht, niemand habe die Absicht, eine Mauer zu bauen, und baut sie doch. Am 31. August wird der kontinuierlichen Landflucht gen Westen ein Riegel aus Beton und Stacheldraht vorgeschoben. Die CDU muss eine Koalition mit der FDP eingehen, um weiter regieren zu können, und im Kabinett sitzt erstmals eine Frau. Zwei Jahre später, 1963, wird Adenauer im Alter von 88 Jahren »von Bord gehen«. Das Ruder übernimmt Ludwig Erhard, der Vater des Wirtschaftswunders. Die Erwartungen an ihn sind hoch. Ein anderer Hoffnungsträger wird im November des gleichen Jahres in Dallas ermordet: John F. Kennedy.

Die erste Wachstumsphase: Die Treiber funktionieren

Das Wirtschaftswunder der Nachkriegsdekaden hatte mehrere Ursachen: Durch den Marshall-Plan war nach dem Krieg für finanzielle Unterstützung und die Belieferung mit Rohstoffen gesorgt. Außerdem kam es zu einem kontinuierlichen Zustrom von Fachkräften aus der DDR, den ehemaligen Ostgebieten und später auch aus Südeuropa. Deutschland und Österreich konnten ihre Produktionsstätten wieder aufbauen, das Know-how war vorhanden. Neben dem Aufstieg der Automobilindustrie und der Eisen- und Stahlindustrie trug in Deutschland der Export rüstungsrelevanter Produkte erheblich zu diesem Aufschwung bei (Korea-Boom).

Auch die gemäßigte Steuer- und Finanzpolitik spielte eine Rolle. Durch das niedrige Lohnniveau und die geringe steuerliche Belastung konnten Unternehmer günstig und mit hohem Gewinn produzieren und schließlich wieder investieren.

Starke Gewerkschaften und das Prinzip der Sozialen Marktwirtschaft sorgten dafür, dass von dieser Entwicklung auch die Arbeitnehmer profitierten. In Deutschland entstand ein starker Mittelstand. Die Nettoeinkommen stiegen bis 1963 jährlich um etwa 7 Prozent, die Lebenshaltungskosten erhöhten sich dagegen nur um etwa 2 Prozent.

Die Zerstörung und Demontage eines Teils der Fertigungsanlagen während des Krieges machten eine Erneuerung der maschinellen Ausstattung nötig. Diese enormen Investitionen führten auch dazu, dass die westdeutsche Industrie zu einer der modernsten der Welt wurde. Stärkster Motor des wirtschaftlichen Aufschwungs war jedoch der in fast allen gesellschaftlichen Bereichen vorherrschende Leistungswille. Leistung lohnte sich, die Durchlässigkeit zwischen den gesellschaftlichen Schichten war hoch. Bis 1963 sank die Arbeitslosenquote auf 0,5 Prozent. In den Jahren 1951 bis 1960 konnten die höheren Steuereinnahmen sogar zur Tilgung der Staatsschulden eingesetzt werden. Ein Einzelfall in der Geschichte:

C.A.

Anfang der 1960er-Jahre tauschten meine Eltern die mächtigen schwarzen Gründerzeitmöbel meines Urgroßvaters durch Nierentisch & Co aus. Der erste Fernseher stand bei meiner Erzrivalin Ute, die nebenan wohnte. Man musste sich gut mit ihr stellen, damit man einen Blick auf die flimmernde Mattscheibe werfen durfte. Wenige Monate später stand aber auch in unserem Wohnzimmer ein Fernseher, und das Familienleben hatte einen neuen Mittelpunkt. Das sollte für Jahrzehnte so bleiben.

Über das Wirtschaftswachstum machten nicht nur wir Kinder uns damals keine Gedanken. Es war einfach da. Für uns bedeutete es leckeres Essen, keine Steckrübensuppe mehr, mal eine Kugel Eis außerhalb der Reihe und abends eine Runde Fernsehen. Für unsere Mutter bedeutete es, dass die gemeinsamen Waschtage nun ausfielen, weil »Frau Miele« diese Arbeit übernahm. Und das Telefon im Flur machte es möglich, über große Distanzen Freundschaften zu pflegen und mit Verwandten und Freunden im Gespräch zu bleiben. Und natürlich veränderte das Auto unser Leben. Diesmal waren wir die Ersten in der Siedlung, die eins besaßen. Die Reifenproduktion hatte angezogen, Vater verdiente immer mehr. Ich erinnere mich auch noch an seine erste Reise in die USA. Sie wurde von der gesamten Nachbarschaft respektvoll gewürdigt. Selbst meine Winzigkeit, die »Tochter eines Amerikareisenden«, gewann dadurch an Ansehen. Amerika war für uns damals, was für Janoschs Tiger »Panama« ist: das Land unserer Träume, mit Autos, breiter als hierzulande die Straßen, Häusern, die an Wolken kratzten, »Negermusik«. Kurz: der Inbegriff all dessen, was »cool« war.

Das Auto bescherte uns ungeahnte Freiheiten. Wir fuhren damit in die Stadt, erledigten erstmals Großeinkäufe, machten Ausflüge und fuhren in die Ferien. Zwar noch nicht nach Italien, aber immerhin: Jeden Sommer quetschten sich fünf Personen in unseren grauen Käfer.

Mit reichlich Koffern auf dem Dach fuhren wir nach Uhler, ein kleines Dorf im Hunsrück. Ich mochte das Landleben, den Geruch der Schweine und Kuhställe. Wir Kinder durften bei der Ernte helfen, und ich lernte Tischtennisspielen und Kickern. Die Dorfjungs waren interessant, weil sie über Dinge Bescheid wussten, von denen die in der Stadt noch nie etwas gehört hatten. Am Abend redeten die Erwachsenen über die Zukunft, dazu gab es Sekt –»Wohlstandsbrause« – oder Bowle. Alles schien möglich, das Leben kannte nur eine Richtung: MEHR. BESSER. SCHÖNER. HÖHER. SCHNELLER. Die Leute wuchsen, was ihre Leibesfülle anging, die Wirtschaft wuchs, die Einkommen ebenso. Häuser schossen wie Pilze aus dem Boden, die Läden boten immer mehr Produkte an, von denen man bisher gar nicht gewusst hatte, dass sie einem gefehlt hatten. Es gab ständig Neues zu entdecken und zu genießen, und wir liebten es. Die Konsumgesellschaft begann sich zu entwickeln, und mit ihr stiegen die Ansprüche. Der Käfer als Familienkutsche wurde bald abgelöst.

F.H.

In unserer Siedlung blieben die Straßen bis weit in die Siebziger hinein unasphaltiert. Uns Kindern graute vor dem Tag, an dem dies geschehen würde, weil dann im Winter der Schnee nicht mehr liegen bleiben würde. Für uns war das Asphaltieren nicht mit Fortschritt verbunden; es hätte zu mehr Autos geführt und uns in unserer Bewegungsfreiheit eingeschränkt – so konnten wir nicht nur in der nahen Au am Fluss herumtoben, sondern auch auf der »Straße«. Wenn ich bei meiner Oma im Dorf zu Besuch war, gab es noch weniger Infrastruktur. Alles sehr ländlich, die Straßen waren unbeleuchtet, nachts war es stockdunkel. Während in der Stadt langsam Supermärkte die kleinen Tante-Emma-Lädchen verdrängten, hielten sie sich auf den Dörfern gut zehn Jahre länger. Heute müssen die Bewohner kilometerweit mit dem Auto fahren, um ein Stück Brot oder eine Tüte Milch zu bekommen.

Wir hatten als eine der ersten Familien in der Siedlung einen Fernseher, was zur Folge hatte, dass sich mittwochs um fünf die ganze Nachbarschaft unter zehn Jahren in unserem Wohnzimmer einfand: Dann lief der »Kasperl« – die einzige Kindersendung damals. Überhaupt gab es nur zwei Programme: das erste österreichische und – wegen der Grenzlage – auch das erste deutsche Programm. Das zweite, das Ende der Sechziger eingeführt wurde, »konnte« unser altes Gerät nicht. Das änderte sich erst, als wir viele Jahre später einen Farbfernseher hatten.

Etwas beschämt hat mich allerdings die Tatsache, dass wir (im Gegensatz zu den meisten Nachbarn und damit zu den meisten Nachbarskindern) kein Auto hatten. Mein Vater meinte, wir bräuchten das nicht, ein Wagen würde nur Geld kosten, das uns dann woanders fehlt. Schwanenstadt liegt mit einer Eilzugstation (heute würde man wohl Haltepunkt des Regionalexpresses sagen) an der »Westbahn«, der Strecke, die Wien mit Salzburg und in weiterer Folge Budapest mit Paris verbindet. Mein Vater meinte, diese Eilzugstation sei unser Tor zur Welt. Während die anderen mit dem Auto über die Alpen nach Italien tuckerten, unternahmen wir Ausflüge mit der Bahn. Entschädigt hat mich allerdings, dass wir Ende der Sechziger als Erste in der Nachbarschaft eine Flugreise machten: nach Mamaia am Schwarzen Meer, während die »Autofahrer« ja »nur« die Adria kannten.

Das Angestelltengehalt meines Vaters reichte sogar, dass wir solche »Sprünge« machen konnten. Er war der einzige Verdiener in der vierköpfigen Familie. Pünktlich um sieben musste er in der Firma sein, was den Vorteil hatte, dass er abends nicht so spät heimkam. Am Freitagnachmittag hieß es dann schon: Feierabend, Auftakt zum Wochenende. Ich kann mich auch nicht daran erinnern, dass mein Vater Überstunden gemacht hätte (aber er musste ja auch kein Auto finanzieren).

Das Wachstum geht weiter oder:
Die späten Sechziger

C.A.

Diese Jahre, in denen ich in Aachen erst Abitur machte und dann dort auch studierte, waren für mich vor allem politische Jahre. Für das Land selbst war es die Zeit, in der »wir« zum Exportweltmeister wurden. Dass dies möglich wurde, hatte auch mit Menschen wie meinem Vater zu tun. Als REFA-Experte durchleuchtete er die Produktionsabläufe in der Reifenfabrik, in der er tätig war. Er und seine Mitarbeiter standen mit der Stoppuhr neben den ArbeiterInnen: Wie viele Stunden, Minuten oder Sekunden brauchten sie für einen Arbeitsschritt? Wo konnte man die Abläufe optimieren, um mehr Reifen in kürzerer Zeit zu produzieren? An welchen Stellen im Produktionsprozess waren Menschen unverzichtbar? Und wo konnte man mit dem Einsatz von Maschinen die Effektivität steigern? Von den Ergebnissen dieser Analysen profitierten damals alle: Die Reifen wurden billiger, die Mitarbeiter bekamen mehr Geld, die Arbeitszeit konnte verkürzt werden. Immer mehr Menschen in Deutschland kauften Autos und damit auch Reifen. Ein Prozess, der sich selbst verstärkte.

Mein Vater machte seine Sache gut und stieg in der Hierarchie des Betriebs immer weiter nach oben. Ich erinnere mich, dass er an manchen Abenden von seinen Gesprächen mit dem Betriebsrat erzählte. Ständig musste über den Akkord nachverhandelt werden. Ohne Betriebsrat ging gar nichts. Am Ende zogen aber alle am gleichen Strang und in die gleiche Richtung. Bald hieß das Unternehmen nicht mehr Englebert, sondern Uniroyal – es gehörte nun einem amerikanischen Konzern. Aus meinem Vater wurde ein »Manager«, das, was er tat, nannte sich jetzt »Industrial Engineering«. Er reiste in die USA, nach Schottland, Frankreich und Japan. Von dort brachte er auch die Idee zu weiteren Optimierungsmöglichkeiten mit – Kaizen (Kai = Wandel;

Zen = zum Besseren). Das Konzept setzt darauf, durch kontinuierliche Verbesserung eines Produkts oder eines Arbeitsablaufs zum Erfolg zu gelangen. Uniroyal führte Kaizen ein, die Firma produzierte noch viel effizienter und kostengünstiger, ohne dass die Qualität der Reifen darunter litt. Schon bald gab es nur noch zwei große Produzenten auf dem Reifenmarkt: Michelin und Uniroyal.

Mein Vater verkaufte unseren VW Käfer und ersetzte ihn durch die »Ford-Badewanne«. Danach kam ein Audi 80, später ein Golf. Obwohl mein Vater sehr gut verdiente, fuhr er nie Mercedes. Als ich ihn einmal nach dem Grund fragte, brummte er nur: »Ich brauche das nicht. Wir sind Mittelstand.« Ein Golf und ein Reihenhaus, das genügte vollkommen. Das Geld, das übrig war, wurde gespart und in Aktien angelegt.

Während es Deutschland immer besser ging, beschloss ich, mich gesellschaftlich und politisch zu engagieren. Es war wie eine Krankheit, die mich ganz plötzlich mit zwölf Jahren überfiel: Ich wollte die Welt retten. Ich war Mitglied in einer katholischen Jugendgruppe gewesen, die sich unter Anleitung eines Jesuitenpriesters mit der Lage in der sogenannten Dritten Welt beschäftigte. Sonntags standen meine beste Freundin und ich freiwillig und unbezahlt morgens um acht in einem Altenheim auf der Matte, um dort zu putzen und zu spülen. Ich war beseelt davon, etwas Sinnvolles zu tun. Mit 15 war ich Klassen- und Schulsprecherin, außerdem aktiv in der Schülergruppe des SDS (Sozialistischer Deutscher Studentenbund). Wir gaben eine kleine Zeitung heraus, das *Befreite Gebiet*. Auf dem Titelblatt der letzten Ausgabe war ein sehr unbeholfen gezeichneter Penis zu sehen – mit Stacheldraht umwickelt. Meine Freundin Eva flog wegen Verbreitung von Pornografie von der Schule; ich durfte bleiben, weil meine Eltern einen Kniefall vor den Lehrern gemacht hatten. In der Oberstufe las ich jede Menge kapitalismuskritische Literatur, gründete eine Frauengruppe und einen Philosophiearbeitskreis und sorgte dafür, dass die ganze Schule einen Film über die Folgen des Atomkriegs zu sehen bekam. Tag für Tag schikanierte ich meine Lehrer mit halb verdautem Wissen. Ich trug gefärbte Männerunterhemden (für original Batikhemden aus Bali fehlte mir das Geld) und hatte neben politischen Parolen damals vor allem eines im Kopf: Make love, not war. Meine Eltern waren entsetzt. Ich tönte herum, dass auch das Private politisch sei, der Vietnamkrieg ungerecht, die USA imperialistisch und die Altnazis endlich aus ihren Ämtern gejagt werden müssen. Wer von meinen Altersgenossen genug Geld und Mut hatte, machte eine Reise nach Indien oder ins wilde Kurdistan. Afghanistan war Synonym für guten »Stoff«. Wir lasen Hermann Hesse, Bertolt Brecht und liebten Mick Jagger. Unser Lebensgefühl verkörperten Beatles und Bee Gees. Aachen lag an der Westcoast. Unterm Pflaster war der Strand. Mit 17 Jahren machte ich meine erste Auslandsreise: Es ging nach Italien, dort aß ich die erste Pizza meines Lebens.

Nach dem Abitur war ich kurz in Paris, danach fing das Studium an. Ich war einige Monate in der DKP, danach im Sozialistischen Hochschulbund aktiv; als Fachschaftssprecherin wurde ich ins Studentenparlament gewählt. Politik war wichtig, Liebe war wichtig, Karriere oder Geld waren kein Thema. Vielleicht, weil wir alle kaum Geld hatten. Ich noch ein bisschen weniger als viele KommilitonInnen. Mein Vater hielt mich mehr als knapp. Wie so viele damals hatten sich meine Eltern gerade ein Haus gekauft, das abbezahlt werden musste. Ich bekam das Kindergeld (120 Mark) ausgezahlt und musste meinen Lebensunterhalt selbst verdienen. In den Semesterferien jobbte ich in Kneipen, entwickelte beim AGFA-Umkehrdienst Filme und arbeitete als Schreibkraft. Mein WG-Zimmer möblierte ich mit gebrauchten Dingen vom Sperrmüll – Deutschland durchlebte die erste große Modernisierungswelle,»olles Zeug« wurde weggegeben, beim funktionierenden Kühlschrank angefangen über alte Fernseher bis hin zu Möbeln. Ich zog von einer Wohngemeinschaft in die nächste und richtete mich jedes Mal »neu« ein. Die Nächte verbrachte ich mit Freunden in

Kneipen und Discos. Wir haben unvorstellbar viel getanzt und diskutiert.

F.H.

1968 war ich noch keine zehn, zu jung also für '68. Ich erinnere mich aber an Fernsehberichte von Demonstrationen in Deutschland, Paris, Prag, Amerika … Wenn meine Mutter Bilder sah, wie Polizisten Studenten mit Gewalt auseinandertrieben, sagte sie immer: »Hoffentlich seid ihr da später nicht auch dabei.« Doch bis ich so weit war, hatten sich die Zeiten schon wieder geändert. Aber einige unserer Lehrer am Gymnasium waren '68er – andere unter ihnen waren alte Nazis.

Ein politisches Bewusstsein entwickelte ich im Vergleich zu Christine erst ein paar Jahre später. Es dauerte, bis auch bei uns zu Hause Zeitschriften oder Bücher diskutiert wurden, die sich kritisch damit auseinandersetzten, welchen Preis unser Wohlstand hat. *Die Grenzen des Wachstums* zum Beispiel und später *Global 2000*, der Bericht an den amerikanischen Präsidenten Carter, der auf über tausend Seiten aufzeigte, was alles den Bach runterging auf unserer Erde.

Kurz vor der Matura schließlich erfuhr ich von einigen Freunden, die schon studierten, dass in der Nähe von Wien ein Atomkraftwerk gebaut würde – ein Betriebsunfall würde verheerende Auswirkungen haben. Sie brachten Informationsmaterial mit, das wir im Schankraum des Bahnhofswirts diskutierten, bevor wir uns samstags auf den Stadtplatz und sonntags vor die Kirche stellten, um auch die andern davon zu überzeugen, dass der Bau dieser Anlage gar keine gute Idee sei. In ganz Österreich gab es diese Initiativen, es wurde eine richtige Bewegung daraus, die am 5. November 1978 damit endete, dass die Bürger des Landes die »friedliche Nutzung« der Kernenergie in einer Volksabstimmung ganz knapp, aber nachhaltig ablehnten. Im Zuge dieses

Erfolgs wurden in Österreich die ersten »grünen« Parteien gegründet. Heini Staudinger, heute mit seiner Waldviertler Schuhwerkstatt ein »alternativer« Paradeunternehmer, sammelte bei uns in Schwanenstadt Unterschriften für die Kandidatur einer »Partei für Umweltschutz und Menschlichkeit«, kurz PUM, die 1979 auf Anhieb in den Gemeinderat gewählt wurde. Themen waren unter anderem der (erfolgreiche) Erhalt eines Baches, den ein inzwischen längst in Konkurs gegangener Unternehmer in einen Firmenparkplatz umwandeln wollte, und die Verschiebung des Baubeginns einer »Umfahrungsstraße« mitten durch den Ort um immerhin dreißig Jahre. Im Rückblick alles Themen, die uns heute noch bewegen.

Ebenfalls im letzten Schuljahr fragte uns einmal unser Religionslehrer Pfarrer Friedl (der später im Zusammenhang mit der Abschiebung der Familie Zogaj österreichweite Bekanntheit erlangen sollte), was wir in unserem Leben erreichen wollten. Ich sagte irgendetwas von Weltverbesserung (den Hunger in der Welt verringern helfen oder so etwas), und auf eine etwas despektierliche Bemerkung eines Mitschülers, ich wolle wohl ein »Heiliger« werden, meinte ich trocken: »Ich hatte eher an den Nobelpreis gedacht.« Als Einziger meiner Klasse habe ich mich dann für ein Wirtschaftsstudium entschieden – in der Landeshauptstadt Linz, zunächst mit den Schwerpunkten Sozial- und Wirtschaftsstatistik.

1964 kommt der millionste Gastarbeiter nach Westdeutschland – ein Portugiese, dem man als Gastgeschenk gleich am Bahnhof einen Blumenstrauß und ein Moped übergibt. In Österreich sind es vorwiegend Zuwanderer aus dem damaligen Jugoslawien. Willy Brandt wird der neue Vorsitzende der SPD, der »deutsche Kennedy« fordert Reformen. Der kontinuierliche Zuzug an Gastarbeitern verändert das Gesicht der westdeutschen

Städte. Pizzerien, Eiscafés und griechische Tavernen eröffnen. Jährlich werden rund zwei Millionen Autos, zwei Millionen Fernseher, vier Millionen Rundfunkgeräte, acht Millionen Armbanduhren, eine Million Waschmaschinen, drei Millionen Fotoapparate und hundert Millionen Paar Schuhe hergestellt. Ein paar Jahre später stürzt das Land in die erste deutliche Rezession. Begriffe wie Inflation, Stahlkrise und Zechensterben beherrschen täglich die Schlagzeilen. Das Problem wachsender Arbeitslosigkeit können die Gewerkschaften nur noch dadurch abwenden, dass sie kürzere Wochenarbeitszeiten durchsetzen. Ludwig Erhard will außerdem die Steuern erhöhen. Daraufhin kündigt die FDP die Koalition mit der CDU auf. Es kommt unter Bundeskanzler Kiesinger zur ersten Großen Koalition.

Gesellschaftspolitisch stehen die Jahre 1967/1968 im Zeichen des Auf- und Umbruchs und der sexuellen Revolution. Zwanzig Jahre nach Kriegsende macht die junge Generation den Mund auf. Erstmals müssen sich Politik und Bevölkerung mit der Nazivergangenheit auseinandersetzen. In Frankfurt am Main stehen Aufseher aus Auschwitz vor Gericht und werden überwiegend zu hohen Freiheitsstrafen verurteilt. Bei Demonstrationen gegen den Besuch des Schahs von Persien wird Benno Ohnesorg von einem der 30.000 Polizisten erschossen, die den Autokraten schützen. Während der Polizist wenig später freigesprochen wird, muss Fritz Teufel wegen eines Steinwurfs vor Gericht. Der Aufforderung, bei Erscheinen der Richter aufzustehen, begegnet er mit dem legendären Spruch: »Wenns denn der Wahrheitsfindung dient«.

Das Private wird politisch, in Berlin wird die Kommune 1 gegründet, und die Jugendzeitschrift *Bravo* klärt eine ganze Generation auf. Oswald Kolles Film *Das Wunder der Liebe* sorgt für

Massenaufläufe an den Kinokassen und wird als Pornografie kritisiert.

Der Vietnamkrieg führt auch zu Protesten in Westdeutschland. Im April wird Rudi Dutschke angeschossen, das Attentat führt zu massiven Unruhen – die Regierung greift hart durch und verabschiedet die Notstandsgesetze. Die Bundeswehr soll die Demokratie vor ihren Kritikern retten dürfen. Überall kommt es zu Widerstand gegen die Obrigkeiten: Die ersten antiautoritären Kindergärten werden gegründet, und in Prag wird die Revolution von russischen Panzern niedergewalzt.

Aus den Bundestagswahlen 1969 geht die SPD als Sieger hervor, gemeinsam mit der FDP regiert nun eine sozial-liberale Koalition. Willy Brandt will als Kanzler »mehr Demokratie wagen«, der Sozialdemokrat Heinemann wird Bundespräsident.

Die USA schicken den ersten Mann auf den Mond, Neil Armstrong vollzieht als Erster den »großen Sprung für die Menschheit«, und die Welt schaut begeistert live zu. 1970 besucht Willy Brandt als erster deutscher Kanzler die DDR.

In Österreich wird Bruno Kreisky Bundeskanzler und setzt Reformen in praktisch allen gesellschaftlichen Bereichen in Gang: vom Bildungswesen bis zur Justiz, von der Wirtschaft bis zur Außenpolitik. Er empfängt Arafat und Gaddafi und holt die UNO nach Wien, die dort nach New York und Genf ihren dritten Standort eröffnet.

Brandts Kniefall am 7. Dezember 1970 in Warschau verändert das Klima zwischen Ost und West nachhaltig. Der deutsche Kanzler entschuldigt sich vor aller Welt für die schrecklichen Gräueltaten der Wehrmacht und der Nationalsozialisten. Im eigenen Land bestimmt dagegen der Kampf gegen die RAF und den Linksterrorismus immer stärker das innenpolitische Klima.

Wenigstens ist auf die Wirtschaft nach wie vor Verlass, der Wohlstand wächst. Renten und Pensionen werden erhöht, das Gesundheitswesen ausgebaut. Die geburtenstarken Jahrgänge, der »Babyboom« trotz Pille, scheint die Aufstockung zu rechtfertigen.

Die zweite Wachstumsphase oder: Wachstum unter Schmerzen

Die erste Krise Mitte der Sechziger fiel in die Kategorie »Wachstumsschmerzen«. Dass sie sich ausgerechnet in Ludwig Erhards Ägide zutrug, ist ein tragischer Scherz der Geschichte. Die Nachfrage aus dem In- und Ausland war in der ersten Hälfte der 1960er-Jahre so stark, dass die Wirtschaft mit der Produktion nicht mehr nachkam. Die Kaufkraft war größer als das Angebot. Die Preisstabilität war gefährdet. Dies machte 1961 eine Aufwertung der D-Mark notwendig. Als es dann zu einer Sättigung der Inlandsnachfrage im Bauwesen und Anlagenbau kam, sank das Wachstum von 9 auf nur noch 5,7 Prozent. Deutschland durchlebte seine erste Strukturkrise. Vorbei war es mit der Vollbeschäftigung. In nur zehn Jahren wurden 78 Schachtanlagen geschlossen, die Zahl der Bergleute halbierte sich von 505.000 (1960) auf 242.000 (1970). Um einem weiteren Anstieg der Arbeitslosigkeit vorzubeugen, setzten die Gewerkschaften Arbeitszeitverkürzungen durch. Wurden Mitte der Fünfziger noch sechs Tage die Woche gearbeitet, waren es Ende der Sechziger nur noch fünf. Die Löhne stiegen dennoch jährlich um 6 bis 7 Prozent, in der Stahlindustrie Nordrhein-Westfalens waren es 1969 sogar 15 Prozent. Die Produktivität hielt mit den Lohnsteigerungen Schritt.

Karl Schiller, erst Wirtschafts- und dann Finanzminister in der von Kiesinger geführten Großen Koalition gelang es, die Krise von 1966/67 zu meistern. Er war der erste Keynesianer in diesem Amt und setzte auf eine antizyklische Wirtschaftspolitik. Anhänger dieses Konzepts sind der Überzeugung, der Staat müsse in einer Phase der Rezession das Wachstum mit konjunkturfördernden Maßnahmen wie Steuersenkungen oder öffentlichen Aufträgen wieder ankurbeln. Schiller wollte so das gesamtwirtschaftliche Gleichgewicht wiederherstellen, das auch als »Magisches Viereck« beschrieben wird: Vollbeschäftigung, Geldwertstabilität, Wirtschaftswachstum und außenwirtschaftliches Gleichgewicht. Schiller initiierte ein Stabilitätsgesetz, stärkte die wirtschaftspolitischen Kompetenzen des Bundes und berief einen runden Tisch ein, an dem Politik, Unternehmerverbände und Gewerkschaften die Tarif- und Preisgestaltung diskutierten und sich auf eine gemeinsame Strategie verständigten. Mit Erfolg.

Warum auch dieses Wachstum noch gut war

Das enorme Wachstum der beiden Nachkriegsdekaden war für nahezu alle BürgerInnen mit wachsendem Wohlstand und mehr Lebenschancen verbunden.

In Deutschland und Österreich wuchs ein »Mittelstandsbauch« heran, denn die Soziale Marktwirtschaft verfolgte das Ziel, alle – aber vor allem die wachsende Mitte der Gesellschaft – vom »wachsenden Kuchen« profitieren zu lassen. Den »unteren Rändern« eröffnete man Aufstiegschancen, der »obere Rand« wurde mit in die Pflicht genommen. Das Wachstum ermöglichte bis dahin ungeahnten Konsum, private und öffentliche Investitionen und den Ausbau staatlicher Dienstleistungen.

Es schuf Arbeitsplätze, es sorgte für sozialen Ausgleich – und verschmutzte die Umwelt. Aber das war längst noch kein Thema.

Sehen wir uns die Wachstumstreiber im Einzelnen noch einmal an:

Nach dem Krieg hieß es in fast allen Bereichen »zurück auf Anfang«. Viele Menschen hatten ihren Besitz verloren, die Industrie lag am Boden. Das Wachstum ermöglichte die nötigen Neuanschaffungen und wurde dadurch weiter angekurbelt. Mitte der 1950er- und 1960er-Jahre konnten sich die meisten BürgerInnen erstmals wieder Dinge leisten, die nicht nur die Grundbedürfnisse abdeckten, sondern darüber hinausgingen: ein Auto, einen Fernseher, neue Möbel, ein Eigenheim, neue Kleidung, Kino- und Theaterbesuche, Urlaubsreisen ins Ausland … Es gab ständig Neues zu entdecken und zu genießen. Die Konsumgesellschaft begann sich zu entwickeln.

Das Wachstum ermöglichte es, in die Zukunft zu investieren. Da die Grundversorgung der Bevölkerung gesichert war, konnte ein immer größerer Teil des Sozialprodukts zum Beispiel in den weiteren Ausbau der Infrastruktur gesteckt werden: Es entstanden neue Fabriken, Straßen, Häuser, Kraftwerke, Schulen, Universitäten. Es wurde also nicht nur immer mehr produziert und konsumiert, es wurde auch in Werte investiert, die über einen langen Zeitraum genutzt werden können.

Vom »Kuchen«, der in diesen Jahren entstand, profitierten alle. Nicht nur die Reichen, auch diejenigen, die wenig hatten, bekamen jedes Jahr ein bisschen mehr. Die Nettoeinkommen stiegen, das frei verfügbare Einkommen wuchs, es wurde mehr gespart, die Privathaushalte bildeten einen Kapitalstock. Ebenso die Unternehmen. In Gesprächen mit Eigentümern familiengeführter oder mittelständischer Betriebe erfährt man häufig, dass die Grundlagen für den heutigen Erfolg in jenen Jahren gelegt wurden. Weil es damals möglich war, das Kapital zu generieren, das für Investitionen in moderne Maschinen oder neue Produktionsstätten notwendig war.

In den 1950er- und 1960er-Jahren geschah dies beinah wie von selbst: Jeder hatte etwas vom steigenden Bruttoinlandsprodukt, auch der Staat, der weitgehend ohne Verschuldung auskam. Das ermöglichte in den Siebzigern den Ausbau des Sozialstaates. Renten und Pensionen wurden erhöht, das Gesundheitswesen ausgedehnt. All das konnte ohne eine klassische Umverteilung (also ohne Eingriffe in die Besitzstände der Wohlhabenderen) erreicht werden. Und es war sozial.

Das Wachstum schuf Arbeitsplätze. Je mehr konsumiert wurde, desto mehr musste produziert werden. Da Erwerbsarbeit damals noch »Männersache« war, konkurrierte die Industrie um die verfügbaren Kräfte. Man konnte sich seinen Job aussuchen. Um den Arbeitskräftemangel auszugleichen, wurden später Menschen aus weniger industrialisierten Regionen Europas angeworben: zuerst aus Italien, später aus Griechenland, der Türkei und Jugoslawien – die sogenannten Gastarbeiter.

Das Wachstum ermöglichte auch technischen Fortschritt. Harte körperliche und oft schlecht bezahlte Arbeit wurde seltener, Maschinen ersetzten Muskelkraft. Es wurde rationalisiert, Produktionsabläufe wurden effizienter. Nur am Rohstoffeinsatz wurde kaum gespart. Ressourcen schienen unbegrenzt vorhanden, Umwelt war einfach da, um ausgebeutet zu werden. Über die Folgen machte sich niemand Gedanken.

Die Flüsse verdreckten zusehends, die Luft in vielen Industriegebieten war so schlecht, dass man an manchen Tagen die Sonne nicht sah und die Häuser schwarz vor Ruß waren. Kaum jemanden hat das gestört, globale Auswirkungen wurden noch nicht einmal vermutet. Das erste Umweltbuch, das in eine kritische Richtung wies, erschien in den frühen 1960er-Jahren in den USA, etwas später auch bei uns. Rachel Carlson verwies in *Der stumme Frühling* auf einen Zusammenhang zwischen der Verwendung des damals weltweit gebräuchlichen Pestizids DDT und dem Ausbleiben der Singvögel im Frühling. Ihre Gleichung lautete: Ohne »Schädlinge« gibt es keine Vögel. Auch die Industrialisierung der Landwirtschaft hatte also erstmals Auswirkungen auf das, was später »Ökosystem« genannt werden sollte. Mahnende Stimmen wurden damals indes überhört – oder gar damit ausgekontert, dass Wirtschaftswachstum der Umwelt sogar helfen würde. Denn je reicher wir würden, desto mehr könnten wir tun, um die Umwelt zu schützen.

Zusammenfassung:
Sieben gute Gründe für Wirtschaftswachstum

- Das Wachstum war der Motor für einen hohen Lebensstandard (bessere Wohnsituation, Wiederherstellung von Infrastruktur, Schaffung von Arbeitsplätzen, Zunahme Mobilität, gutes Warenangebot …)
- Es ermöglichte Kapitalbildung und somit auch Investitionen, die in den Ausbau der Wirtschaft, in technische Innovationen, aber auch ins Gesundheits- und Sozialsystem flossen.
- Durch höhere Produktivität bei gleichzeitig gesteigerter Effizienz konnten die Löhne angehoben werden; der Anteil schwerer körperlicher Arbeit wurde durch den Einsatz von Technik reduziert.
- Was auch dazu führte, dass die Wochenarbeitszeit verringert werden konnte, ohne dass dadurch die Produktivität gesunken wäre.
- Das Wachstum milderte die sozialen Unterschiede, weil jede Gesellschaftsschicht von den Vorteilen profitierte.
- Durch Handel und Reisen beförderte das Wachstum indirekt die Verständigung zwischen den Völkern, vor allem in Europa.
- All diese Faktoren verstärkten sich gegenseitig, wie bei einem Schwungrad, das sich scheinbar immer so weiterdrehen würde.

Kapitel 3

Erste Risse

Anfang der 1970er-Jahre bekam die Wachstumseuphorie einen ersten Dämpfer.

Naturwissenschaftler und Mediziner begannen, sich mit den ökologischen Schäden auseinanderzusetzen, die der starke Ausbau der Industrie mit sich gebracht hatte. In Stockholm fand 1972 die erste internationale Umweltkonferenz statt, und in Deutschland beschäftigte sich das FDP-geführte Innenministerium mit dem Schutz der Bevölkerung vor den Gefahren, die von Abfällen und Emissionen ausgingen. In Österreich wurde gleich ein Ministerium für Gesundheit und Umweltschutz gegründet.

Die mahnenden Stimmen wurden lauter, konnten aber noch überhört werden. Der Dämpfer, der dem Wachstum der Weltwirtschaft versetzt wurde, kam aus einer anderen Richtung. Die Organisation Erdöl exportierender Staaten (OPEC) hatte nach dem Ausbruch des israelisch-arabischen Jom-Kippur-Kriegs einen Boykott ausgerufen und die Fördermenge teils um 25 Prozent gedrosselt. Der Ölpreis vervierfachte sich innerhalb eines Jahres.

Die Zäsur des Jahres 1973 lässt sich aber nicht nur an diesem Ölpreisschock festmachen. Deutschland reagierte unter anderem mit einem Anwerbestopp für Gastarbeiter und mit der Verabschiedung des Energiesicherungsgesetzes. Die Ölkrise war nicht nur der Startpunkt zum Ausbau der europäischen Öl- und Gasförderung, zu Erdgasgeschäften mit der UdSSR, sondern auch für den Ausbau der Atomenergie. Die sozial-liberale Regierung legte zur Bekämpfung der Wachstumsflaute ein schuldenfinanziertes Konjunkturprogramm auf. Die österreichische Wirtschaft, die in dieser Zeit über einen festen Wechselkurs des Schillings zur D-Mark eng an die deutsche gekoppelt war, erlebte ebenfalls einen Einbruch. Auch die SPÖ unter Bruno Kreisky setzte auf schuldenfinanzierte Wachstumsprogramme. In der Folge kam es zu einer deutlichen Erhöhung des Preisniveaus, und die Lage auf dem Arbeitsmarkt besserte sich dennoch nicht. Bis Anfang der 1980er-Jahre stieg die Zahl der Beschäftigungslosen sprunghaft an.

F.H.

Linz war eine »Reform-Uni«. Ende der Sechziger gegründet, lehrten hier Größen der Wirtschaftswissenschaften wie Kurt W. Rothschild, der aus Polen stammende Kazimierz Laski und Ewald Nowotny, der heutige Nationalbankgouverneur. Im sechsten Semester meines Studiums der Volkswirtschaftslehre standen Wachstumstheorien auf dem Lehrplan. Meine Professoren waren durchweg Keynesianer. Das hieß, für sie konnte es gar nicht genug Wachstum geben. Denn nur Wachstum schaffte Arbeitsplätze und ermöglichte die Finanzierung des Sozialstaats, von dem wir alle profitieren. Die Theorie behauptet, dass anhaltendes Wachstum nur dann möglich ist, wenn sich gesamtwirtschaftliche Größen wie Bruttoinlandsprodukt, Zinssatz, Arbeitseinsatz, Investitionen, Ersparnis im Gleichschritt bewegen.

Uns Studierende interessierte damals aber schon die Kritik an diesem Wachstumsmodell, die zugrunde liegende Theorie, eine eher trockene, analytische Angelegenheit, schien weniger verlockend. Aber natürlich hatten die Professoren mit einem recht: Nur wenn man das Prinzip versteht, kann man das Für und Wider gegeneinander abwägen. Wir lernten, dass weder die Wirtschafts- noch die Finanzpolitik über einen Werkzeugkasten verfügt, mit dessen Hilfe sie das Bruttoinlandsprodukt einfach wachsen oder schrumpfen lassen könnte. Wachstum ist ein komplexes Phänomen, das auf vielen Faktoren beruht. Und es ist kein Selbstzweck. Das hatte noch nicht einmal Großmeister John Maynard Keynes so gesehen, mit dem vor allem diejenigen gerne argumentieren, die den Staat als Hüter des Wachstums immer wieder dazu bringen, dieses mit weiteren Ausgaben zu stimulieren.

Meine Diplomarbeit schrieb ich zu einem recht aktuellen Thema: die Auswirkungen der »Mikroelektronik« auf Wirtschaftswachstum und Beschäftigung. Ob die mit diesen technischen Neuerungen verbundenen enormen Rationalisierungspotenziale zu Massenarbeitslosigkeit führen würden oder im Gegenteil neues Wachstum ermöglichten, war damals ein heiß diskutiertes Thema.

C.A.

Das Studium war vorbei, ich lebte in Hamburg, wo ich promovieren wollte. Die Stadt war aufregend – und teuer, obwohl ich wieder in einer WG wohnte. Ich arbeitete halbtags als Sekretärin in einer Reederei, damit ich finanziell über die Runden kam.

Die Sache mit der Promotion verzögerte sich. Ich bekam durch Zufall ein spannendes Angebot: Ich durfte den ersten Hamburger Umweltatlas schreiben, für die Umweltbehörde der Stadt. Schreiben zu dürfen, war für mich damals das größte Glück. Ich wollte Journalistin werden, am liebsten in Frankreich.

Die Arbeit am Umweltatlas war vielleicht die wichtigste in meinem Leben. Was ich in diesen Monaten lernte, hat alles verändert. Erstens verstand ich nun, dass wir tatsächlich ein Umweltproblem haben. Und zweitens bestärkte mich die Arbeit darin, meine Promotion ruhen zu lassen und berufstätig zu werden. Für Frauen mit einem sozialwissenschaftlichen Abschluss waren gut bezahlte und interessante Jobs auch damals schon selten. Ich hatte Glück und wurde Pressesprecherin der Hamburger Umweltbehörde. Das war politisch, und ich durfte schreiben.

Von der ersten Ölkrise bis zur Wiedervereinigung

Die erste richtige Wirtschaftskrise durchlebten Deutschland und auch Österreich 1973. Im Sommer dieses Jahres kommt es zu Streiks und spontanen Arbeitskämpfen. Die Inflation vor allem treibt die Menschen auf die Straße. Alles ist teurer geworden. Und im Ruhrgebiet gibt es erstmals Kritik an neu gebauten gigantischen Hochöfen. Sie sind zu laut und zu dreckig. Sie müssen nachgerüstet werden. Tausende besetzen die Ford-Werke. Die Streiks werden gewaltsam aufgelöst, und es kommt zu Entlassungen. Infolge des ersten Nahostkrieges kommt es zu einer Ölkrise: Benzin wird mit einem Schlag teuer. Tankstellen schließen, es gibt autofreie Sonntage, die Automobilindustrie bleibt auf Spritfressern sitzen und hat mächtige Umsatzeinbußen zu verkraften. Die Abhängigkeit der Wirtschaft von Rohstoffen wird erstmals offensichtlich.

In der DDR finden die Weltfestspiele der Jugend und Studenten statt. Man spricht vom »Woodstock des Ostens« – vom »Aufbruch vor dem Alex«. Der legendäre Film *Die Legende von Paul und Paula* ist in den Kinos zu sehen. Ende September 1973 werden beide deutsche Staaten in die UNO aufgenommen. Im

Westen des Landes sorgt der »Radikalenerlass« dafür, dass eine ganze Generation aus Angst vor beruflichen Nachteilen politisch weitgehend verstummt. Wer sich als links outet, darf weder Lehrer noch Beamter werden. Verfassungstreue wird zur Voraussetzung für eine bürgerliche Existenz.

1975 tritt Bundeskanzler Willy Brandt wegen der Spionageaffäre »Guillaume« zurück, bleibt aber SPD-Vorsitzender. Sein Nachfolger ist der bisherige Finanzminister und Gegenspieler Brandts, Helmut Schmidt, dem nicht nur aufgrund seines Statements »Wer Visionen hat, soll zum Arzt gehen« der Ruf vorauseilt, Realpolitiker zu sein.

Die Volljährigkeit wird von 21 auf 18 Jahre herabgesetzt. Die Anti-Atomkraft-Bewegung kann nach monatelanger Sitzblockade und Protesten den Bau eines Atomkraftwerks in Baden-Württemberg stoppen. Aber die Frauenbewegung scheitert noch immer mit ihrer Forderung nach einer Reform des Abtreibungsrechts am Veto des Bundesverfassungsgerichts. Die Bundesrepublik erlebt die zweite Welle des Linksterrorismus. Die »Bewegung 2. Juni« entführt den CDU-Politiker Peter Lorenz. Im Austausch gegen fünf inhaftierte Terroristen kommt er frei.

Im Ost-West-Konflikt werden weitere Zeichen der Entspannung gesetzt: Erstmals begegnen sich sowjetische und US-amerikanische Kosmonauten im Weltall. Im August wird in Helsinki die Schlussakte der Konferenz für Sicherheit und Zusammenarbeit in Europa unterzeichnet, die zu einer Annäherung der Machtblöcke beiträgt. Anfang 1976 eröffnet Ulbricht den »Palast der Republik«, ein persönliches Prestigeprojekt. Wolf Biermann wird im Anschluss an ein Konzert in Köln ausgebürgert. Viele Künstler und Intellektuelle solidarisieren sich mit dem Liedermacher. In der Bundesrepublik erregt der Tod der RAF-Terroristin Ulrike Meinhof die Gemüter. Viele glauben nicht an einen Suizid und protestieren gegen den vermeintlichen Mord durch Staatsorgane. Bei der Bundestagswahl im Herbst erreicht die CDU/CSU mit dem Slogan »Freiheit statt Sozialismus« die meisten Stimmen. Aber die sozialliberale Koalition unter Helmut Schmidt kann weiterregieren.

Anfang 1977 beherrscht der Terror der Roten Armee Fraktion die Schlagzeilen. Die RAF ermordet Generalbundesanwalt Siegfried Buback und seine beiden Begleiter. Drei Monate später wird der Dresdner-Bank-Chef Jürgen Ponto bei einem Entführungsversuch erschossen. Während des »Deutschen Herbsts« entführt ein RAF-Kommando Arbeitgeberpräsident Hanns-Martin Schleyer und erschießt seine vier Begleiter. Die Bundesregierung lehnt einen Austausch gegen inhaftierte Terroristen ab. Um den Druck zu erhöhen und die Gesinnungsgenossen der RAF freizupressen, kapern palästinensische Terroristen eine Lufthansa-Maschine. Nach tagelangem Irrflug wird das Flugzeug gestürmt, alle Geiseln überleben. Die RAF-Führungsriege, die in Stammheim einsitzt, begeht Suizid, Schleyer wird ermordet.

Proteste auch in der DDR: Viele Intellektuelle und Künstler, die wegen ihres Protests gegen die Biermann-Ausbürgerung Repressionen erleiden, verlassen die DDR, darunter der populäre Schauspieler Manfred Krug. Den Alltag in der DDR bestimmt die Kaffeekrise: Wegen fehlender Devisen kann nicht genug Kaffee importiert werden. Das Genussmittel wird gestreckt. Nach Protesten seitens der Bevölkerung wird der »Kaffeemix« aber zurückgezogen.

In Emden läuft nach 19 Millionen Exemplaren der letzte Volkswagen Käfer vom Band. In Mexiko wird das Kultmobil noch 25 Jahre lang weiterproduziert. Die DDR feiert nicht nur die millionste Plattenbauwohnung, sondern auch den ersten Deutschen im Weltall.

1979 spitzt sich der Kalte Krieg noch einmal zu. Auf die Modernisierung sowjetischer Mittelstreckenraketen in Osteuropa reagiert das westliche Militärbündnis mit dem sogenannten Doppelbeschluss: Die NATO bietet dem Warschauer Pakt Abrüstungsverhandlungen an; im Falle des Scheiterns sollen weitere US-Raketen in Westeuropa stationiert werden.

Ökologie und Umweltschutz rücken zu Beginn der 1980er-Jahre in das Bewusstsein der westdeutschen Gesellschaft. Die Berichte über das zunehmende Waldsterben rütteln die Bevölkerung auf, und im niedersächsischen Gorleben rufen Anti-Atom-Demonstranten die »Republik Freies Wendland« aus. Ihr Hüttendorf wird nach 30 Tagen gewaltsam geräumt. Als politische Plattform der Umwelt- und Friedensbewegung gründen sich im Januar 1980 »Die Grünen«. Bei der Bundestagswahl im Oktober 1981 verpasst die neue Partei aber den Einzug ins Parlament, die sozialliberale Koalition unter Kanzler Helmut Schmidt wird im Amt bestätigt.

In westdeutschen Großstädten werden erstmals leer stehende Häuser besetzt. In Brokdorf demonstrieren 100.000 Menschen gegen den Bau eines Atomkraftwerks, nahe dem Flughafen Frankfurt am Main besetzen Gegner der Startbahn West einen Wald, und im Bonner Hofgarten findet die bis dahin größte Friedensdemonstration in Deutschland statt.

Zu öffentlichen Protesten kommt es auch jenseits des Eisernen Vorhangs. Von einer Streikwelle ausgehend formiert sich in Polen unter Führung von Lech Wałęsa die erste unabhängige Gewerkschaft, die »Solidarność«. Im Dezember wird das Kriegsrecht verhängt und die Solidarność verboten. In der DDR bleibt es ruhig.

In der Bundesrepublik kommt es zu Massenentlassungen und einer Welle von Firmenpleiten, die ihren Höhepunkt mit der Insolvenz des Elektrokonzerns AEG-Telefunken erreicht. Ende des Jahres steigt die Zahl der Arbeitslosen erstmals über die Zwei-Millionen-Marke. Die schlechte Wirtschaftslage stürzt die sozialliberale Koalition in die Krise. FDP und SPD können sich nicht auf eine gemeinsame Wirtschafts- und Sozialpolitik einigen. Im Herbst treten die FDP-Minister aus der Bundesregierung zurück. CDU/CSU und FDP entmachten mithilfe eines konstruktiven Misstrauensvotums Kanzler Schmidt und wählen Helmut Kohl zum neuen Bundeskanzler.

In der DDR entsteht eine Friedensbewegung. Gegner der zunehmenden Militarisierung der Gesellschaft sammeln sich unter dem Dach der Kirche. Vor dem Hintergrund der Nachrüstungsdebatte wird 1983 die westdeutsche Friedensbewegung zur Massenbewegung. Die Grünen profitieren von den Protesten gegen die atomare Aufrüstung. Bei den Bundestagswahlen überspringen sie erstmals die Fünf-Prozent-Hürde. Mit Vollbärten, Norwegerpullovern und Sonnenblumen ziehen sie ins Parlament ein. Wahlgewinner aber ist die CDU/CSU, unter deren Führung der Bundestag später dem NATO-Nachrüstungsbeschluss zustimmt. Zwei Jahre später wird Joschka Fischer in Hessen in der ersten rot-grünen Koalition auf Landesebene Staatsminister für Umwelt und Energie. Er erscheint in Turnschuhen zur Vereidigung und bricht so mit der ungeschriebenen Kleiderordnung der deutschen Politik.

1986 steht ganz im Zeichen von Tschernobyl. Im April kommt es im dortigen Atomkraftwerk zum Super-GAU, zum »größten anzunehmenden Unfall«. Eine radioaktive Wolke zieht über weite Teile Europas, »Fallout« in Form von Regen verseucht die Böden, Milch und Gemüse werden kontaminiert. Diese Katastrophe hat nachhaltige Auswirkungen auf beide deutsche Staaten: In der DDR gibt sie der Umweltbewegung Auftrieb, in der

Bundesrepublik wird ein Umweltministerium eingerichtet; die Proteste gegen die Kernenergie nehmen zu. Im November folgt der nächste Schock: Giftiges Löschwasser des Schweizer Pharmakonzerns Sandoz verursacht im Rhein auf einer Länge von 450 km ein Fischsterben.

1987 wird Michail Gorbatschow zum »ersten Mann« in der Sowjetunion; er will mit »Glasnost« und »Perestroika« sein Land aus der Stagnation führen. Es kommt auf internationaler Ebene zu einer Annäherung mit den USA. Bei seinem Berlin-Besuch im Sommer fordert US-Präsident Reagan den Sowjetführer auf: »Tear down this wall!« Ende des Jahres vereinbaren die beiden Supermächte Abrüstungsmaßnahmen.

1988 kommt vieles in Bewegung. Die Reformbemühungen Gorbatschows ermutigen auch die Oppositionsbewegung in der DDR. Im Januar nutzen zahlreiche Regimegegner das traditionelle Gedenken an die Ermordung der Arbeiterführer Rosa Luxemburg und Karl Liebknecht zur Demonstration für mehr Meinungsfreiheit. Die staatliche Autorität reagiert hart: Über hundert Bürgerrechtler werden verhaftet, einige von ihnen in den Westen abgeschoben. Die SED-Führung sieht die Auswirkungen der Reformen in der Sowjetunion auf die DDR mit Sorge und geht auf Distanz zum »Großen Bruder«. Anfang 1989 verkündet Erich Honecker: »Die Mauer steht noch hundert Jahre.« In den nächsten Monaten erodiert das Machtgefüge im Osten. Zum Auslöser für Proteste von Bürgerrechtlern wird die Fälschung der Kommunalwahlen im Mai. Bestärkt werden die Oppositionellen durch die Reformen in Polen und Ungarn, während die blutige Niederschlagung der Protestbewegung in China Angst vor einer gewaltsamen Reaktion der Sicherheitskräfte auch in der DDR auslöst. Auch die wachsende Zahl an »Republikflüchtigen« schwächt die DDR-Führung: Im August gelangen 600 Menschen über die ungarische Grenze nach Österreich. Im September drängen sich in Prag Tausende DDR-Bürger in der Botschaft der Bundesrepublik und können wenig später ausreisen. Derweil steigt daheim die Zahl der Demonstranten: Am 9. Oktober skandieren 70.000 Menschen in Leipzig »Wir sind das Volk!«; die Polizei greift nicht ein. Am 9. November schließlich fällt die Berliner Mauer. Jubelnd liegen sich Ost- und Westdeutsche in den Armen. Bereits im Dezember verhandeln Regierungsvertreter und Oppositionelle am »Runden Tisch« miteinander.

Derweil bahnt sich ein neuer Konflikt an: Während die meisten Bürgerrechtler eine demokratisch reformierte DDR anstreben, wird auf den Straßen die Forderung nach rascher Vereinigung mit der Bundesrepublik laut. 1990 gehen die Montagsdemonstrationen in der DDR weiter, doch die Parolen ändern sich: Statt »Wir sind das Volk« heißt es nun häufiger »Wir sind ein Volk« oder »Deutschland einig Vaterland«. Während die Rufe nach einem Anschluss an die Bundesrepublik lauter werden, bereitet der »Runde Tisch« die ersten freien Wahlen in der DDR vor. Aus diesen geht am 18. März die »Allianz für Deutschland« aus CDU, Deutscher Sozialer Union und Demokratischem Aufbruch überraschend als Sieger hervor. Die »Allianz« hatte den Bürgern die rasche Einführung der D-Mark und einen schnellen Weg zur Einheit versprochen. Während die neu gewählte DDR-Regierung unter Ministerpräsident Lothar de Maizière die Abwicklung des eigenen Staates organisiert, erlangt Bundeskanzler Kohl nach langen Verhandlungen die Zustimmung der Alliierten zur Einheit. Am 1. Juli tritt zunächst die Wirtschafts- und Währungsunion in Kraft; am 3. Oktober schließlich wird die Deutsche Einheit vollzogen. Zwei Monate später wird Helmut Kohl bei den ersten gesamtdeutschen Wahlen wiedergewählt.

Viel Licht und Schatten:
Die 1980er- und 1990er-Jahre

In den 1980er-Jahren geriet der Wachstumsmotor immer weiter ins Stocken. Daran war nicht die Politik oder die Wirtschaft »schuld«, es waren die Märkte. Wir als Konsumenten, Angestellte, Freiberufler, Unternehmer, Sparer und Aktionäre waren daran beteiligt. Mit den Gründen werden wir uns im nächsten Kapitel noch ausführlich beschäftigen.

C.A.

Die Achtziger brachten für Deutschland »die Wende«, und zwar gleich mehrfach. Helmut Kohl kam an die Regierung, und an der Alster trafen sich die »Popper«. Sie waren die Vorboten eines weitreichenden gesellschaftlichen Wertewandels, der auch an uns nicht spurlos vorüberging. Alles war im Umbruch, viele meiner Freunde waren auf dem Sprung ins Berufsleben und damit oft auch in eine andere Stadt. Begriffe wie Karriere und Geld fielen immer häufiger, und ich war immer öfter von Menschen umgeben, die Geld hatten. Obwohl ich gut verdiente und Single war, reichte das Geld bei mir selten. Ich hatte eine volle BAT IIa-Stelle, davon können die meisten jungen Akademiker heute nur träumen! Aber auch meine Ansprüche waren gestiegen. Die Auslagen in den Geschäften waren üppig und verlockend, wir gingen jetzt regelmäßig zu »unserem« Italiener oder in andere schicke Restaurants. Und im Urlaub ging es nach Labro in Umbrien. Es war eine Zeit, in der der Begriff »Toskana-Fraktion« entstand und in der es erstmals wirklich kein Problem war, sein Geld auszugeben.

Ich arbeitete in der Umweltbehörde auf derselben Etage, auf der auch der Senator und sein Staatsrat residierten. Um mich herum sehr gut bezahlte politische Beamte, lauter windschnittige und überaus technokratisch denkende Männer, die vor allem eines wollten: den Aufstieg in die nächste Besoldungsstufe und/oder den nächsten Schritt auf der politischen Karriereleiter. Mich fanden alle »niedlich«. Inhaltlich waren die Lehrjahre in Sachen Umweltpolitik sehr spannend, ständig rückten neue Themen auf die Agenda. Der Dioxinskandal bei Boehringer sorgte für Schlagzeilen, ebenso der Waldschadensbericht. Vor allem aber wurde damals umweltpolitisch vieles »vorgedacht«, das heute umgesetzt ist: Kreislaufwirtschaft und der Handel mit Emissionsrechten zum Beispiel. Hier kamen wir mit der End-of-the-pipe-Strategie gut voran. Bald gab es keine Schornsteine ohne Filter mehr und kein Abwasserrohr, das nicht erfasst und überwacht wurde. Die Filter wurden immer effizienter, die Grenzwerte niedriger, die Elbe sauberer und die notwendigen Maßnahmen in Sachen Ozonschutz zeigten erste Wirkung. Doch unser umweltpolitischer Horizont hörte genau hier auf. Wer darüber hinausging, wurde Anfang der Achtziger noch belächelt, wie etwa der Volkswirtschaftler Holger Bonus; er war der Erste, der forderte, es müssten »ökonomische Instrumente« eingesetzt werden – also Anreize (auch finanzieller Art), um den Umweltschutz in Wirtschaft und Bevölkerung zu verankern.

1983 hörte ich einen Vortrag des Ökoarchitekten Bengt Warne über sein »Naturhuset«. Es war eines der ersten Passivhäuser, die jemals gebaut wurden, mit allen Merkmalen einer modernen ökointelligenten Architektur: Steine und Wasser speicherten Energie, die natürliche Thermik machte komplizierte Klimaanlagen überflüssig, die Pflanzen im Haus sorgten für ein gutes Klima und spendeten den Bewohnern nicht nur Schatten, sondern auch ganzjährig Gemüse, Blüten und Früchte. Die Glashülle verwandelte Sonnenschein in Wärme, sorgte für lichtdurchflutete Räume. Eine Komposttoilette lieferte die Nährstoffe für den Hausgarten, und es gab einen Brauchwasserkreislauf.

Der inzwischen leider verstorbene Warne machte uns mit seinem Vortrag deutlich, dass Umweltschutz mehr sein kann als Filter, Verbote und Grenzwerte. Dass er nicht gleichbedeutend ist mit Verzicht, sondern Lebensqualität steigern kann. Warne glaubte fest daran, dass Häuser, Städte und ganze Regionen im Einklang mit der Natur errichtet werden können. Seine Botschaft hat sich mir tief eingebrannt. Noch immer messe ich jedes neue Haus an seinem »Ökointelligenzmaßstab«.

Ich verstand damals, dass ein Leben im Einklang mit der Natur keine Frage von Geld ist. Dass eine gute Zukunft nicht aus Verboten erwachsen kann, sondern aus einem anderen Denken, einem anderen Lebensstil. Und ich sehe voller Vergnügen, dass die »Urban-Gardening-« und die »Cityfarming-Bewegung« heute die Ansätze von Warne und seinen Weggefährten nicht nur wieder aufgegriffen haben, sondern auch umsetzen. Besser spät als nie, trotzdem muss man sich fragen, warum es Jahrzehnte gebraucht hat, bis diese Botschaft ankam.

Die zweite wichtige Lektion aus dieser Zeit, die ich bis heute nicht vergessen habe, ist: Für die Industrie ist es profitabler, technischen Fortschritt immer nur in kleinen Schritten auf den Markt zu bringen. Die mächtigen Konzerne und Industrieverbände hatten damals Konzepte für umweltfreundliche Alternativen längst in der Schublade (z.B. für Katalysatoren oder nachhaltigere Produktionsverfahren). Trotzdem wehrten sie sich mit Händen und Füßen gegen die ohnehin von der Politik nur zögerlich auf den Weg gebrachten neuen Standards. Sie waren nicht bereit, auf die Renditen zu verzichten, die mit jedem Tag wachsen, an dem Produkte verkauft werden, deren Entwicklungskosten längst abgeschrieben sind. Sicher: Es ist schwer für Politiker, gegen Handelskammern und Industrieverbände Politik zu machen – aber es ist dennoch möglich. Trotzdem wäre es aber ein Fehler, den schwarzen Peter allein ihnen zuzuschieben. Soweit ich es damals beobachten konnte, gibt es übrigens keinen kleinen Kreis von Bösewichten, der das Heft des Handelns allein in der Hand hält. Gravierender waren die Mittelmäßigkeit und der mangelnde Mut vieler Politiker, denen die Wiederwahl durch den eigenen Ortsverein wichtiger war als die Zukunft unserer Kinder. Schon damals beschworen die mächtigen Meinungsmacher in vorauseilendem Gehorsam, dass der wirtschaftliche Abschwung drohe, wenn die Industrie zu sehr gegängelt würde. Eine sehr kurzsichtige Perspektive; denn natürlich führen neue Standards letztlich zu mehr Innovation (die Industrie will schließlich ihre Renditen halten) und auf lange Sicht zu neuen Industriezweigen und somit zu neuen Arbeitsplätzen.

Eines Tages spürte ich, dass mein Ausflug in den öffentlichen Dienst ein Irrweg war. Für die Politologin in mir war es spannend gewesen, in den Hallen der Macht ein und aus zu gehen und zu beobachten, wie Politik an der Basis gemacht wird. Aber irgendwie fühlte ich mich hier nicht am richtigen Platz. Ich packte meine Koffer und ging nach Bielefeld, um ein Volontariat bei einer Zeitung zu machen. Ein bisschen war es wie während meines Studiums – vorbei die Zeit des Geldausgebens. Mit 50 Mark die Woche kommt man nicht weit. Eier, Pommes, Kartoffelpüree und Tütensuppen hielten mich am Leben. Ich genoss die Abende mit meinen Freunden. Die Arbeit machte mir riesigen Spaß. Ich griff die Themen auf, die mir wichtig waren. Und auch in meiner Freizeit betrachtete ich die Welt (und vor allem alles, was mit Konsum zu tun hatte) aus einer neuen Perspektive. Ich fragte mich: Welche Bedürfnisse habe ich wirklich, und wie kann ich sie decken? Was muss man haben, um glücklich zu sein? Wie materiell ist mein Denken und Handeln? Was macht für mich ganz persönlich Lebensqualität aus? Wo will ich leben und vor allem, wie? Bei diesem Reflexionsprozess half mir auch ein Rückblick in die Kindheit, denn genau genommen waren wir damals eigentlich arm. Wir besaßen nicht viel: Es gab Bauklötze, ich hatte eine Puppe und mein Bruder einen Trixi-

Baukasten und eine kleine Dampfmaschine, mit der schon mein Vater gespielt hatte. Es gab keine Barbiepuppen, und Hello Kitty war auch noch nicht erfunden. Wir sehnten uns weder nach Nike-Schuhen noch nach Magnum-Eis mit Mandeln. Denn merke: Was man nicht kennt, fehlt einem auch nicht. Unser Glück und unser Unglück hingen davon ab, ob unsere Eltern sich liebten oder stritten, ob wir uns mit Geschwistern und FreundInnen vertrugen und welche Noten wir in der Schule bekamen. Im Studium waren es dann die Gespräche und politischen Diskussionen bei einem Glas Rotwein, die mich glücklich machten; die erste Auslandstour mit dem Rucksack, die erste große Liebe. Erst mit dem Job und dem ersten Gehalt kam eine andere Gewichtung in mein Leben. Da erst ging es plötzlich auch um Konsum.

Vielleicht habe ich diese Kehrtwendung damals noch einmal gebraucht, dieses (auch finanzielle) Zurück. Beim Einkaufen frage ich mich seit damals, was in den Lebensmitteln drinsteckt, wo sie herkommen, wie viel Müll das Produkt verursacht. Der Lärm und Gestank von Autos in der Stadt gingen und gehen mir auf den Wecker. Immer häufiger flüchte ich mich seit damals in die Natur und unternehme lange Spaziergänge. Und als ich den späteren Vater meines Sohnes kennenlernte, bekam ich noch einmal einen wichtigen neuen Impuls. Er war Landschaftsarchitekt, begeisterte sich für Lehmbau, züchtete Shiitake-Pilze auf selbst geimpften Baumstämmen und träumte davon, ökologischen Fortschritt mit einem guten Leben und erfolgreichen Geschäftsmodellen zu verbinden.

Politischer Kurswechsel?
Nicht beim Wachstum

Trotz – oder vielleicht gerade wegen – des stockenden Wachstums steht das Erreichen großer Wachstumsraten in den 1980er-Jahren politisch hoch im Kurs. Man hat keine anderen Antworten auf die Krise. Helmut Kohl beginnt seine Kanzlerschaft mit dem Versprechen, eine »geistig-moralische Wende« herbeizuführen, einen radikalen politischen Kurswechsel.

Die wirtschaftliche Ausgangslage ist schwierig. Seit 1980 ist die Volkswirtschaft nicht mehr gewachsen, die Arbeitslosenquote ist auf den höchsten Wert seit der Währungsreform 1948 gestiegen und liegt bei 7,9 Prozent. Weltweit stecken vor allem die industrialisierten Länder in einer schweren Rezession. Deutschland, das schon damals vor allem mit seinen Exporten punktet, ist davon direkt betroffen. Die Nachfrage nach deutschen Waren ist deutlich gesunken. Dazu kommen der zweite Ölpreisschock und die Hochzinspolitik der USA. Das BIP des Jahres 1982 liegt um fast 1,5 Prozent niedriger als im Vorjahr, die Binnennachfrage ist um fast 2 Prozent zurückgegangen. Die von Kohl abgelöste Regierung Schmidt/Genscher hatte ein Programm für wachstumspolitische Zukunftsinvestitionen aufgelegt und gleichzeitig Maßnahmen ergriffen, um die Steuerlast für Unternehmer und Arbeitnehmer zu senken. Dennoch bzw. als Folge war die Staatsverschuldung gestiegen. Kein Wunder: Alle Maßnahmen, die das Wirtschaftswachstum zurückbringen sollten, waren im Wesentlichen schuldenfinanziert. Der Schuldenberg, den die neue Regierung übernimmt, ist enorm.

Die Antwort auf dieses Problem lautet Wachstum – bei allen Parteien. Vor allem Sozialdemokraten und Gewerkschaften drängen auf eine Steigerung der Wachstumsraten. Aus ihrer

Sicht können nur durch dieses »Mehr« die drängendsten sozial-politischen Probleme gelöst und eine Umverteilung zugunsten geringverdienender Bevölkerungsgruppen bewirkt werden. Also wird weiter auf Pump agiert. Kohls Konjunkturspritzen und die Forderungen der Opposition lassen die Staatsverschuldung noch einmal ansteigen – auf 42 Prozent des BIP im Jahr 1989. Die Umverteilung findet trotz eines Wachstums von im Schnitt 2,5 Prozent nicht statt.

In Österreich, wo die sozialdemokratische (damals noch sozialistisch genannte) Kreisky-Regierung zuerst von einer sozial-liberalen und dann von einer Großen Koalition abgelöst wird, verläuft die Entwicklung ähnlich.

Der klassische Kronzeuge all jener, die das Hohelied des Wachstums singen, ist der bereits erwähnte John Maynard Keynes. Dabei hat sich gerade dieser große Ökonom des 20. Jahrhunderts in seinem Essay »Wirtschaftliche Möglichkeiten für unsere Enkelkinder« früh gegen eine Fetischisierung von Wachstum ausgesprochen. Der Essay beruht auf einer Vorlesung, die Keynes 1930 in Madrid hielt. Er erschien am 11. und 18. Oktober in zwei Folgen in der Zeitschrift *The Nation & The Athenaeum*. In einer Zeit also, in der die erste große internationale Wirtschaftskrise Schlagzeilen machte. Keynes geißelt darin den Hang des Menschen, immer mehr Reichtümer anhäufen zu wollen und Geld als Motivationstreiber Nummer eins anzusehen. Und er kritisiert kurzsichtige Strategien. Keynes schreibt: »Wenn die Akkumulation des Reichtums nicht mehr von hoher gesellschaftlicher Bedeutung ist, werden sich große Veränderungen in den Moralvorstellungen ergeben. Wir sollten imstande sein, uns von vielen der pseudomoralischen Grundsätze zu befreien, die uns seit zweihundert Jahren peinigen und durch die wir einige der unangenehmsten menschlichen Eigenschaften zu höchsten Tugenden gesteigert haben. Wir sollten uns wagen, den Geldtrieb nach seinem wahren Wert einzuschätzen. [...] Wir werden dann endlich die Freiheit haben, uns aller Arten von gesellschaftlichen Gewohnheiten und wirtschaftlichen Machenschaften zu entledigen, die die Verteilung des Reichtums und der wirtschaftlichen Belohnungen und Strafen betreffen, und die wir jetzt unter allen Umständen, so widerlich und ungerecht sie auch sein mögen, mit allen Mitteln aufrechterhalten, weil sie ungeheuer nützlich für die Förderung der Kapitalakkumulation sind. [...] Wir werden die Zwecke wieder höher werten als die Mittel und das Gute dem Nützlichen vorziehen. Wir werden diejenigen ehren, die uns lehren können, wie wir die Stunde und den Tag tugendhaft und gut vorbeiziehen lassen können, jene herrlichen Menschen, die fähig sind, sich unmittelbar an den Dingen zu erfreuen.«

Tatsächlich gab es in den 1980er- und 1990er-Jahren zunächst einmal eine genau gegenläufige Entwicklung. Es war das Jahrzehnt des Hedonismus, in dem sich alle etwas gönnen wollten. »Sekt statt Selters« lautete die Devise. Immer mehr Markenartikel und Luxusgüter tauchten in den Auslagen der Geschäfte auf. Egoismus war angesagt. Der neoliberale Wind blies denen, die nicht mithalten konnten, heftig ins Gesicht. Es machte sich eine soziale Kälte breit, die später einen SPD-Autokanzler Schröder mit sich brachte, der stolz Brioni-Anzüge trug und vergessen hatte, wie man Solidarität buchstabiert. Nur aus dieser Entwicklung heraus ist es zu verstehen, dass 2010 eine rotgrüne Regierung die Agenda 2010 verabschiedete, in deren Folge Hartz-IV-Sätze möglich wurden, die deutschen Kindern täglich 2,50 Euro für ihren Bedarf an Lebensmitteln zugestehen.

Eine Agenda, die damals wie heute hart kritisiert wurde, für einige Experten aber auch der Grund dafür ist, warum Deutschland in der gegenwärtigen Krise relativ gut dasteht – wenn auch auf Kosten anderer.

F.H.

Ich schloss 1985 mein Studium ab und absolvierte danach meinen Zivildienst bei Amnesty International. Anschließend wollte ich in Linz promovieren, aber da mein Professor inzwischen einen Ruf nach Gießen erhalten hatte und dort noch eine Assistentenstelle frei war, plante ich meinen Wechsel nach Deutschland.

Einige Monate später fuhr ich mit einem großen Koffer mit dem Nachtzug über Frankfurt nach Gießen, um meine erste Stelle anzutreten. Von einer vollen BAT IIa-Stelle, auf fünf Jahre bis zur erfolgreichen Promotion befristet – davon können heutige junge Wissenschaftler meist nur träumen. Von meinem Chef und Doktorvater, Hans-Georg Petersen, aber auch von meinen beiden Kollegen, Klaus Müller und Michael Hüther, lernte ich jede Menge Ökonomie »alter« Schule. Spannende Gast-Professoren, wie der Schüler und Kritiker des liberalen Chicago-Ökonomen Milton Friedman, hielten Vorträge zum Thema Geld, und der spätere polnische Kurzzeit-Ministerpräsident Marek Belka ermutigte uns, über den Tellerrand hinauszublicken. Während es etliche meiner Assistentenkollegen in »die Wirtschaft« zog (der Neoliberalismus war auf seinem Höhepunkt), hatte ich nach meiner Dissertation – einer ziemlich abstrakten Arbeit über die Verteilung von Lebensqualität, Einkommen und Vermögen – zwei wunderbare Jahre lang Gelegenheit, völlig frei und selbstbestimmt zu forschen. An Universitäten unter anderem in Rom, Florenz und New York. Die Frage, die mich damals besonders beschäftigte, lautete: Worin besteht die Rolle des Staates, wenn wir die Entwicklung der Gesellschaft als »Evolution« (ähnlich wie die Evolution in der Natur) verstehen.

Dazu war gerade eine völlig neue Forschungsrichtung entstanden, der ich mich begeistert anschloss. Interessant war, dass auch in dieser Community, die sich zunächst aus einer Kritik an der vorherrschenden Volkswirtschaftslehre entwickelt hat, – dem Zeitgeist gemäß – »der Markt« als allein selig machende Institution für jeden Menschen dargestellt wurde. Nur auf freien Märkten könne jede auch noch so spezielle Präferenz für dieses oder jenes Gut einen entsprechenden Anbieter finden, nur freie Märkte seien so dynamisch, dass sie Innovationen hervorbringen, von denen letztlich alle profitieren. Selbst für den Umweltschutz seien demnach nur unter sehr strengen Auflagen Eingriffe in das Schalten und Walten des marktwirtschaftlichen Kapitalismus erlaubt.

Die realwirtschaftliche Entwicklung und der Zusammenbruch der planwirtschaftlichen Diktaturen schienen diesem Glauben so sehr recht zu geben, dass selbst ich mich ihm nur schwer entziehen konnte.

In den 1980er-Jahren rückte (endlich) auch die Umwelt immer stärker in den Fokus. Der Ausbau der Kernenergie führte zu Protesten, Greenpeace machte durch spektakuläre Aktionen auf die ökologischen Gefahren aufmerksam, die durch die fortgesetzte Ausbeutung der Natur drohten. Das Thema saurer Regen und Waldsterben ging durch die Medien und erstmals auch der Begriff »Ozonloch«. Dann kam Tschernobyl und führte nicht nur zu einem schnellen Erstarken der Anti-Atomkraft-Bewegung, sondern auch zum Aufstieg der Grünen, die 1983 erstmals in den Deutschen Bundestag einzogen bzw. 1986 in den österreichischen Nationalrat. Anfangs belächelt und verunglimpft als radikale Krawallbrüder und Spinner, wurden die

Themen der Grünen immer öfter von den Massenmedien aufgegriffen. Bedingungslose Technik- und Wachstumsgläubigkeit wurden vorsichtig kritisiert. In den Städten eröffneten die ersten Bioläden, in denen damals nur die »alternative« Szene einkaufte. Noch war »Öko« Synonym für Birkenstock, selbst gestrickte Pullover und – vor allem in den Augen vieler Konservativer – für Aussteiger im Sinne von Leistungs- und vor allem Konsumverweigerer.

C.A.

1986 war ich persönliche Referentin und Pressesprecherin der damaligen Umweltsenatorin in Bremen. Eines Morgens im April erhielt ich einen panischen Anruf meines Kollegen aus dem Gesundheitsressort, der behauptete, dass die Folgen eines Reaktorunfalls in Russland uns bedrohten. Ich dachte noch: »Der ist ja übergeschnappt!« Nach dem Frühstück stieg ich auf mein Rad und fuhr bei strahlender Sonne auf dem Weserdeich entlang. Auf dem Rückweg geriet ich in einen kurzen Schauer, aber ich dachte mir nichts dabei. Zu Hause angekommen, schaltete ich den Fernseher an. Die Nachrichtenlage war dramatisch: Der Regen, der mich durchnässt hatte, war radioaktiv; eine radioaktive Wolke von gigantischem Ausmaß zog über Europa. Deutschland war in Panik. Und wir, die wir für den Umweltschutz bzw. die Gesundheit der Bremer BürgerInnen verantwortlich waren, auch. Einen ganzen Tag verbrachte ich in der »Großen Lagebesprechung« mit meiner Senatorin, dem Staatsrat und allen wichtigen Abteilungsleitern der Fachämter, um herauszufinden, wie gesundheitsgefährdend die Cäsiumstrahlen waren, die mit dem Regen über uns niedergegangen waren und die wir auf einem russischen Schiff gemessen hatten, das an diesem Tag in Bremerhaven vor Anker gegangen war. Wir und die Experten vom Arbeits- und vom ABC-Schutz waren gänzlich unvorbereitet. Niemand – weder in Bremen noch im Umweltbundesamt oder im Bundesgesundheitsministerium – wollte oder konnte eine Aussage darüber treffen, wie hoch die Strahlenbelastung war. Man wollte einerseits die Bevölkerung keinem Risiko aussetzen, andererseits sollte eine Panik unbedingt vermieden werden. Letzteres zumindest gelang nicht wirklich: Das Bürgertelefon, das wir in aller Eile eingerichtet hatten, klingelte pausenlos.

Und noch eine Wende stand Deutschland bevor: die Auflösung des Ostblocks und die daraus resultierende Wiedervereinigung mit ihren katastrophalen Folgen für den deutschen Arbeitsmarkt und die Staatsfinanzen. Die »blühenden Landschaften«, die Helmut Kohl unseren Brüdern und Schwestern im ehemaligen Osten des Landes versprochen hatte, waren ein unerreichbares Ziel. Niemand hatte eine Vorstellung von den Kosten, die mit der Bewältigung der Folgen der Wiedervereinigung verbunden sein würden – sowohl für den Staatshaushalt als auch für die sozialen Sicherungssysteme. Die Staatsschulden erreichten bis 1998 eine neue Rekordhöhe von 61 Prozent. Und wieder einmal war es das Wirtschaftswachstum, das alles richten sollte. Ein anderes Konzept hatten weder die Politiker noch die Industriekapitäne in der Schublade. Und der »Sieg« der kapitalistischen Marktwirtschaft im Wettbewerb der Systeme begünstigte ein Umdenken auch nicht gerade.

Teil II

AUS-GEWACHSEN ODER:
ZWISCHEN WAHN UND SINN

Wir haben im ersten Teil dieses Buches gesehen, was uns das Wachstum des Bruttoinlandsprodukts seit Mitte des 20. Jahrhunderts gebracht hat: Wohlstand, Arbeitsplätze und Umverteilung zum Beispiel, aber auch, welche Faktoren dieses Wachstum überhaupt ermöglicht und angetrieben haben: Konsum und Investitionen, Staatsausgaben und Exporte, Arbeit und Kapital, Ressourcen und technischer Fortschritt. Gegen Ende des vorigen Jahrhunderts aber wurden die Schattenseiten immer deutlicher: eine zunehmend krisenhafte Entwicklung in den Bereichen Arbeitslosigkeit, Umweltverschmutzung, Staatsverschuldung, soziale Ungleichheit und Ausbeutung der Dritten Welt, um nur einige zu nennen. Es gehört zu den faszinierenden Aspekten des Themas Wachstum, dass dieselben Faktoren, die das »gute« Wachstum ermöglicht haben, inzwischen auch die negativen Effekte nähren. Damit beschäftigen wir uns in diesem Teil des Buches. Außerdem gehen wir der Frage nach, ob wir wirklich in der Wachstumsfalle stecken, ob wirklich eine Katastrophe droht, wenn Wachstum ausbleibt. Dass es ausbleiben wird, ist sicher. Denn der Kuchen kann und wird nicht mehr größer werden.

Kapitel 4

»Scheinriesen« oder:
Die Schattenseiten des Wachstums

Wir sitzen in einem Berliner Hotel und unterhalten uns über ein Symposium anlässlich des 65. Geburtstags von Wolfgang Sachs, einem Vordenker der Nachhaltigkeitsforschung. Die rund hundert TeilnehmerInnen haben sich wieder einmal gegenseitig bestätigt, wie verfahren die Situation der Weltgesellschaft ist: Es drohen der ökologische Kollaps, Hunger und Kriege um Ressourcen. Es gibt immer mehr Menschen, die unter dem Burnout-Syndrom leiden, Pensions-, Gesundheits- und Bildungssysteme kollabieren, die Gefahr von immer neuen Finanz- und Bankenkrisen wächst.

Die Räume, in denen wir diese Szenarien diskutieren, sind vom Feinsten. Wir gehören einer unglaublich privilegierten Generation an, genießen in vollen Zügen, was unsere Großeltern, Eltern und wir selbst aufgebaut haben. Getragen von einem Wachstum, das immer nur eine Richtung zu kennen schien: nach oben. Doch nun zeigt dieses Wachstum immer häufiger seine dunkle Seite, die krisenbedingten Einschläge kommen näher, und sie betreffen immer öfter auch uns. Viele Menschen sorgen sich um ihren Arbeitsplatz, um ihr Einkommen, ihre Ersparnisse und die Zukunft ihrer Kinder.

Spätestens seit der Finanz- und Wirtschaftskrise 2008 wissen wir (zumindest in der Theorie): ein »Weiter so!« ist nicht möglich. Wir befinden uns in einem tief greifenden Transformationsprozess, aber wir wissen noch nicht genau, wohin die Reise gehen wird. Nur die Richtung ist klar. Das Wirtschaftswachstum der letzten neunzig Jahre ist am Ende. Und mehr noch: Wir müssen erkennen, dass es das Falsche war, was viel zu lange gewachsen ist.

Aber sind wir wirklich bereit, unseren Teil zum Gelingen dieses Transformationsprozesses beizutragen? Oder stecken wir den Kopf lieber in den Sand und wollen gar nicht so genau wissen, wann und warum sich das Wachstum gegen uns gewendet hat? Wann aus Wohlstand Überkonsum wurde, aus Arbeit Überarbeitung, aus staatlichen Leistungen Staatsverschuldung, aus Ressourcennutzung Raubbau an der Natur?

John F. Kennedy war der Erste, der schon in den 1960er-Jahren Zweifel an der Wachstumseuphorie nährte. Er wies darauf hin, dass Wachstum nicht automatisch die Lebensqualität steigert. In den Siebzigern äußerte sich der Stanford-Ökonom Tibor Scitovsky ähnlich, indem er von »Joyless Growth« (Freudlosem Wachstum) sprach. Und Erich Fromm schrieb *Haben oder Sein. Die seelischen Grundlagen einer neuen Gesellschaft.* Der bekannte Sozialpsychologe forderte darin eine Abkehr vom »Geist des Habens« zugunsten des »Seins« und formulierte Forderungen, zu denen wir im Folgenden immer wieder zurückkehren werden. Darunter:

- Die Produktion hat der Erfüllung der wahren Bedürfnisse des Menschen und nicht den Erfordernissen der Wirtschaft zu dienen.
- Das Ausbeutungsverhältnis der Natur durch den Menschen wird durch ein Kooperationsverhältnis zwischen Mensch und Natur ersetzt.
- Oberste Ziele des gesellschaftlichen Arrangements sind

das menschliche Wohlsein und die Verhinderung von Leid.

- Maximaler Konsum wird durch einen vernünftigen Konsum ersetzt.
- Der Einzelne wird zur aktiven Teilnahme am gesellschaftlichen Leben motiviert.

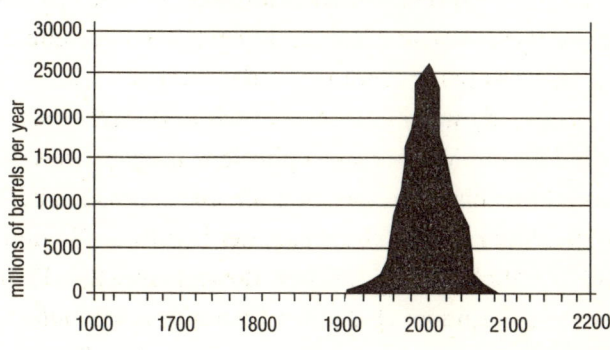

Das Ölzeitalter aus historischer Sicht
Oil production in a „deep historical perspective"

Quelle: Douthwaite, 2006

Ebenfalls in den 1970er-Jahren schreckte die bereits erwähnte Studie »Grenzen des Wachstums« des Club of Rome nicht nur Fachleute auf. Die zentralen Schlussfolgerungen lauteten: Wenn die Weltbevölkerung weiter zunimmt und die Ausbeutung der natürlichen Rohstoffe unvermindert voranschreitet, werden die *absoluten* Wachstumsgrenzen auf der Erde im Laufe der nächsten hundert Jahre erreicht sein. Nur wenige Jahre später sorgte die Ölkrise für eine schwere Rezession. Ein Alarmsignal, das einen Vorgeschmack darauf gab, wie es sein wird, wenn ein Energieträger, auf dem unsere Mobilität fußt, nicht mehr unbegrenzt verfügbar ist. Seitdem kamen viele weitere Alarmsignale hinzu:

Klimawandel, Biodiversitätsverlust, dramatischer Rückgang der Fischbestände, Bodenerosion, wachsende Wüstenbildung, drohende Wasser- und Nahrungsmittelknappheit, extreme Armut und Hungersnöte in manchen Teilen der Welt … Die Liste lässt sich beliebig fortsetzen. Dennoch kennt eine kleine, aber sehr mächtige und meinungsbildende Elite in Politik und Wirtschaft auf all diese Probleme nach wie vor nur eine Antwort: Wachstum, Wachstum und nochmals Wachstum. Es scheint, als wollten sich die Entscheidungsträger nicht eingestehen, dass es sich »ausgewachsen« hat und dass wir mit dem Festhalten an diesem Prinzip den Ast absägen, auf dem wir sitzen.

Wenn wir in Vorträgen und Diskussionsveranstaltungen über dieses Thema reden, versuchen wir zu erklären, warum Wachstum endlich ist. Nicht zuletzt, weil unsere Erde nicht beliebig nachwächst. Derzeit werden jährlich 70 Milliarden Tonnen Natur gefördert, geerntet, umgewälzt, verändert. Auf die Bewohner Europas, die mehr davon für sich beanspruchen als der Weltdurchschnitt, kommen pro Tag und Kopf 70 Kilogramm. Damit liegen wir beim Fünf- bis Zehnfachen dessen, was die Natur ertragen kann. Von den Folgen für die Menschen gar nicht zu reden.

Obwohl diese Botschaft millionenfach verbreitet wurde, obwohl überall auf der Welt grüne Parteien, ökologische Institute und Umweltministerien entstanden, wollte und will diese wachstumskritische Botschaft noch immer niemand hören. Auch nicht in unseren Diskussionsrunden. Regelmäßig melden sich Teilnehmer zu Wort, die uns vorwerfen, wir hätten etwas gegen Wachstum. Wir müssten doch all das Gute würdigen, das das Wachstum uns allen gebracht hat. Dabei stellen wir keineswegs in Abrede, dass Wachstum positive Seiten hat und dass wir lange gut damit gefahren sind. Der entscheidende Punkt ist, dass sich die Rahmenbedingungen für Wachstum in den letzten zwanzig, dreißig Jahren grundlegend geändert haben. Denn erstens sind uns die Wachstumstreiber ausgegangen, und zweitens wiegen die Nachteile des Wachstums inzwischen immer schwerer. Eine Entwicklung, die Experten bereits in den 1970er-Jahren prognostiziert haben. Für sie war ungebremstes Wachstum schon damals eine »Geißel« der Menschheit und verantwortlich für die Krisen, mit denen wir heute konfrontiert sind. Und zwar in ganz verschiedenen Bereichen.

Angetrieben wurde dieses Wachstum lange Zeit von immer mehr Konsum, höherer oder verdichteter Arbeitsleistung, Raubbau an Ressourcen, technischem Fortschritt und der Globalisierung. Jedes Mal, wenn das Wachstum schwächelte, wurden (und werden) die Regierungen der Welt nervös und unternahmen alles, um das Wachstum wieder in Gang zu bringen. Sie legten Konjunkturprogramme auf, förderten die Entwicklung und den Einsatz neuer Technologien oder führten Korrekturen auf dem Finanzmarkt durch. Für Länder wie die USA, Japan und manche europäischen Staaten, die seit Jahrzehnten das Wirtschaftswachstum schuldenfinanziert ankurbeln, war und ist das ein hochriskantes Unterfangen. In Japan liegen die Staatsschulden derzeit schon beim 2,3-Fachen des Bruttoinlandsprodukts; dennoch hat die Regierung jüngst angekündigt, das Wachstum mit der Aufnahme neuer Schulden zu pushen. Länder wie Griechenland, Spanien, Italien und auch Großbritannien haben gravierende Strukturprobleme. Über 50 Prozent aller Spanier unter dreißig waren im Frühjahr 2013 arbeitslos. Frankreich scheint ins Trudeln zu kommen, und Deutschland und Österreich sind schon lange keine Lokomotiven der wirtschaftlichen Entwicklung mehr. Im Sommer 2013 reichten bereits 0,7 Prozent Wachstum aus, um für euphorische Schlagzeilen auf der Titelseite des österreichischen *Standard* zu sorgen.

Man kann sich nun fragen, ob diese Abwärtsspirale mit aller Macht (also mit noch mehr Wachstum, Schulden und Ausbeutung) gestoppt werden muss. Oder ob sie überhaupt gestoppt werden kann. Doch Wachstum braucht weder Befürworter noch Kritiker, es stagniert und schrumpft auch ohne deren Zutun. Allein deshalb sollten wir nach neuen Instrumenten suchen, wie wir diese Entwicklung begleiten können. Die Zeit dafür ist nicht endlos verfügbar: Denn wir befinden uns längst im Übergang zu einer Phase, in der sich Wachstum auf einem deutlich niedrigeren, aber langfristig gesünderen Maß einpendelt.

Aber bevor wir uns die einzelnen Faktoren, die uns an diesen Scheideweg gebracht haben, genauer ansehen, wollen wir noch einen Blick zurückwerfen auf eine Dekade, in der die Schattenseiten des Wachstums und die Auswüchse besonders offensichtlich wurden. Wir meinen die Jahre vor und nach der Jahrtausendwende.

Damit die Wirtschaft wachsen kann, müssen, wie wir gesehen haben, Angebot *und* Nachfrage wachsen. In den 1950er- und 1960er-Jahren war vor allem der Konsum als Treiber wirksam – eine Form des Konsums, die tatsächlich enorm zur Lebenszufriedenheit beitrug. Auch Investitionen des Staates und der Unternehmen zeigten Wirkung. Deutschland wurde Exportweltmeister, und auf der Angebotsseite waren es die Treiber Arbeit, Kapital, Ressourcenverbrauch und technischer Fortschritt, die uns dahin gebracht haben, wo wir heute stehen. Fast alles wurde schneller, mehr und besser. Aber seit den 1990er-Jahren hat sich dieser Trend verlangsamt, die Grenzen des Wachstums wurden immer deutlicher erkennbar.

Heute macht Konsum immer weniger glücklich, Staatsausgaben und Investitionen werden zunehmend auf Pump finanziert, Produktionsfaktoren wie Arbeitskraft und Ressourcen gelangen an ihre Grenzen. Gibt es also überhaupt noch einen positiven Zusammenhang zwischen Wachstum und Lebensqualität? Oder haben wir es nicht vielmehr mit einem Scheinriesenphänomen zu tun?

Für alle, bei denen die Lektüre von Michael Endes *Jim Knopf und Lukas der Lokomotivführer* schon etwas länger zurückliegt, sei hier zu Erinnerung jene Episode aufgeführt, in der die beiden einem Scheinriesen begegnen: Jim Knopf und Lukas der Lokomotivführer befinden sich auf einer Reise nach China. Am Horizont entdecken sie plötzlich einen riesigen Wanderer, so groß, dass er bis zum Himmel hinaufreicht. Die beiden erschrecken fürchterlich und wissen nicht, ob sie stehen bleiben oder davonlaufen sollen. Als der Riese direkt auf sie zukommt, nehmen sie ihren ganzen Mut zusammen und rühren sich nicht vom Fleck. Und dann geschieht etwas überaus Bemerkenswertes. Mit jedem Schritt, den der Riese auf sie zumacht, wird er kleiner und kleiner. Als er direkt vor ihnen steht, ist er sogar kleiner als Lukas der Lokomotivführer.

Unsere Beobachtung ist: In vielen Bereichen verhält es sich mit dem Wachstum nicht anders. Je genauer wir hinschauen, desto weniger beeindruckt es und desto mehr wird uns bewusst, wie gut wir darauf verzichten können.

Mehr Konsum heißt nicht: mehr Wohlstand und Lebenszufriedenheit

Wachstum hat in den 1950er- und 1960er-Jahren Konsum in großem Stil erst ermöglicht. Und dieses Mehr an Konsum hat wiederum das Wachstum beflügelt. Erst wurden Waren hergestellt, die nach dem Krieg dringend gebraucht wurden, um die Grundbedürfnisse zu sichern. Als eine gewisse Sättigung des Marktes erreicht war, setzte die Wirtschaft auf technische Neuerungen, um die Nachfrage anzukurbeln. Heute gibt es nichts, was es nicht gibt. Dennoch – oder vielleicht gerade deshalb – ist die Neigung vieler Menschen, weiter jedes Jahr 3 oder 5 Prozent *mehr* zu konsumieren als im Vorjahr, geringer geworden. Mit anderen Worten: Der so wichtige Treiber Konsum verliert an Dynamik.

Wenn Verbraucher weniger konsumieren, kann das daran liegen, dass die Unternehmen die falschen Produkte hergestellt und den Geschmack der kaufkräftigen Konsumenten weder im Inland noch im Ausland (Exporte) getroffen haben. Es kann aber auch sein, dass die Verbraucher mit dem zufrieden sind, was sie haben, oder schlicht kein Geld für neue Anschaffungen da ist.

In Deutschland war der Inlandskonsum in den letzten Jahren eher schwach, die Wirtschaft wurde vornehmlich durch die Exporte am Laufen gehalten. Die Tatsache, dass im zweiten Halbjahr 2012 die Inlandsnachfrage plötzlich boomte, hatte eine wenig erfreuliche Ursache: Die Deutschen verloren das Vertrauen in den Euro, sie fürchteten eine Entwertung ihrer Ersparnisse (es wäre nicht die erste in der Geschichte) und flüchteten in Sachwerte, Gold oder Betongold (Immobilien). Bis dahin galten sie eher als Anhänger des guten alten Sparstrumpfs. Zu den Folgen dieser Anhäufung von Privatvermögen werden wir später noch kommen, für den Moment nur so viel: Wenn wir unser Geld eher auf die hohe Kante legen, als es auszugeben, kann auch das viele Gründe haben. Erstens: Wir sparen aus Angst. Wir wissen nicht, wie sich unsere Einkommen und die Preise in Zukunft entwickeln werden. In Krisensituationen fürchten viele Menschen, ihren Arbeitsplatz zu verlieren oder nach der Ausbildung erst gar keinen zu bekommen, sie wissen nicht, ob sie finanziell über die Runden kommen und bilden Rücklagen. Zweitens: Wir sparen, weil wir bereits ein sehr hohes Wohlstandsniveau erreicht haben. Weil vielen von uns also nicht das Geld, sondern die Wünsche ausgehen. Wissenschaftler, die sich mit dem Thema Nicht-Konsum oder Suffizienz beschäftigen, verweisen in diesem Zusammenhang stets auf den enormen Sättigungsgrad der Gesellschaften in den früh industrialisierten Ländern. Viele Österreicher und Deutsche haben letztlich alles, was sie wirklich brauchen. Und wer schon alles im Überfluss hat, für den müssen enorm starke Kaufanreize gesetzt werden. Die Alternative ist, das Geld auf dem Kapitalmarkt zu investieren oder es zu sparen. Gift für den Konsum als Wachstumstreiber, genauso wie die Tatsache, dass Geringverdiener auf jeden Cent achten müssen und insofern auch nur mit Augenmaß konsumieren können.

Hinzu kommt noch etwas: In den beiden Nachkriegsjahrzehnten war der Treiber Konsum besonders wirksam, weil durch ihn wesentliche Grundbedürfnisse erfüllt wurden, was wiederum zur Lebenszufriedenheit der Bevölkerung beitrug. Doch heute? Werden wir immer *noch* zufriedener, weil wir noch mehr besitzen oder konsumieren? Brauchen wir wirklich fünfzig verschiedene Haarshampoos und eine Auswahl von hundert Sorten Schokolade, um glücklich zu sein? Wenn man sich heute die Zeit nimmt, in einen Supermarkt zu gehen, um Kunden zu beobachten, drängt sich rasch ein anderer Gedanke auf. Man sieht Menschen, die gehetzt und überfordert vor den überbordenden Regalen stehen und nicht wissen, wohin sie greifen sollen. Man kann sich also durchaus die Frage stellen, ob wir uns mit der ewigen Ausweitung des Angebots etwas Gutes getan haben. Oder ob uns diese ganze Auswahl – und all die Dinge, die wir anschließend nach Hause tragen – nicht auch terrorisiert und unter Stress setzt.

Natürlich hat das nicht nur mit Wachstum und der Entwicklung neuer Produkte zu tun. Der Wahn-Sinn, den wir als Konsumenten angezettelt und befeuert haben, hat auch etwas mit unserer ganz besonderen Vergangenheit zu tun – mit der Angst der Nachkriegsgeneration, es gäbe der Dinge zu wenig. Aus dem Verlust, den die Eltern und Großeltern damals erlitten haben, erwuchs später der Glaube, durch Konsum etwas kompensieren zu können. Ganz nach dem Motto: »Heute gönne ich mir mal was, ich gehe shoppen.« Konsum als Ersatzhandlung, als Synonym für Wohlbefinden und Glück. Der ursprüngliche Kaufimpuls, unsere Grundbedürfnisse zu befriedigen, wurde abgelöst durch den Impuls: kaufen um des Kaufens willen. Ein Mechanismus, den die Industrie nur allzu gerne bedient und befeuert, indem sie den Kaufwunsch mit allen Mitteln der Kunst erst weckt. Doch das Glücksgefühl, vollbepackt aus einem Geschäft zu kommen, ist von kurzer Dauer. Auf lange Sicht zufriedener macht es uns nicht. Im Gegenteil. Wir brauchen einen immer stärkeren Kick, damit sich das Glücksgefühl wieder einstellt, wie bei einem Junkie. »Tretmühlen des Glücks« hat der Schweizer Ökonom Mathias Binswanger dieses Phänomen denn auch genannt.

Studien der österreichischen Arbeiterkammer belegen, dass rund 20 Prozent der Bevölkerung unter Kaufsucht leiden.

Gleichzeitig signalisieren die Verkaufszahlen der vielen Ratgeber, die uns bei der Vereinfachung unseres Lebens helfen möchten, dass die Zahl der Menschen, die sich im »Dickicht der Dinge« verirrt haben, groß ist. Die Literatur zu diesem Thema füllt ganze Regalmeter in den Buchhandlungen, viele dieser Titel wurden zu Bestsellern. Es scheint ganz so, als seien die meisten Menschen von dem Konsumwahn, dem sie sich hingegeben haben, überfordert. Als hätten sie vom Falschen zu viel und vom Richtigen zu wenig.

Einen Ausweg aus dieser Tretmühle zu finden, fällt schwer. Denn die Wirtschaft tut alles, um uns gleich mehrmals im Jahr erfolgreich einzuflüstern, warum es zwingend notwendig ist – und sei es für unser Selbstwertgefühl –, der neuesten Mode, dem neuesten Trend zu folgen. Oder warum der neue Fernseher, der neue Computer so viel besser ist, dass man den alten ausrangieren muss. Und wir sagen Ja und Amen dazu, sind so konditioniert, dass wir überhaupt nicht mehr merken, was wir uns und der Welt damit eigentlich antun. Nämlich jede Menge Tand anzuhäufen, den wir eigentlich nicht brauchen, dessen Herstellung (und spätere Verschrottung) aber nicht nur die Umwelt, sondern vor allem uns persönlich und unser Umfeld belastet.

C.A.
1989 starb meine Mutter. Wochen später halfen wir meinem Vater, die Kleiderschränke leer zu räumen. Im großzügigen Schlafzimmer meiner Eltern standen zwei riesige Schränke, die meisten Fächer davon voll mit Sachen meiner Mutter. Der Anblick des gewaltigen Berges an Kleidern, Handtaschen, Hüten, Blusen, Schuhen und Tüchern machte mich fassungslos. Was hatte meine Mutter dazu bewogen, all diese Dinge zu kaufen und zu horten? Was davon hatte sie wirklich benutzt?

Die meisten Sachen sahen neu aus. Ich ahnte: Jederzeit etwas kaufen zu können, war für sie offenbar eine Art Kompensation – um die Jahre der Entbehrung vergessen zu machen oder eine große Leerstelle in ihrem Leben zu füllen. Es gelang uns nicht, diesen Berg Kleidung einer sinnvollen Verwendung zuzuführen. Die Bekannten meiner Mutter hatten selbst mehr als genug, auch karitative Organisationen winkten dankend ab. Am Ende landete das meiste davon im Reißwolf.

Wochen später las ich fasziniert eine Untersuchung des Schweizer Bundesumweltamtes. Wissenschaftler hatten eine »Input-Output-Analyse« gemacht. Sie behandelten die Schweiz dabei wie eine »Blackbox«: Auf der einen Seite flossen die Rohstoffe hinein, auf der anderen Seite kamen sie als Abfall wieder heraus. Das Erstaunliche dabei war, wie wenig aus dieser Blackbox wieder herauskam. Die privaten Haushalte unseres Nachbarlandes entpuppten sich als eine »Deponie« ungeahnter Größenordnung. Nach dem, was ich kurz zuvor in meinem Elternhaus erlebt hatte, wunderte mich das gar nicht. Es war kein Kreislauf, sondern eine Sackgasse. Rohstoffe, die verbraucht wurden, aber nicht wieder zurückflossen. Kleider, die produziert worden waren, nur um im Schrank zu hängen. Ich fragte mich, welchen Beitrag unser Konsumverhalten zu den sich immer weiter zuspitzenden Umwelt- und Ressourcenproblemen leistete. Und ob wir uns nicht mit all dem Überfluss selbst am tiefsten ins Fleisch schnitten.

Nun könnte man sagen: typisches Verhalten der Kriegsgeneration, wie oben bereits erwähnt. Aber wir dürften uns auch an die eigene Nase fassen. In einem durchschnittlichen Haushalt befinden sich nach Schätzung des Umweltbundesamtes in Berlin an die 10.000 (!) Gegenstände. Macht uns das glücklich? Ist die Zahl der Dinge in unserem Haushalt ein Gradmesser für unser persönliches Wohlbefinden? Keineswegs. Denn auch hier gibt es – ähnlich wie das schon bei der Bedürfnispyramide von Maslow anklang – einen Sättigungsgrad, der anzeigt, dass ein Mehr an Masse auch ins Negative kippen kann. Studien der empirischen Glücksforschung belegen: Die gefühlte Lebensqualität ist in Mexiko etwa so hoch wie in Österreich oder Deutschland.

Zu einem ähnlichen Ergebnis kommt auch der britische Ökonom Richard Layard: Er hat festgestellt, dass das Einkommen – und damit die Möglichkeit, mehr zu konsumieren – ab einem gewissen Lebensstandard für das individuelle Wohlbefinden nicht die entscheidende Determinante ist. In dem Moment, wo die essenziellen Grundbedürfnisse gesichert sind und man nicht jeden Cent zweimal umdrehen muss, trägt weder eine Steigerung des Einkommens noch Konsum zu einem größeren Wohlbefinden bei. Stattdessen geht es verstärkt um andere, immaterielle Faktoren: zum Beispiel das Eingebundensein in einen Freundeskreis, eine (sichere) Nachbarschaft oder Gesundheit – alles Faktoren, die vom Wirtschaftswachstum unabhängig sind.

Der abnehmende (Grenz-)Nutzen von immer mehr Dingen

Ökonomen haben für dieses Phänomen den Begriff vom »Grenznutzen der Dinge« entwickelt. Damit ist gemeint, dass sich der Nutzen einer Ware nicht proportional zu ihrer Zahl steigern lässt. Wenn wir für unser Sonntagsfrühstück zehn Semmeln kaufen, vielleicht aber schon nach der zweiten satt sind, verliert jedes weitere Brötchen damit an Wert für uns. Ähnlich wird es einem durstigen Zecher gehen, der nach dem ersten Bier einen »hohen positiven Grenznutzen« feststellen wird, nach dem fünften einen gegen null gehenden und nach dem zehnten aufgrund der unangenehmen Folgewirkungen einen negativen. Die gleiche Rechnung gilt für den Kauf von Waren. Wenn wir zwanzig T-Shirts kaufen, können wir doch immer nur eines zur gleichen Zeit tragen, der Nutzen der anderen, die derweil im Schrank liegen, reduziert sich entsprechend.

Auf diese Tendenz zur Marktsättigung hat die Konsumgüterindustrie reagiert – immer Wachstum und das Ziel vor Augen, den schwächelnden Konsum weiter in Gang zu bekommen. Denn nicht mehr die Produkte waren knapp und auch nicht das Geld, sondern die Bedürfnisse. Die Stunde der Marketing- und Werbefachleute und der Designer schlug. Die Funktion eines Gegenstands oder Geräts blieb im Wesentlichen gleich, auf die Optik kam es an und das »Lebensgefühl«, das ein Produkt transportieren sollte. Diese Faktoren wurden zur entscheidenden Triebfeder für Neukäufe stilisiert, obwohl der alte Toaster, das alte Auto, die Winterjacke … noch gut in Schuss waren.

Parallel dazu trieb die Konsumgüterindustrie verstärkt die »geplante Obsoleszenz« voran, jenes bereits erwähnte Phänomen, dass vor allem technische Geräte dann kaputtgehen, wenn die Garantie abgelaufen ist. Eine lange Nutzungsphase der Produkte durch die Verbraucher ist selbstredend kontraproduktiv für Wachstum. Für dieses Phänomen gibt es eine lange Liste an Beispielen. Angefangen bei Glühbirnen, die vermeintlich zu lange brannten, über Feinstrumpfhosen, die schon das erste Anziehen nicht überleben, bis hin zu Druckern oder Waschmaschinen, die in der Regel nach Ablauf der Garantiephase alle die gleichen Defekte aufweisen. Es gibt Kamera- oder Handyakkus, die schon nach zwei Jahren nicht mehr funktionieren und entweder ohnehin nicht ausgetauscht werden können oder aber schlicht nicht mehr lieferbar sind. Ob das von der Industrie bewusst so geplant wird oder Zufall ist, darüber streiten sich Verbraucherschützer und Hersteller trefflich. Tatsache ist: Die Hersteller unternehmen nichts, um daran etwas zu ändern. Wozu auch, sichert es doch beständige Nachkäufe. Die Industrie hat naturgemäß kein Interesse daran, gegen diesen Wahn-Sinn anzusteuern. Und das hat Folgen.

Die ansteigenden (Grenz-)Kosten der vielen Dinge

Das Gegenstück zum Grenznutzen der Dinge sind die Grenzkosten, die mit diesem »Immer-mehr-vom-Falschen« verbunden sind. Je mehr Dinge wir erwerben, besitzen, instand halten und später entsorgen müssen, desto höher sind die psychologischen, sozialen und ökologischen Kosten, die mit dieser Art von Überfluss verbunden sind. Wenn wir unsere Wirtschaft als eine Art Flussschema begreifen, dann müssen auf der einen Seite Energie, Rohstoffe, Arbeit und Zeit hineinfließen, damit auf der anderen Seite ein Produkt herauskommt. Eine gewaltige Maschinerie – je schneller sie läuft, desto schneller müssen wir rennen und arbeiten und rennen und konsumieren, und desto mehr Energie und Rohstoffe werden verschwendet, nur damit wir am Ende einen Gegenstand erworben haben, den wir eigentlich nicht brauchen.

Ein gutes Beispiel, welches das Ineinandergreifen von abnehmendem Grenznutzen und steigenden Grenzkosten illustriert, sind auch hier wieder Schuhe. Bis weit in die 1960er-Jahre gab es in Deutschland und Österreich viele Schuhmacher, die Schuhe noch selbst herstellten. Im Laufe der Zeit wurde der Umsatzanteil, den sie mit handgefertigten Schuhen erzielten, immer kleiner. Dann brachen auch die Einnahmen durch Reparaturen ein – weil es sich für die Kunden kaum noch lohnte. Schuhe waren zum Billigprodukt geworden. 1994, nach der letzten deutschen Handwerkszählung, war in den Nachrichten zu hören, dass der Beruf des Schuhmachers vom Aussterben bedroht sei. Zum Glück hat sich die Zahl der Schuhmacher inzwischen auf eine allerdings sehr überschaubare Zahl stabilisiert. Ein Schicksal, das bald auch klassische Fachgeschäfte ereilen könnte, in denen Kunden noch fundiert beraten werden. Denn Discounter und Internetanbieter gewinnen gerade in diesem Bereich der Konsumgüterindustrie immer mehr Marktanteile.

Das hat nicht nur für die heimischen Produzenten Folgen, sondern auch für den Käufer. Denn die Produktpalette wird immer weiter standardisiert, der Schuh wird sozusagen passend gemacht für einen virtuellen Standardkunden. Das Schuhinstitut in Pirmasens hat in Reihenuntersuchungen festgestellt: Eigentlich müsste jedes Schuhmodell nicht nur in ganzen und halben Längen, sondern auch in fünf verschiedenen Weiten vorrätig gehalten werden, damit der Schuh dem Käufer auch wirklich passt. Halbe Größen und verschiedene Weiten gibt es aber nur noch bei teuren Luxusschuhen, wenn überhaupt. Beim Discounter sind sie nicht zu bekommen. Schlechte Schuhe kann man wegschmeißen, ruinierte Füße nicht. Sie kommen uns und die Gesellschaft teuer zu stehen: Immer mehr Kinder haben schon bei der Einschulung deformierte Füße und Skeletterkrankungen, und spätestens mit vierzig Jahren brauchen die meisten von uns Einlagen. Doch wer hat schon Lust, beim Schuhkauf darüber nachzudenken, dass unsere Füße darüber mitentscheiden, ob wir mit fünfzig, sechzig oder siebzig Jahren noch Sport treiben können? Im Grunde sollten manche Modelle mit einem Warnhinweis des Gesundheitsministeriums versehen sein: »Das Tragen dieses Schuhs gefährdet Ihre Gesundheit.«

Aber zurück zum Schuhkauf: Die folgenden Zahlen beruhen auf den Angaben des Bundesverbands der deutschen Schuhindustrie: In den ersten sechs Monaten des Jahres 2011 stiegen die Schuhimporte nach Deutschland von 272 Mio. Paar auf 310 Mio. Paar. 18 Prozent kamen aus der EU, 82 Prozent aus Drittländern, vornehmlich aus Asien. Die Einfuhrpreise pro Paar aus Europa betrugen 9,53 Euro; bei Schuhen mit Lederoberteil (rund 30 Prozent aller importierten Schuhe) waren es 18,87 Euro. Die Durchschnittspreise chinesischer Schuhe lagen lediglich bei 5,41 Euro.

Deutschland selbst exportierte 103 Mio. Paar zu einem Durchschnittspreis von 14,55 Euro. Wobei die meisten dieser Schuhe zwar einen deutschen Markennamen trugen, hier aber nicht hergestellt wurden, sondern sich ledig auf der »Durchreise« befanden. Lederschuhe, die tatsächlich in Deutschland hergestellt werden, kosten die importierenden Länder durchschnittlich zwischen 23 und 25 Euro, sind also deutlich teurer.

Aus vielen Gesprächen mit Schuhproduzenten und Händlern wissen wir, dass gute Maßkonfektionsschuhe aus sehr hochwertigem Leder im Einkauf zwischen 80 und 130 Euro kosten. Aber die halten dann auch gut und gerne zehn Jahre. Zu glauben, dass Schuhe aus China aus gutem Leder sein könnten, ist naiv. Der steigende Anteil an Scheinleder, Kunststoffen, Pappe und geschredderten Textilien bei Discountschuhen ergibt sich auch aus der Preisentwicklung zwingend.

Reden wir über Preise

Werfen wir nun einen Blick auf den Verkaufspreis: Bei Herrenschuhen liegt er im Schnitt bei 75 Euro, bei Damenschuhen sind es 63 Euro, und für Kinderschuhe müssen 27 Euro bezahlt werden. Die Gewinnspanne gerade bei Billigimporten ist also enorm. Dagegen wäre grundsätzlich nichts zu sagen, wäre die Verteilung eine andere: Wenn Schuhe aus einem Geschäft kommen, haben wir nicht nur unsere Schuhe bezahlt, sondern auch die Modelle, auf denen der Händler sitzen bleibt. Wir bezahlen den Transport, die Preisabschläge, die gewährt werden, und die teure Lagerhaltung. Wir bezahlen die Entwicklung von mehreren Designs pro Jahr, die Werbung, die Ladenmiete und den ganzen Aufwand, den die Schuhindustrie heute betreiben muss, um diesen Überfluss an den Mann/die Frau zu bringen. Der geringste Anteil der Summe, die wir im Laden auf den Tresen legen, entfällt auf den Schuh selbst – das Material, aus dem er hergestellt wurde, seine Qualität und die Arbeitsleistung der Menschen, die ihn produziert haben. Am beschämendsten sind die minimalen Löhne, die den ArbeiterInnen in Indien, Pakistan oder Vietnam gezahlt werden. Auf diesen Skandal angesprochen, erklärte uns ein Verbandsvertreter der Schuhindustrie, dass die Gehaltsanteile in den Bereichen Transport, Design, Management, Verkauf, Werbung und Miete »Fixkosten« seien. Arbeitsleistung und Produktion seien hingegen »variable« Kosten, bei denen man gegebenenfalls sparen könne. Zutreffender und zynischer kann man das Ausbeutungsverhältnis wohl nicht beschreiben. Wie die Kostenverteilung konkret aussieht, zeigt die folgende Grafik:

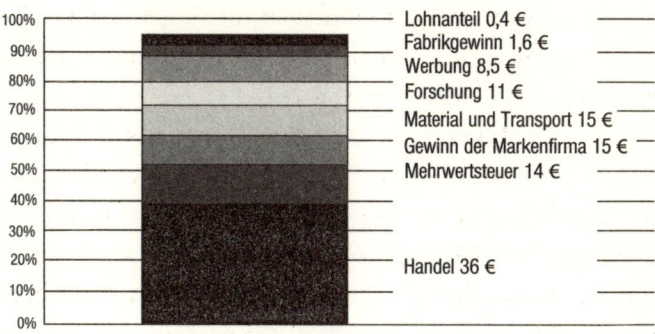

Quelle: *Financial Times Deutschland/Stern*

Von den ca. 100 Euro, die wir für unseren Sportschuh bezahlen, entfallen 40 Cent (!) auf den Lohnanteil der ArbeiterInnen.

So verfahren übrigens nicht nur Produzenten, die in Asien herstellen lassen. Gespräche mit Berliner Modemachern, die wir 2003 führten, kamen zu einem nicht minder deprimierenden Ergebnis: Auch sie lassen ihre Designermäntel, -kleider oder -anzüge, die in sehr schicken Modeboutiquen für mehrere Hundert Euro angeboten werden, lieber in Polen als in Potsdam schneidern. Um ein paar Euro Mehrkosten einzusparen, die mit einer Fertigung in Deutschland verbunden wären. Dabei machen keineswegs überzogene Lohnzahlungen Produkte aus Deutschland teurer. Der Grund, warum wir unseren Überfluss auf Kosten der Armen in aller Welt erzeugen lassen, liegt darin, dass es immer kostspieliger geworden ist, überhaupt noch Abnehmer für die ganzen Waren zu finden. Wir könnten bessere und langlebigere Produkte zu einem guten Preis herstellen und faire Löhne bezahlen, wenn der ganze weltumspannende Produktions- und Vermarktungszirkus auf ein gesundes Maß reduziert würde. Wenn wir also nur noch das kaufen würden, was wir wirklich brauchen, was unseren tatsächlichen Bedürfnissen entspricht und uns guttut.

Mehr unternehmerische Investitionen bedeuten nicht: mehr Innovation

Jeder Euro, der im Wirtschaftskreislauf verdient wird, kann nur einmal ausgegeben werden: Wird er für Konsum ausgegeben, dann steht er nicht mehr für Investitionen zur Verfügung oder für öffentliche Güter. Das BIP als Ganzes nimmt aber nur zu, wenn alle drei Bereiche – Konsum, Investitionen und öffentliche Güter – in Summe wachsen. Dass Konsum seine Schattenseiten hat, haben wir ja bereits gesehen. Aber kann an Investitionen grundsätzlich etwas verkehrt sein? Zumal, wenn sie dafür sorgen, dass neue Technologien entwickelt oder Arbeitsplätze geschaffen werden können?

Andererseits: Investieren nur um des Wachstums willen ist auch keine gute Idee. Es entsteht eine Blase, weil die Kapazitäten und Güter, die geschaffen werden, am Bedarf vorbeigehen und kaum oder gar nicht genutzt werden. An den Küsten Europas reihen sich kilometerlang solche Investitionsruinen aneinander. Je mehr Unternehmen ihr Investitionsverhalten auf den Prüfstand stellen, desto eher schwächelt auch dieser Wachstumstreiber.

Unternehmen investieren, wenn sie davon ausgehen können, in Zukunft mehr Produkte zu verkaufen, oder wenn sie glauben, etwa durch eine Modernisierung ihrer Fabrikationsstätten ihre Gewinne erhöhen zu können. Dabei geht es nicht nur um harte

Fakten, sondern auch um Psychologie. Um die Erwartung jedes einzelnen Unternehmers bzw. Managers und der Wirtschaft als Ganzes. Seit einigen Jahren werden in vielen Ländern Stimmungsbarometer erhoben und veröffentlicht (in Deutschland etwa der Ifo-Index), die Auskunft über das allgemeine Geschäftsklima und damit auch über die »Investitionsfreudigkeit« einer Region oder Gesellschaft geben.

Der österreichische Ökonom Josef Steindl verglich das Verhalten »der Wirtschaft« bei einem allgemeinen konjunkturellen Auf- bzw. Abschwung einmal mit dem eines Krähenschwarms auf einem Feld: Am Anfang sitzen alle Krähen ruhig am Boden. Dann fangen einzelne an, unruhig zu werden, die ersten flattern auf, dann immer mehr, bis schließlich der gesamte Schwarm in der Luft ist. Auf das Stimmungsbarometer übertragen heißt das: Die Furcht vor einer Absatzkrise etwa im Bereich der Autoindustrie kann rasch zu einer allgemeinen Verunsicherung führen, der Geschäftsklima-Index geht nach unten (schließlich kann keine Krähe oben bleiben), Investitionen werden zurückgestellt.

Hohe Investitionen allein führen also keineswegs dazu, das Wachstum dauerhaft zu beflügeln. Sie müssten (wenn Konsum, Staatsquote und Exporte stagnieren) immer weiter anwachsen, um direkt für ein wachsendes BIP zu sorgen. Und was wir nicht vergessen sollten: Auch wenn die Investitionen nicht über das heutige Niveau hinaus ansteigen, können wir immer noch Jahr um Jahr die bisherige Summe investieren. Der Bestand an Maschinen, Infrastruktur etc. würde also auch dann noch stetig wachsen. In Deutschland ist der Anteil dieses Vermögens enorm hoch: Immobilien, Infrastruktur, Kulturgüter, Anlagen, Fabriken ... all das ist schon da und muss nicht mehr erarbeitet werden. Aber es muss instand gehalten werden.

Wenn wir schon nicht weiter in eine Ausweitung von Produktionsstätten investieren, dann wenigstens in eine ökologische Modernisierung, argumentieren derzeit viele grün beseelte Ökonomen und Politiker, wie etwa der Chef der grünen Böll-Stiftung, Ralf Fücks, oder der grüne Landesrat in Oberösterreich, Rudi Anschober. Dem müssen wir ein »Ja, aber« entgegensetzen. Wenn, so brachte es neulich ein Ökonomenkollege auf den Punkt, ein immer größerer Anteil des BIP in die ökologische Modernisierung geht, der beim Konsum fehlt, dann könne man doch eigentlich auch einfach sofort weniger konsumieren und sich die Arbeit und den Ressourceneinsatz sparen, der für die grünen Investitionen nötig ist. Damit wollen wir keineswegs die Energiewende infrage stellen. Aber: Windräder zu bauen, nur um Arbeitsplätze zu schaffen, ist zu kurz gedacht. Und es dauert nicht mehr lang, dann wird auch der letzte Altbau energetisch saniert sein. Spätestens dann können wir uns auch auf den Wachstumstreiber »Investition« nicht mehr verlassen.

Mehr staatliche Ausgaben bedeuten: Wachstum auf Pump

Staatsausgaben werden, wie bereits erwähnt, wahlweise über Steuereinnahmen oder Schulden finanziert und sind damit – was die Höhe der Investitionssumme angeht – letztlich begrenzt. Vor allem die Ankurbelung der Wirtschaft durch die Aufnahme von Schulden hat sich als Bumerang erwiesen. Kann man die Tilgung der Schulden nicht aus dem Budget leisten, müssen früher oder später neue Schulden gemacht werden, um die alten zu begleichen oder auch nur die Zinsen dafür zu bezahlen.

Schulden schränken also die Staatsausgaben von morgen ein und sorgen dafür, dass der Zinsanteil an allen privaten Ausgaben steigt. Heute sind zudem in Europa wegen der »Sparpakete« und »Schuldenbremsen« die Spielräume für weitere Ausgaben stark limitiert. Es geht im Wesentlichen nur noch darum umzuschichten. Die wachsenden Haushaltsrisiken, die sich aus den konkreten Kosten der Finanzkrise und den (noch weitgehend) virtuellen Rettungsschirmen ergeben, verschärfen dieses Problem. Weshalb der Staat als Quell wirtschaftlichen Wachstums versiegt, sofern er nicht mit den schuldengetriebenen Exzessen der Vergangenheit weitermachen will.

Interessanterweise steht die vor allem von Deutschland betriebene und geforderte Konsolidierungspolitik der öffentlichen Haushalte derzeit heftig in der Kritik. Länder wie Frankreich oder die USA setzen auf billiges Geld und weitere Staatsausgaben auf Pump und betonen, man dürfe das zarte Pflänzchen Wachstum in der Krise nicht kaputt sparen. Sei das Wachstum erst einmal wieder stabil, könne man immer noch konsolidieren. Blickt man auf die Resultate, die diese beiden auf den ersten Blick so unterschiedlich wirkenden Strategien liefern, scheint weder das eine noch das andere besonders Erfolg versprechend. Vielleicht, weil ihnen der falsche Ansatz zugrunde liegt: Beide Modelle versuchen, Wachstum zu stimulieren. Und eben das funktioniert nicht mehr. In einem Gebäude der Hamburger Universität gibt es eine ganz besondere Schuldenuhr. Sie zeigt nicht nur an, wie schnell die Schulden der öffentlichen Haushalte steigen, sondern auch, dass die Vermögen der sehr überschaubaren Zahl der reichsten Hamburger Bürger höher sind als die Schulden der Stadt. Und man kann an ihr auch ablesen, dass dieses Vermögen bei Weitem schneller wächst als der Schuldenberg.

Wenn ein Staat keine neuen Schulden machen will, bleibt ihm nur die Möglichkeit, sich das fehlende Kapital für Investitionen bei seinen Bürgern zu holen. Eine durchaus verlockende Alternative, zumal die nationale Brutto-Sparquote in Deutschland laut IWF im Jahr 2012 bei 24,2 Prozent des BIP lag.

Aber auch hier gibt es eine negative Seite: Wenn der Staat die Steuern erhöht, ist das mehr als nur eine unpopuläre Maßnahme, die bei der nächsten Wahl Stimmen kosten könnte. Werden die Steuern erhöht, haben die BürgerInnen ihrerseits weniger Geld für Konsum oder Investitionen zu Verfügung. Andererseits braucht der Staat – zumindest in Deutschland – derzeit dringend Geld, um das aufzuholen, was in den letzten fünfzehn Jahren versäumt wurde. Seit 1999 hat der Staat laut aktuellen Angaben des Deutschen Instituts für Wirtschaftsforschung (DIW) eine Investitionslücke im Wert von 1 Billion Euro angehäuft. Das entspricht 40 Prozent des BIP. Wenn Deutschland seine vorhandene Infrastruktur adäquat erhalten will, sind Jahr für Jahr 6,5 Milliarden *zusätzlich* nötig. Von dringend notwendigen Investitionen in den Bereichen Forschung, Bildung und Gesundheit gar nicht zu reden.

Mehr Exporte sind Fluch und Segen zugleich

Bleiben noch die Exporte, auf die sich Deutschland und Österreich als Wachstumsmotor so lange verlassen konnten. Doch selbst der kommt ins Stottern, wenn das BIP der Länder, in die wir exportieren, stagniert oder gar schrumpft. Weil das in vielen Teilen der Welt und auch der EU der Fall ist, wird derzeit so heftig darüber gestritten, ob nicht die Sparprogramme der europäischen Regierungen die Krise verschärfen, die sie eigentlich bekämpfen sollen.

Sinkende Volkseinkommen, weniger Konsum, staatliche Mehrkosten zum Beispiel durch erhöhte Arbeitslosigkeit, Abnahme staatlicher Investitionen und steigende Zinsen auf den Kapitalmärkten – dieser Teufelskreis hat dazu geführt, dass Länder wie Griechenland und Spanien in eine Abwärtsspirale geraten sind. Die Folgen machen auch exportierenden Ländern wie Deutschland zu schaffen. Nachdem deutsche Exporte sehr lange vor allem ins europäische Ausland gingen, ist dieser Anteil in den letzten Jahren zurückgegangen. Laut Angaben des Statistischen Bundesamtes aus dem Februar 2013 sanken sie im Vergleich zum Vorjahr um 3,4 Prozent bezogen auf die EU und um 4,1 Prozent bezogen auf die Euroländer. Abgefedert werden konnte dieser Rückgang bisher dadurch, dass der Anteil an Ausfuhren in den Rest der Welt – vor allem nach China – gestiegen ist.

Ganz sicher können und werden die Volkswirtschaften der jungen Industrienationen in Asien, Indien und in Afrika in den nächsten Jahren und Jahrzehnten die wichtigen »Wachstums-märkten« für die Exportnationen Österreich und Deutschland. Ein Modell auf Dauer ist das allerdings nicht. Schon heute sind Länder wie China und Indien in der Lage, Hightechprodukte herzustellen. Ihre Bevölkerung ist jung und immer besser aus-gebildet. Vor allem in Indien gibt es Ingenieure im Überfluss.

Es werden also in Zukunft vor allem Nischenmärkte sein, auf denen das »alte« Europa weiter mitspielen kann. Dazu werden sicher noch eine Weile »grüne« Technologien gehören und auch Spezialbereiche wie der Maschinen- und Werkzeugbau oder die Pharmaindustrie. Doch Exporte allein werden die Wachstums-raten der Vergangenheit nicht mehr zurückbringen.

Mehr Exporte bedeuten nicht, dass auch mehr Arbeitsplätze geschaffen werden

Das BIP eines Landes wächst auch dann, wenn mehr exportiert als importiert wird. Deutschland gilt seit Jahrzehnten als Ex-portweltmeister, was Statistiker und Politiker gleichermaßen erfreut. Arbeitsplätze können erhalten oder geschaffen werden, die Steuereinnahmen sprudeln kräftig – so heißt es zumin-dest. Aber auch hier gibt es eine Schattenseite. Was exportiert wird, wird im eigenen Land nicht konsumiert. Und wird der Preisdruck auf dem internationalen Markt zu groß, verlagern Unternehmer ihre Produktionsstätten ins billigere Ausland. Kaufen andere Länder bei uns auf Pump ein, dann verschulden sie sich bei uns. Das BIP ist zwar gewachsen, aber die BürgerIn-nen haben nichts davon, denn konsumiert wird anderswo. Ex-portieren um zu wachsen bedeutet: wachsen um des Wachsens willen.

Für die Beurteilung von Exporten sind Außenhandelsbilanzen wichtig. Sie sagen uns, ob sich der Austausch zwischen Ländern in einem Gleichgewicht befindet. Wird über längere Zeit mehr exportiert als importiert, dann fließen Kapital und Wohlstand aus dem exportierenden Land ab. Wird mehr importiert als exportiert, dann entstehen Abhängigkeiten, und es besteht das Risiko, dass im eigenen Land vorhandene Industrien zerstört werden oder eine eigene Produktion in diesen Branchen gar nicht erst aufgebaut werden kann. In der Vergangenheit haben Länder diese Probleme lösen können, indem sie Schutzzölle und Importbarrieren aufgebaut haben oder ihre Währungen abwerteten. Diese Abwertung machte ihre Produkte für Einkäufer aus anderen Ländern umgehend billiger.

Exporte haben aber auch eine positive Seite: Das hat mit Arbeitsteilung zu tun. Es ist durchaus sinnvoll, dass jeder das tut, was er am besten kann, und dass andere Länder davon profitieren. Wer von uns möchte schon auf die köstlichen Rebsorten verzichten, die in Südfrankreich wachsen, oder auf Kalamata-Oliven und feine Öle aus Griechenland? Subventionierter und genetisch veränderter US-Mais, der nach Mexiko exportiert wird, zerstört hingegen die Lebensgrundlage vieler Bauern. Das gilt auch für viele EU-Agrarexporte nach Afrika. Und die alten Schuhe und Kleider, die wir in Sammelboxen schmeißen, werden in Afrika verkauft und machen den Produzenten vor Ort das Leben schwer.

Hinter den nüchternen Exportstatistiken stehen also immer auch Geschichten von Siegern und Verlierern. Griechenland zum Beispiel hat mit der Einführung des Euro die Möglichkeit bekommen, über einen langen Zeitraum viele Waren zu importieren, die es sich mit seiner schwachen Währung früher nicht hätte leisten können. Die griechische Drachme war deutlich weniger wert als der Euro. Die Kehrseite der Medaille: Die vielen Importe aus anderen Ländern haben den griechischen Produzenten das Leben schwer gemacht. Sie konnten ihre Produkte im eigenen Land nicht mehr verkaufen, weil Importwaren billiger waren. Gleichzeitig ging der Export zurück, da griechische Produkte nun in Euro bezahlt werden mussten.

Aus der Sicht eines deutschen Arbeitnehmers müssen wir dieselbe Geschichte neu schreiben: Hätte Deutschland noch die Deutsche Mark, dann hätte sich unser Arbeitnehmer von seinem Einkommen viel mehr griechische Produkte kaufen können oder in Griechenland viel preiswerter Urlaub machen können als mit dem Euro. Allerdings hätte sein Unternehmen auch nicht so viel nach Griechenland exportiert. Davon profitiert er, nicht aber das Unternehmen seines griechischen Kollegen. Denn wenn Deutschland lange genug sehr viel nach Griechenland exportiert, werden immer mehr griechische Unternehmen vom Markt verschwinden. Das Land wird noch abhängiger von Importen und entwickelt sich weiter zurück. Aber auch für Deutschland erweist sich dieser Exporterfolg gerade im Fall von Griechenland als Pyrrhussieg, weil teuer erkauft: Damit die Eurozone nicht auseinanderbricht, stellt Deutschland enorme Gelder für Rettungsschirme bereit. Und es verzichtet auf die Rückzahlung eines Teils der Schulden, die Griechenland angehäuft hat – um mit diesem Geld deutsche Waren zu kaufen. Überspitzt könnte man sagen: In diesem Fall bezahlen wir unsere Exporte selbst.

Aus der Sicht des deutschen Arbeitnehmers hat die Exportlastigkeit unserer Wirtschaft noch einen weiteren negativen Aspekt: Die Konkurrenzfähigkeit vieler deutscher Produkte wurde mit unfreiwilligem Lohnverzicht erkauft und mit sinkenden Realeinkommen in den letzten zwanzig Jahren. Das wiederum war nicht gut für das Konsumverhalten im Inland, was wiederum Auswirkungen auf das Wachstum der deutschen Unternehmen hatte.

Fazit: Auf Dauer kann auch der Wachstumstreiber Export nicht wirken. Denn Wachstum stimuliert der Export nur dann, wenn die Überschüsse nicht nur hoch sind, sondern immer weiter steigen. Was angesichts der Weltwirtschaftslage – und den allgemeinen Grenzen des Wachstums – schlicht nicht geht.

Globalisierung heißt: Wachstum auf Kosten anderer

Wenn wir über das Thema Exporte reden, kommen wir um den Begriff Globalisierung nicht herum. Er beschreibt ein Phänomen, das keineswegs neu ist. Die Weltwirtschaft war schon immer verflochten, bereits in der Frühzeit gab es weitreichende Handelsverbindungen und einen regen Austausch von Waren und Know-how. Allerdings haben die Entwicklungen der letzten zwanzig Jahre die Welt mit einer Geschwindigkeit verändert, die sich wohl kaum jemand hat vorstellen können. Und mehr noch: Die Globalisierung hat zu einer Ungleichheit globalen Ausmaßes geführt, die ebenfalls kaum fassbar ist.

Für uns dabei besonders beschämend: Der Wohlstand des geografischen Nordens beruht auf der Armut und Ausbeutung des Südens. Wir können mit unserem Geld nur deshalb so viele billige Schuhe, Klamotten, Elektrogeräte usw. kaufen, weil andere viel zu wenig Lohn für ihre Arbeit bekommen. Dieses Ungleichgewicht ist in vielerlei Hinsicht ein Skandal. Außerdem gilt: Mit der Verlagerung oder dem Neubau von Fabriken in Asien, Lateinamerika oder Afrika wurden auch die Umweltverschmutzung und der Energie- und Rohstoffverbrauch dorthin verlagert. Die Abgase, die nicht mehr den Himmel über der Ruhr verschmutzen, verdüstern ihn nun in anderen Regionen der Erde. Und mit den Billigprodukten, die wir von dort importieren, zementieren wir eine Form der Armut, die wir in Europa längst besiegt haben.

Und noch etwas kommt hier zum Tragen: Aus der Perspektive afrikanischer Staaten sieht das Welthandelsthema noch einmal ganz anders aus. Nur wenige Staaten in dieser Region konnten die Schulden, die autokratische Herrscher anhäuften, während sie gleichzeitig ihr Volk ausbeuteten, abtragen. In den anderen Ländern treten der Internationale Währungsfonds und die Weltbank als Vollstrecker und Zuchtmeister der Gläubiger (meist Staaten) auf den Plan und nötigen diese Länder, ihre Schulden durch einen gesteigerten Export von Rohstoffen und Privatisierungen im großen Maßstab abzubezahlen. Inzwischen kaufen hoch industrialisierte Staaten oder große Fonds und vor allem China in Afrika und Lateinamerika riesige Ländereien oder Konzessionen für den Rohstoffabbau. Sie benehmen sich dabei wie große Konzerne, die ihren Zulieferern hanebüchene Lieferverträge aufbürden oder sich diese gleich komplett einverleiben. Die Folgen mögen fürs Erste »nur« auf die betroffenen Länder zurückschlagen, auf lange Sicht aber ebenso auf uns. Dazu später mehr.

Trotz dieser Schattenseiten der Globalisierung und der Import-/ Exportwirtschaft werden manche Firmen, die ihre Produktionsstätten in »unterentwickelteren Ländern« errichten, gerne als Entwicklungshelfer gefeiert. Aber sind sie das wirklich?

Ein Beispiel: Der deutsche Schuhfabrikant ARA verlagerte kürzlich Teile seiner Produktion von Asien in das noch »günstigere« Äthiopien. Die Schuhe, die dort hergestellt werden, gehen fast alle in den Export, für den heimischen Markt sind sie zu teuer. Die »normalen« Äthiopier tragen entweder Schuhe aus China oder gebrauchte (aus unseren Altkleidersammlungen), die auf zahlreichen Märkten angeboten werden. Dabei gibt es eine große Zahl von kleinen äthiopischen Schuhmanufakturen. Die werden nun von global agierenden Firmen und der äthiopischen Regierung gleichermaßen in die Zange genommen. Die Regierung feiert es als Fortschritt, dass ein Unternehmen wie ARA das »teure Asien« verlassen hat, um hier Arbeitsplätze zu schaffen. Eine Milchmädchenrechnung für Äthiopien. Unterm Strich profitiert nur das Unternehmen aus der Ersten Welt: Es zieht von einem Land ins nächste, in der Hoffnung, die Produktionskosten immer weiter zu drücken. Geschickt werden dabei potenzielle Standorte gegeneinander ausgespielt, die Regierungen der betroffenen Länder lassen sich auf dieses Spiel ein, die Arbeiter vor Ort (und die eigenen Schuhproduzenten, um im Beispiel zu bleiben) sind die Leidtragenden. An dieser Spirale wird sich erst etwas ändern, wenn die Arbeiter dort aufstehen und für steigende Löhne und bessere Arbeitsbedingungen kämpfen – und wenn wir bereit sind, angemessene Preise zu zahlen oder Firmen zu boykottieren, die nachweislich soziale Standards missachten.

Hinzu kommt, dass die Globalisierung auch bei uns ihre Spuren hinterlässt: Die Abwanderung der Schuh- und auch der Textilproduktion aus Deutschland hat Regionen hinterlassen, die beschönigend als »strukturschwach« bezeichnet werden. Einst blühende Wirtschaftszweige verschwanden, Arbeitsplätze gingen verloren. Die Folgekosten sind hoch: Das fängt bei den direkten und indirekten Kosten an (Arbeitslosigkeit), dazu kommt der Einsatz von Steuergeldern, um neue Industrien anzusiedeln oder um die noch vorhandenen Unternehmen so zu fördern, dass sie das Wachstum generieren, das erforderlich ist, damit die Menschen in diesen Landstrichen eine Zukunft haben. Doch selbst wenn das gelingt, bleiben viele Menschen dabei auf der Strecke, die nie wieder »in Lohn und Brot« kommen. Weil ihnen die Qualifikation für eine neue Arbeit fehlt, sie zu alt sind und so weiter. Diese strukturelle Arbeitslosigkeit erzeugt viel Leid und hat Auswirkungen auch auf nachfolgende Generationen.

Die Kosten, die durch eine tatsächliche oder drohende Verlagerung ganzer Branchen entstehen, tragen wir alle. Auch, indem bei uns Löhne gedrückt werden, damit ein Unternehmen bleibt. Oder damit sich ein neues ansiedelt. Länder und Bund unterstützen das mit Subventionen. Und da die in der Regel schuldenfinanziert sind, steigt der Zins- und Zinseszinsanteil an den Staatsausgaben; wird das dann über Steuererhöhungen oder Preissteigerungen auf uns umgelegt, steigen unsere Lebenshaltungskosten. Würden wir all diese direkten und indirekten Kosten, die durch diese Form von Wachstum entstehen, auf das Paar Schuhe umlegen, das uns so verlockend aus dem Schaufenster entgegenblinkt, würden wir wohl einen großen Bogen um das Schuhgeschäft machen.

Die Globalisierung wird unser Wachstum also nicht weiter ankurbeln – und das ist auch gut so.

Als Fazit können wir festhalten: Die Nachfragefaktoren des Wachstums vom Konsum über private und staatliche Investitionen bis hin zum Export beflügeln das Wachstum nicht mehr so wie in der Vergangenheit. Zudem treten die negativen Folgen der Versuche, diese Faktoren mit aller Macht zu pushen, immer deutlicher zutage. Da trifft es sich eigentlich gut, dass das Gleiche auch für die Angebotsfaktoren zutrifft: die Arbeit, das Kapital, die Nutzung der Ressourcen und schließlich auch den technischen Fortschritt.

Wachstum bedeutet: Arbeitsverdichtung und Stress

Das meistgenannte Argument der Wachstumsverfechter lautet: Nur Wachstum kann Arbeitsplätze schaffen und erhalten. Ausnahmslos alle politischen Programme und selbst supranationale Konzepte wie »Europa 2020«, das wichtigste Strategiedokument der EU, verordnen Wachstum, um das heutige Beschäftigungsniveau zu halten und Arbeitslosigkeit zu senken. Dies ist Kernpunkt, Ziel und Maßstab der Sozial- und Wirtschaftspolitik aller Parteien.

Fassen wir noch einmal zusammen: Je mehr Menschen arbeiten und je mehr Stunden sie arbeiten, desto mehr kann produziert werden. Arbeiten weniger Menschen oder arbeiten sie weniger Stunden, wird weniger produziert.

Aber: Ein Beschäftigter kann heute aufgrund effizienterer Arbeitsprozesse und technischer Neuerungen viel mehr produzieren als noch vor einigen Jahren, Jahrzehnten oder gar Jahrhunderten! Das Bruttoinlandsprodukt von 1913 können wir heute mit einem Bruchteil der Menschen herstellen, die damals notwendig waren. Das heißt: Würden wir Jahr für Jahr *gleich* viel produzieren, bräuchte die Wirtschaft also immer weniger Arbeitskräfte, oder diese müssten im Schnitt weniger Arbeitsstunden leisten. Da wir, dem Diktat des Wachstums folgend, aber Jahr für Jahr mehr produzieren wollen/müssen, heißt das entweder, wir müssen mehr Arbeitsplätze schaffen – oder die Arbeitnehmer müssen mehr arbeiten.

In der jüngeren Vergangenheit haben wir erlebt, dass sowohl die Arbeitslosigkeit gewachsen ist als auch die Intensität der Erwerbsarbeit. Die Wirtschaft hat Arbeit also nicht automatisch auf mehr Schultern verteilt, sondern Arbeitern und Angestellten dieses Mehr einfach aufgebürdet. Oder aber durch technischen Fortschritt und »Verschlankung« von Produktionsprozessen Neueinstellungen ohnehin obsolet gemacht.

Mit anderen Worten: Wachstum als Motor für die Schaffung von Arbeitsplätzen – diese Gleichung geht schon lange nicht mehr auf. Im Gegenteil, die Arbeitswelt selbst sorgt für einen Teil der Probleme, die sie zu lösen vorgibt. Denn die wachsende Produktivität zulasten der einzelnen Arbeitnehmer, gepaart mit Effizienz- und Kostensenkungswahn, erzeugt inzwischen enorm hohe soziale Kosten.

Es gibt eine wachsende Zahl von Untersuchungen (man braucht sich nur im eigenen Bekanntenkreis umzuhören), die belegen, dass die Arbeitswelt immer mehr Menschen krank macht. Laut Gallup-Index aus dem Jahr 2012 hat die Zahl derjenigen, die »innerlich gekündigt« haben, weil sie mit den Anforderungen nicht mehr klarkommen, in Deutschland einen neuen Höchststand erreicht. Und die sprunghafte Zunahme der Diagnose Burn-out spricht ohnehin Bände, es scheint, als sei diese Mischung aus Erschöpfung und Depression die neue Volkskrankheit. Auch das ist eine Folge der Arbeitsverdichtung bei all denen, die einer Erwerbsarbeit nachgehen und die gleichzeitig das Gefühl haben, ihre Leistung würde nur unzureichend finanziell und persönlich anerkannt.

Seit den massiven Arbeitszeitverkürzungen der 1960er- und 1970er-Jahre (Einführung der 5-Tage-Woche und in einigen Branchen der 38,5-Stunden-Woche) verstehen wir unter einem Normalarbeitsplatz: 40 Stunden/Woche, 40 Wochen/Jahr,

40 Jahre/Leben. Diese Normalarbeitsplätze wurden vor allem vom männlichen Teil der Gesellschaft besetzt. Frauen waren für die Familien- und Hausarbeit zuständig oder in Branchen tätig, die bis heute von Frauen dominiert werden (in der Regel schlecht bezahlte Jobs etwa in der Textilindustrie, dem Einzelhandel oder der Pflege). Seitdem ist das System kontinuierlich im Umbruch begriffen. Zum einen nahmen immer mehr Frauen eine Erwerbstätigkeit auf, zum anderen wurden die Reallöhne systematisch gesenkt.

Noch in den 1980er-Jahren war die 35-Stunden-Woche das große Ziel der Gewerkschaften (in Frankreich wurde sie im Jahr 2000 tatsächlich eingeführt. Bei »vollem Lohnausgleich« – also bei mehr Geld für weniger Arbeit). Tatsächlich ging die Entwicklung bei uns in eine andere Richtung. Um den Grundstock an Arbeitslosen abzubauen, entstanden zunehmend »atypische Beschäftigungsmodelle« wie Minijobs, Werks- oder Zeitarbeitsverträge. Mit dem Effekt, dass viele BürgerInnen trotz Arbeit nicht mehr ausreichend sozial abgesichert sind. Der Staat muss aufstocken, die Rentenkassen werden belastet, weil zu wenig eingezahlt wird.

All das führt zu einer immer stärkeren Ungleichheit bei der Einkommens- und Vermögensverteilung. Und der Druck wird allgemein größer. Denn auch für den anderen (immer kleiner werdenden) Teil der Gesellschaft, der mit einem vermeintlich guten Job und gesichertem (hohen) Einkommen scheinbar zu den »Gewinnern« gehört, nehmen die Anforderungen zu. Je weniger Menschen im System Arbeit verbleiben, desto höher wird die Belastung für diejenigen, die maßgeblich zum BIP beitragen und damit die Gesellschaft als Ganzes finanzieren.

Auch das sind letztlich Kosten des Wachstums.

Während sich diese Kosten durchaus monetär messen lassen, gibt es auch unsichtbare, immaterielle Folgen. Für jeden Einzelnen wie auch für die Gesellschaft im Allgemeinen. Gute Arbeit ist gut für das Sozialkapital, das Vertrauen in einen Staat, sie fördert den Gemeinsinn, die zwischenmenschlichen Beziehungen, das Miteinander, die Demokratie. Die Befunde der Neurobiologie, Gesundheitsforschung und Arbeitssoziologie sind eindeutig: Sinn und Glück sind eng verbunden mit der Entfaltung unserer körperlichen und geistigen Fähigkeiten und mit *guter* Arbeit. Tatsächlich machen viele Arbeitnehmer die Erfahrung, dass der Alltag ihrer Arbeitswelt ganz anders aussieht. Burn-out und Bore-out (Unterforderung und Frustration) sind hier zwei Seiten ein und derselben Medaille. Stumpfsinnige Tätigkeiten, einseitige Belastungen und Arbeitsplätze, die uns und unsere vielen Fähigkeiten weder würdigen noch fördern, führen genau wie Überforderung zu Leid und Unzufriedenheit. Richard Sennett hat in seinem Buch *Der Flexible Mensch* beschrieben, wie in den letzten Jahrzehnten in den USA aus Millionen von qualifizierten Mitarbeitern »Jobholder« gemacht wurden. Die Zahl derjenigen, die einen Beruf erlernt haben oder den Beruf, den sie erlernt haben, tatsächlich ausüben, ist stark gesunken. Dieser Prozess der Dequalifizierung verlief parallel zur extremen Verdichtung in anderen Bereichen der Arbeitswelt – und zwar bis in die sogenannte Freizeit hinein.

F.H.

Neulich fuhr ich mit der Bahn nach Paris – mit dem Nachtzug aus Wien. Er ist mit einem Bar-Waggon ausgestattet, in dem ich mir kurz nach 21 Uhr noch einen Schlummertrunk genehmigte. In dieser rollenden Kneipe saßen außer meiner Kollegin und mir zwölf weitere

Reisende. Fast alle arbeiteten an ihrem Laptop oder waren in irgendwelche Unterlagen vertieft. Ständig klingelte irgendwo ein Handy. Vor fünfzehn Jahren hätten diese Geschäftsreisenden um diese Zeit längst Feierabend gemacht. Sie hätten ihr Bierchen getrunken und wären mit andern ins Gespräch gekommen. Sie hätten sich entspannt, einen Roman gelesen – aber sicher nicht gearbeitet. Heute steigern wir auch am späten Abend oder am Wochenende ganz selbstverständlich das Bruttosozialprodukt. Ständige Erreichbarkeit wird erwartet, wir sind quasi rund um die Uhr im Dienst, abschalten gilt nicht. Nicht den Kopf, schon gar nicht das Handy oder den Laptop.

Einige Wochen später las ich meiner Tochter abends aus dem Buch *Der kleine Prinz* vor. Ein Klassiker, der wichtige Lektionen darüber bereithält, worum es im Leben »eigentlich« geht. Antoine de Saint-Exupéry erzählt darin von einem Kaufmann, der 10.000 Rosen sein Eigen nennt. Der kleine Prinz kann das nicht verstehen. Er selbst besitzt eine einzige Rose, und es kostet ihn sehr viel Geduld und Zeit, sich mit dieser Blume »vertraut zu machen«. Wie soll das gehen, wenn man 10.000 davon hat? Woher soll all die Zeit und Energie kommen?

Im Buch ist auch die Rede von einer durststillenden Pille, die uns in einer Woche 53 Minuten Zeit schenkt, weil wir nicht mehr trinken müssen. »Und was macht man mit diesen 53 Minuten?«, will der kleine Prinz wissen. Er gibt die Antwort selbst: »Wenn ich 53 Minuten übrig hätte, würde ich ganz gemächlich zu einem Brunnen laufen ...«

Diese Geschichten könnten aus einem modernen »Zeitmanagement«-Buch stammen, aber sie wurden bereits 1943 geschrieben, deutlich vor den Boomjahren des Wirtschaftswunders. Seitdem wurden unzählige solcher »Pillen« erfunden: effizientere Maschinen, schnellere Fließbänder, Computer, das Internet ... Die damit verbundene Zeitersparnis hat aber keineswegs dazu geführt, dass wir mehr Muße hätten. Ganz im Gegenteil.

C.A.

Wie selbstverständlich dies hingenommen wird, wurde mir kürzlich mal wieder im Gespräch mit meinem Sohn bewusst. Er studiert an einer englischen Businessschool, und als ich ihn fragte, wie er sich seine Zukunft vorstelle, meinte er: Für ihn und seine Freunde sei es ganz klar, dass sie – selbst als Berufseinsteiger – täglich zwischen 12 und 16 Stunden arbeiten würden. Nur wer bewiesen habe, dass er/sie bereit und in der Lage sei, diesen Marathon erfolgreich durchzustehen, erfülle die Voraussetzung dafür, in dieser Arbeitswelt Karriere zu machen. Wer das nicht schaffe, tja...

... der kippt hinten runter. Und das sind viele. Nicht, weil sie den »Härtetest« nicht bestehen könnten – sondern weil die immer weiter vorangetriebene Effizienz, der technische Fortschritt und auch das ganze Wachstum vielen Menschen den Zugang zum Arbeitsmarkt verwehrt haben. Und das McKinsey-Prinzip hat inzwischen alle Bereiche durchdrungen, selbst den öffentlichen Dienst. Die Arbeitswelt in Banken, Versicherungen, Verwaltungen, Callcentern hat sich dramatisch verändert, überall wurden die Abläufe reorganisiert und effizienter gestaltet. Dabei wurde auch immer mehr Arbeit auf den Kunden verlagert. Wir sind heute schon einiges gewohnt: Wir hängen endlos in der Warteschleife von Callcentern, um eine Auskunft zu erhalten, und müssen jedes Mal einem neuen Gesprächspartner unser »Problem« erläutern. Wir drucken unsere Bahn- oder Flugtickets selbst aus, geben unsere Koffer an Automaten auf, wir erhalten Rechnungen elektronisch, verwalten unsere Kundenkonten selbst, und demnächst werden wir ohne Kassiererin auskommen, denn an der Kasse steht ein Gerät, das die RFID-Labels auf den Produkten, die in unserem Einkaufswagen liegen, automatisch erkennt, zusammenrechnet und in dem Augenblick die Summe von unserem Konto abbucht, in dem wir den Kassenbereich verlassen. Ein besonders cleverer Unternehmer hat eine Restaurantkette erfunden, die dem Kunden als ultimative Erlebnisgastronomie suggeriert, es sei ein Vergnügen, per iPad zu bestellen und nicht bei einer Servicekraft. Kurz: Mit solchen »Innovationen« schaffen wir nicht nur keine neuen Arbeitsplätze, sondern letztlich uns selbst ab.

Mehr arbeiten für mehr Wirtschaftswachstum?

Das kommt der Wahrheit schon näher. In der Tat kann die Wirtschaft nur wachsen, wenn entweder mehr gearbeitet oder in der gleichen Zeit mehr produziert wird. Und wenn gleichzeitig die Nachfrage steigt. Fakt ist aber auch, dass die beiden Größen Angebot und Nachfrage nicht am gleichen Ort wachsen müssen. Wenn Waren exportiert werden, kann die Wirtschaft eines Landes auch dann wachsen, wenn diejenigen, die diese Waren immer effizienter erarbeiten, selbst nichts davon haben oder sogar weniger verdienen und konsumieren. Die zusätzlichen Erträge und Gewinne aus den Exporten gehen an die Unternehmen und/oder Aktionäre – und nicht an die Beschäftigten. Vor der Einführung des Euro hat vor allem Deutschland von seiner Exportstärke profitiert: Die Mark war stabil, der Kurs im Vergleich zu anderen Währungen hoch. Produkte, die importiert wurden, waren automatisch relativ günstig. Seit der Einführung des Euro hat sich dies gewandelt. Zudem mussten die Beschäftigten in Deutschland über einen sehr langen Zeitraum Realeinkommensverluste hinnehmen und deutliche Einschnitte bei der Rentenhöhe.

Aber zurück zur Ausgangsfrage: Müssen wir mehr arbeiten, damit die Wirtschaft wächst? Die Antwort lautet: Ja. Was aber nicht heißt, dass wir das um jeden Preis tun müssen. Gerade beim Thema Arbeit ist es eben nicht egal, *was* wächst und *wie* es das tut. Denn es ist ein großer Unterschied, ob sich das Wachstum auf Güter wie Waschmaschinen und Möbel bezieht oder auf Dienstleistungen und Wissen. Es wird oft und gerne betont, wir seien eine »Dienstleistungsgesellschaft« und unser größtes Kapital sei das Wissen. Beides sind Bereiche, die eine andere Art von Wachstum erfordern als die »physische Produktion« von Dingen. Es ist durchaus vorstellbar, dass wir in Zukunft Solarzellen oder Roboter ohne Menschen herstellen können, dass sich Roboter und Maschinen selber reproduzieren. Das gilt aber nicht in gleichem Umfang für den Bereich der persönlichen Dienstleistungen. In der Pflege, der Erziehung und Bildung, der Kultur im Allgemeinen machen Begriffe wie Produktivität und Effizienz keinen Sinn – im Gegenteil: Sie stellen den Sinn und das Ergebnis dieser Tätigkeiten infrage. Je höher der Anteil solcher Dienstleistungen am Bruttoinlandsprodukt ist, desto kleiner wird der Anteil derer, die im traditionellen Sinne einen Beitrag zum Wachstum leisten können.

Der deutsche Statistiker Carsten Stahmer hat herausgefunden, dass in Deutschland 56 Milliarden Stunden bezahlter Erwerbsarbeit 96 Milliarden Stunden unbezahlter Arbeit gegenüberstehen – also das 1,7-Fache. Dazu gehört die Arbeit, die wir für uns selbst aufwenden (sich etwas zu kochen oder sich weiterzubilden), ebenso wie die Arbeit für andere (das »Spielen«

mit unseren Kindern, das Windelnwechseln, der Besuch bei Oma) und schließlich auch der Dienst an der Gemeinschaft (von der freiwilligen Feuerwehr bis zum Engagement als Vorleser in einem Altenheim).

Nach dem Krieg gab es in ganz Europa viele Normalarbeitsplätze; sozialdemokratische Regierungen und Gewerkschaften kämpften gemeinsam für eine Tarifpolitik und für ein Sozialsystem, das auf diese Arbeitswelt zugeschnitten war. Seit etwa dreißig Jahren erodiert dieses System. Die Zahl der Arbeitslosen stieg, ebenso die Zahl der abgeleisteten Stunden. Gleichzeitig nahm die Zahl der Minijobs, der befristeten Verträge und schlecht bezahlten Arbeit Jahr um Jahr zu. Was einst als Normalbiografie gedacht war und bis heute als Voraussetzung für eine auskömmliche Rente gilt, ist inzwischen eine Ausnahme.

Im gleichen Zeitraum wurde das System der »sozialen Sicherung« (hier verstanden in einem sehr weiten Sinn, also auch inklusive einer Finanzierung des Bildungssystems, der Kulturpolitik etc.) immer teurer. Zum einen, weil sich immer weniger Personen an der Finanzierung der Systeme angemessen beteiligen konnten (und können); und zum anderen, weil die Anforderungen an dieses System ständig zunahmen. Womit wir beim Thema Tarifverhandlung angelangt wären. Ein wichtiges Argument für Wachstum, das gerade von Arbeitnehmerseite immer wieder vorgetragen wird, lautet nämlich: Wachstum ermöglicht Umverteilung. Dass dies vor fünfzig Jahren sehr wohl gestimmt hat, haben wir im ersten Teil unseres Buches beschrieben. Inzwischen trägt dieses Argument längst nicht mehr. Die realen (also inflationsbereinigten) Arbeitseinkommen sinken seit etwa zwanzig Jahren, die Wachstumsgewinne kamen vorwiegend dem Kapital zugute. Der Arbeitgeber-Binsenweisheit »Wenn die Arbeitnehmer immer mehr verdienen wollen, muss auf der anderen Seite auch mehr produziert und verkauft werden« halten wir entgegen: »Wenn das nicht geht (weil die Ressourcen knapp sind, Konsum nicht weiter angefacht werden kann, Arbeit ohnehin viel zu verdichtet stattfindet und das Versprechen von mehr Einkommen in den wenigsten Fällen gehalten wird), dann entsteht aus dem Wachsen-*Wollen* eine Blase. Weil wir gar nicht weiter wachsen *können*.«

Das bringt uns unmittelbar zum zweiten Angebotsfaktor, dem Kapital.

Mehr Kapital verschlingt mehr Kapital

Wachstum erfordert stets auch mehr Kapital. Wie bereits erwähnt, gibt es verschiedene Arten von Kapital. Neben dem wirtschaftlichen Produktionskapital, Infrastruktur (z.B. Maschinen, Fabriken, Kommunikationssystemen oder Autobahnen) und Finanzkapital ist auch das Human- und Sozialkapital entscheidend. Sehen wir uns die einzelnen Bereiche genauer an.

Produktionskapital und Infrastruktur

Der Bestand an Maschinen, Fabriken, Straßen, Wohnhäusern etc. ist seit dem Zweiten Weltkrieg enorm gewachsen – sowohl was die schiere Zahl als auch was die Qualität angeht. Es war eine enorme Kraftanstrengung, die Infrastruktur, die Industrie, die in Trümmern liegenden Dörfer und Städte wiederaufzubauen. Und später im Osten Deutschlands eine »Rundumerneuerung« durchzuführen, die immer noch anhält. Solche Maßnahmen können das Wachstum ankurbeln, sofern sie solide finanziert werden. Allerdings verschlingt es auch Jahr um

Jahr enorme Summen, das bereits vorhandene Produktionskapital zu erhalten und zu modernisieren.

Hinzu kommt, dass es auch heute noch Bedarf an zusätzlicher oder gänzlich neuer Infrastruktur gibt; zum Beispiel, indem Windkraft- oder Biogasanlagen an den Platz alter Kohlekraftwerke treten, neue Datenautobahnen geschaffen werden müssen oder auch indem der Strom, der etwa an der Küste durch Offshoreanlagen erzeugt wird, zu den Haushalten im Süden des Landes transportiert werden kann.

Die Frage ist nur, ob für derlei Investitionen zwangsläufig das BIP steigen muss (und damit Unternehmens- oder Staatsausgaben). Ökonomen wie Erich Hödl sind der Ansicht, wir bräuchten nicht mehr Kapital, sondern könnten trotz notwendiger Investitionen sogar mit *weniger* auskommen – sofern es effektiver eingesetzt würde. Dazu später mehr.

Finanzkapital

Unternehmen brauchen Kapital, um zu produzieren. Wenn es knapp wird, wächst die Wirtschaft langsamer. Aber auch umgekehrt wird ein Schuh daraus: Wenn die Geldmengen zu groß werden und die Ansprüche des Kapitals an Wirtschaft, Privathaushalte und Staat überreizt werden, wird das Kapital selbst zur Wachstumsbremse.

Während nach dem Zweiten Weltkrieg das Wachstum insofern »echt« war, als sowohl die Realwirtschaft gewachsen ist wie auch die Kaufkraft, befinden wir uns inzwischen in einer ganz anderen, gefährlichen Lage. Von jedem Euro, den wir heute ausgeben, geht ein Drittel an »das Kapital«. Damit ist der Zinsanteil gemeint, der in allen Preisen enthalten ist. Das fängt beim Zinsanteil an, der in unseren Mietzahlungen enthalten ist, da die meisten Gebäude nicht nur während der Bauphase mit Krediten finanziert werden, sondern auch später noch (z.B. wenn der Besitzer wechselt oder modernisiert wird). Das geht über die Zinsen weiter, die der Staat an seine Gläubiger zahlt, bis zu den kreditfinanzierten Aktivitäten der Unternehmen, die alle Finanzierungskosten direkt in den Preis ihrer Produkte miteinrechnen. Wir als Bürger und Konsumenten bezahlen also direkt oder indirekt dafür. Zudem geht der steigende Zinsanteil zulasten unserer frei verfügbaren Einkommen – mit den bereits aufgezeigten Folgen eines Rückgangs von Konsum und Investitionen.

Wie eingangs dieses Unterkapitels erwähnt, ist die ständige Ausweitung des Geldvermögens sowohl ein Treiber als auch ein Bremsklotz für weiteres Wachstum. Wir müssen wachsen, damit Kapital generiert wird, das wiederum investiert werden kann, um noch höhere Erträge zu erwirtschaften. Auch die großen Pensionsfonds brauchen solche steigenden Erträge, um die wegen des demografischen Wandels stetig mehr werdenden Pensionen zahlen zu können. Gleiches gilt für die Lebensversicherer. Und Aktionäre erwarten von »ihren« Unternehmen naturgemäß Gewinne oder wenigstens eine absehbare Wertsteigerung. Die Firmen selbst müssen natürlich auch Gewinne erwirtschaften, um Löhne bezahlen zu können und konkurrenzfähig zu bleiben.

Der Journalist Stephan Kaufmann hat diesen nicht einfach zu erklärenden Sachverhalt in der *Frankfurter Rundschau* vom 12. Juni 2012 sehr schön auf den Punkt gebracht. Er schreibt: »Der finanzielle Reichtum der Welt besteht also aus (vorweggenommenen) Renditen, die zwar erst in Zukunft anfallen, aber heute schon als Guthaben existieren. [...] Die Staatsschulden sind das an den Märkten gehandelte Finanzvermögen, der

Reichtum der Welt. [...] Mit seinen Ansprüchen an Zukunft überfordert es [das Finanzvermögen] die reale Welt und wird daher selber brüchig. Um es zu retten, nehmen die Staaten mehr Kredit auf und erhöhen die Last der Erwartung, also die Ansprüche an künftiges Wachstum. Das Weltfinanzsystem beruht auf dem Glauben, dass diese Ansprüche eingelöst werden können.«

Die Finanzmarktkrise 2008 und die aktuelle Bankenkrise wurden möglich, weil die Banken privaten Haushalten und Investoren Kredite zur Verfügung gestellt haben, die nicht genügend abgesichert waren. Es wurde ganz gezielt künstliches Wachstum erzeugt, und die Blase, die so entstanden war, platzte. Nicht nur in den USA, auch in Spanien war die Goldrauschstimmung auf dem Immobiliensektor die Mutter der Krise. Spaniens Küsten wurden regelrecht zugepflastert mit kreditfinanzierten Wohntürmen und Ferienanlagen, für die es de facto niemals Nachfrage gab. Die Banken stellten Immobilienfonds Geld ohne Ende zur Verfügung, die Kommunen wollten sich das kostbare Land an der Küste versilbern lassen. Alle wollten etwas abhaben von diesem verlockenden Kuchen, und alle – auch Privatleute – machten mit in der Erwartung, dass die Rechnung aufgehen würde. Doch das Gegenteil war der Fall. Statt einer wachsenden Nachfrage nach Immobilien entstand ein Überangebot an überbewerteten Immobilien. Die Investoren konnten ihre Kredite nicht mehr bedienen, und der Verkaufspreis, den sie heute für ihre Immobilie erzielen können, liegt bei einem Bruchteil dessen, wovon sie ausgegangen sind.

Human- und Sozialkapital

Während Investitionen in Sach- und erst recht in Finanzkapital immer noch als Heilsversprechen wirtschaftlicher Entwicklung gelten, nehmen nach internationalen Schätzungen Investitionen in Human- und Sozialkapital eher ab. Bildung und Maßnahmen, die das Vertrauen in die Funktionsfähigkeit unserer Demokratie erhöhen, haben keine Konjunktur, sie fallen zunehmend auch dem staatlichen Sparzwang zum Opfer. Beide Bereiche sind aber nicht nur entscheidend für Wohl und Wehe einer Gesellschaft als Ganzes, sondern für jeden Einzelnen von uns.

So ist es aus wirtschaftlicher Sicht wenig hilfreich, wenn es in einem Land ein Übermaß an beispielsweise Marketingexperten gibt, aber keine Ingenieure. Dann haben wir ein sogenanntes Mismatch-Problem, Angebot und Nachfrage an Arbeitskräften finden nicht zueinander. Das Bildungssystem ist daher für das Wirtschaftswachstum ein wichtiger Motor, aber das System selektiert zunehmend in die falsche Richtung. Versagt es, fehlen am Ende die Fachkräfte, und/oder die Zahl ungelernter Arbeitsuchender steigt.

In seinem Buch *Die Netzwerkgesellschaft* erklärt Dirk Messner, heute Chef des Deutschen Instituts für Entwicklungspolitik, anhand vieler Beispiele aus der Weltwirtschaft, warum Gesellschaften mit wenig Sozialkapital, das heißt mangelhaften Netzwerken, zugunsten eines übersteigerten Individualismus weniger wettbewerbsfähig sind als Gesellschaften mit einem intakten Beziehungsgeflecht. Das hat inzwischen auch die OECD erkannt und misst neben klassischen ökonomischen Faktoren und dem Humankapital (Stichwort PISA) auch das Sozialkapital. Denn auch mangelndes Sozialkapital kann zur Wachstumsbremse werden.

Die einseitige Fixierung auf ökonomisch verwertbare Bildung seitens der Politik, aber auch vieler Zeitgenossen kann fatale Folgen haben. So werden schon in der Grundschule Sport und musische Fächer gegenüber Mathematik und Economics abgewertet – von der Vermittlung und Einübung sozialer Kompetenzen und »soft skills« ganz zu schweigen. Schon werdende Eltern geraten unter Druck, die kognitiven Fähigkeiten ihrer künftigen Sprösslinge möglichst pränatal zu fördern. Die Turbokids von heute lernen Mandarin im Kinderhort, werden über-fördert im Doppelsinn, auf dass sie fit werden für die Arbeitswelt von morgen. Die Lebenswelt von heute kommt zu kurz, zudem generiert dieses Leistungssystem eine enorme Zahl von Bildungsverlierern, für die in der schönen neuen Arbeitswelt kaum noch Platz sein wird.

Denen, die in diese Welt entlassen werden, fehlt angesichts der allgegenwärtigen Arbeitsverdichtung vielfach die Energie für *life long learning* und die Intensivierung sozialer Netzwerke jenseits von Facebook und Co. Auch hier zeigt sich, wie die wachstumsgetriebene Wirtschaft ihr eigenes Fundament untergräbt. In einer Gesellschaft wie der unseren, deren größtes Kapital nicht Erze, nicht Öl, nicht Rohstoffe sind, sondern Menschen und ihr Wissen, ihre Kreativität und ihr Know-how, ist das eine gefährliche Situation. Denn dieses Human- und Sozialkapital war es einst, das unseren enormen Aufschwung erst ermöglicht und die Gesellschaft zusammengehalten hat. Nun aber sind wir dabei, diesen »Vorsprung durch Wissen« aus der Hand zu geben – mit massiven Folgekosten, wirtschaftlich und sozial.

Mehr Wachstum heißt: mehr Ressourcenabbau

Wenn wir über Kapital sprechen, kommen wir am Bereich Naturkapital nicht vorbei. Billige Rohstoffe und eine scheinbar unerschöpfliche Natur waren mit die wichtigsten Treiber der industriellen Entwicklung. Nun holt uns das ein, was Dennis und Donella Meadows vor über vierzig Jahren mit ihrer bahnbrechenden Studie über die »Grenzen des Wachstums« beschrieben haben. Es ist unglaublich, wie präzise dieser Bericht schon damals die Risiken und Krisen vorausgesagt hat, die heute fast alle Regierungen der Erde beschäftigen. Denn neben der Bevölkerungsexplosion in manchen Regionen der Welt ist das Wirtschaftswachstum der wichtigste »Treiber« für globale Umweltveränderungen. Klimawandel, Wüstenbildung, Artensterben, die Erschöpfung nicht erneuerbarer Ressourcen, aber auch Armut, Hunger, Ausbeutung, Verteilungsungerechtigkeit und Migration sind die Folge. Der Mensch hat schon immer natürliche Ressourcen genutzt (Rohstoffe, Energie, Wasser, Landfläche). Doch erst die mächtigen »Ausbeutungswerkzeuge«, über die wir heute verfügen, setzen im Zusammenspiel mit Bevölkerungswachstum und Globalisierung unserer Erde im Übermaß zu. Das gravierendste Beispiel dafür ist sicher die globale Erwärmung. Sie betrug in den letzten hundert Jahren etwa 0,6 °C. Das hört sich im ersten Moment nicht dramatisch an, ist aber doppelt so viel wie im Jahrhundert davor. Und sie wird auf mindestens 2 °C bis zum Ende des gegenwärtigen Jahrhunderts ansteigen. Einige Experten gehen sogar davon aus, dass eine Größenordnung von plus 4 °C wahrscheinlich ist.

Der Klimawandel wird nicht nur durch die direkte Verbrennung von fossilen Stoffen verursacht. Er ist auch die Kehrseite unseres Ressourcenverbrauchs. Obwohl wir heute 25 Prozent weniger Energie und Rohstoffe für die Erzeugung einer »Wertschöpfungseinheit« benötigen, ist der absolute Verbrauch dramatisch gestiegen. Denn die Weltwirtschaft ist – gemessen am BIP – seit 1980 beinahe um das Dreifache gewachsen; dementsprechend hat sich der Bedarf an Rohstoffen etwa verdoppelt.

Die Folge ist eine Zunahme von Wetterextremen; wir werden in Zukunft immer häufiger in den Zeitungen lesen, dass heute der heißeste Tag seit Beginn der Wetteraufzeichnungen zu erwarten sei; für Wien haben Meteorologen vorausgesagt, dass sich die Anzahl der sogenannten Tropentage in den nächsten Jahren verdoppeln wird. 2013 wurden wieder reihenweise Hitzerekorde gebrochen. In Österreich wurden erstmals seit Beginn der Wetteraufzeichnungen mehr als 40 °C im Schatten gemessen. Hinzukommen sollen schwere Stürme und ungewöhnlich heftige Fluten. Mit erheblichen Konsequenzen vor allem für die Landwirtschaft und damit für die Versorgung der Menschen. Steigende Lebensmittelpreise werden eine unmittelbare Folge sein. Dennis Meadows und andere Forscher prognostizieren, dass wir als Verbraucher, aber auch als Staatsregierungen in Zukunft immer mehr Kapital brauchen werden, um Rohstoffe, Nahrungsmittel und Energie verfügbar zu machen. Eine Entwicklung, die notwendigerweise zu weniger Wachstum führt.

Während bei uns in den letzten Jahrzehnten eine Umweltbewegung heranwuchs, die auch dazu führte, dass einige Regierungen die Ressourcenproblematik auf die Agenda hoben, stehen die Schwellen- und Entwicklungsländer an einem ganz anderen Punkt des Weges. Für sie geht es darum, zu den reichen Ländern aufzuschließen; Umweltschutz ist ein Luxusproblem. Ende der Achtziger fand die erste Konferenz statt, die sich mit der Frage beschäftigte, wie ein Ausgleich zwischen dem Streben der armen Regionen unserer Erde nach Entwicklung und Wachstum mit den Forderungen der »altindustriellen Länder« nach einer Berücksichtigung der Umweltproblematik aussehen könnte. Norwegens Ministerpräsidentin Gro Harlem Brundtland war von der UNO mit der Leitung einer 22-köpfigen Kommission betraut worden, die den Auftrag hatte, Umwelt und Entwicklung unter einen Hut zu bringen. Der Bericht mit dem Titel »Our Common Future« wurde 1987 veröffentlicht. Wichtigstes Ergebnis war die heute weltweit anerkannte Definition von Nachhaltigkeit. Sie lautet: »Dauerhafte Entwicklung ist eine Entwicklung, die die Bedürfnisse der Gegenwart befriedigt, ohne zu riskieren, dass künftige Generationen ihre eigenen Bedürfnisse nicht befriedigen können.« Der Brundtland-Bericht führte 1992 zur Einberufung des »Weltgipfels« in Rio de Janeiro. Ein erster Versuch der Weltgemeinschaft, eine Zukunft zu verhandeln, die die Endlichkeit unserer Erde berücksichtigt und möglichst verbindliche Ziele für die teilnehmenden Regierungen festschreibt. Der Klimawandel war damals nur ein Punkt unter vielen.

F.H.

Anfang der 1990er-Jahre begann ich, mich auch beruflich näher mit dem Thema Nachhaltigkeit auseinanderzusetzen. Nach meiner Promotion hatte mich die Frage beschäftigt, wie die Evolution von Wirtschaft und Gesellschaft die Evolution der Natur beeinflusst und umgekehrt. Das brachte mich 1992 zunächst zur International Society for Ecological Economics; ein Jahr später holte mich Friedrich Schmidt-Bleek dann an das gerade von Johannes Rau gegründete Wuppertal Institut für Klima, Umwelt, Energie. Dieses Institut erhielt den Auftrag, die Erkenntnisse der ersten großen Umweltkonferenz von Rio in konkrete Vorschläge für Politik, Wirtschaft und Bürgergesellschaft umzusetzen.

Ernst Ulrich von Weizsäcker, damals Präsident des neuen Wuppertal Instituts, beschrieb die Entstehung des Politikfeldes »Nachhaltige Entwicklung« später des Öfteren so: Die Welt verdanke das Konzept der Nachhaltigkeit einem »faulen Kompromiss« der Brundtland-Kommission. Die Länder des Südens, die die Mehrheit stellten, hätten damals gesagt, »uns interessiert nur die Entwicklung, nicht die Umwelt«. Die Vertreter des Nordens, einschließlich der Vorsitzenden Brundtland, hätten darauf etwas hilflos entgegnet: »Aber zusammengekommen sind wir doch wegen der kaputten Umwelt ...« Ein Kompromiss habe hergemusst, dem man die wunderbare Bezeichnung »Nachhaltige Entwicklung« verpasste. In einer Grafik wurde Nachhaltigkeit als Dreieck dargestellt. Ein Dreieck, in dem die Eckpunkte Umwelt, Wirtschaft und Soziales gleich gewichtet waren. Papier ist geduldig. In der Praxis war das Wirtschaftswachstum nach wie vor das oberste Ziel.

Friedrich Schmidt-Bleek, Vizepräsident des Wuppertal Instituts, sah damals bereits voraus, dass die Umwelt nicht in der Lage sein würde, mit den ökologischen Folgen der Globalisierung Schritt zu halten. Doch wie sollte man die unterschiedlichen Vorgaben von einerseits »mehr Wohlstand« und andererseits »weniger Umweltverbrauch« zusammenbekommen? Schmidt-Bleek stellte eine radikale Forderung: Die Welt müsse ihren gesamten Ressourcenverbrauch um mindestens die Hälfte reduzieren. Eine Forderung, die sich vor allem an die früh industrialisierten Länder richtete. Auch wenn China oder Brasilien inzwischen »nachgezogen« haben, waren und sind Europa und die USA bis heute sowohl Hauptverursacher als auch

Hauptnutznießer eines Wachstums, das alles andere als zukunftsfähig ist.

Die Erfindung des ökologischen Rucksacks

Schmidt-Bleek machte damals einen wichtigen Vorschlag: Alles Wirtschaften und alle menschlichen Aktivitäten sollten in Zukunft so »schlank« wie möglich werden. Als Maßstab entwickelte er eine neue Messgröße – den ökologischen Rucksack und die MIPS-Methode (Materialinput pro Serviceeinheit; MIPS ist ein Maß, das den Naturverbrauch eines Produkts oder einer Dienstleistung entlang des gesamten Lebensweges von der Gewinnung bis zum Recycling erfasst).

Tatsächlich trägt alles, was wir produzieren, kaufen und nutzen, einen »ökologischen Rucksack«. Wir sehen den Dingen, die wir besitzen, nicht an, wie viel Fläche Land oder wie viel Wasser für ihre Herstellung benötigt wurde, wie viel Abfall ihre Herstellung verursacht hat oder unter welchen Bedingungen die Rohstoffe abgebaut wurden, die in ihnen stecken. Schmidt-Bleeks Ziel war, genau das sichtbar und nachvollziehbar zu machen.

Ein Beispiel: Für ein Kilogramm Marmelade aus spanischen Erdbeeren wird zunächst die Fläche berechnet, die der Anbau einnimmt. Außerdem die Flächen, die für die Lagerung vor dem Transport benötig werden. Ebenfalls berücksichtigt werden Materialien wie Metalle, Chemikalien, Glas oder Plastik, die in Form von Maschinen, für die Kühlung oder Verpackung der Erdbeeren verwendet werden. Manche der Verpackungen bestehen aus biologisch abbaubaren Rohstoffen (etwa Holz oder Papier), das heißt, sie verursachen keinen Abfall wie etwa ein Plastikbehälter. Doch auch für diese nachwachsenden Rohstoffe gilt: Die Flächen, auf denen sie wachsen, sind knapp und können nur einmal genutzt werden. In diesem Fall für abbaubares Verpackungsmaterial.

Bevor die Früchte geerntet werden können, müssen sie ordentlich bewässert werden. Dazu kommt die Energie, die etwa für die Beheizung von Gewächshäusern oder für die spätere Kühlung beim Transport und im Ladengeschäft erforderlich ist. Der Transport (mit dem Lkw oder Flugzeug) schlägt genauso zu Buche wie die Tatsache, dass wir vielleicht mit dem Auto zum Laden fahren, um unsere Erdbeeren zu kaufen. Und wenn wir dann aus den Früchten auch noch Marmelade kochen wollen, kommt die Energie für den Herd obendrauf sowie der ganze Aufwand, der betrieben werden musste, um den Gelierzucker herzustellen …

Die Summe all dieser Faktoren fasste Schmidt-Bleek unter dem Begriff »ökologischer Rucksack« zusammen. Aber warum ist der so wichtig? Was hat er mit dem Klimawandel zu tun und mit der zunehmenden Wüstenbildung? Mit der Abholzung des Regenwaldes, dem Artensterben oder der Vergiftung der Umwelt?

Wenn heute davon die Rede ist, dass das ökologische Gleichgewicht in Gefahr ist, denken alle spontan an den CO_2-Ausstoß oder unseren Energieverbrauch. Den wenigsten ist bewusst, dass der Klimawandel nur *eine* der vielen Folgen unseres immensen Ressourcenverbrauchs ist. Jede Entnahme von Ressourcen – ganz gleich ob es sich dabei um den Abbau von Kupfer in Chile oder Australien handelt oder um die oft illegale Coltangewinnung in Afrika (ohne die wir nicht mobil telefonieren könnten) oder um den Anbau von Soja im brasilianischen Regenwald, der unseren enormen Fleischkonsum ermöglicht – jede Form des Ressourcenverbrauchs hat Einfluss auf das ökologische Gleichgewicht der Erde und damit auf uns Menschen selbst. Wenn von Klimaschutz die Rede ist, ist ja auch nicht wirklich das Klima gemeint, das geschützt werden muss. Wir wollen vielmehr die Lebensgrundlagen schützen, die wir brauchen. Es hat Jahrtausende gedauert, bis wir Menschen uns an die vielfältigen Bedingungen angepasst haben, die es auf der Erde gibt. Abrupte Veränderungen des Klimas (nebst den damit verbundenen Auswirkungen für die Vegetation) würden wir nicht ohne Weiteres bewältigen können. Und je mehr weltweit produziert wird, desto mehr spüren wir diese Folgen.

Wirtschafts- und selbst Umweltforscher haben Schmidt-Bleeks Überlegungen jahrelang »wissenschaftlich« bekämpft, handelte es sich doch um eine radikale Abkehr von der Umweltpolitik der 1970er- und 1980er-Jahre, an der Schmidt-Bleek selbst als »Vater der Chemikalienpolitik« tatkräftig mitgewirkt hatte. Es sei nicht möglich und viel zu teuer, jedem neuen Umweltproblem und jedem »Schadstoff der Woche« mit immer neuen Regulierungen zu begegnen. Man müsse vielmehr den kumulierten Ressourcenverbrauch als Indikator für den gesamten Umweltverbrauch ansehen. Denn jeder Bergbau, jede Landwirtschaft verändere das ökologische Gleichgewicht in einer Weise, die in der Summe heute schon gefährlich sei. Für uns Menschen wie auch für die Wirtschaft.

Inzwischen gehört die Berechnung des ökologischen Rucksacks zu den anerkannten Methoden der internationalen Nachhaltigkeitspolitik. Immer mehr Unternehmen suchen nach Wegen, den Rucksack ihrer Produkte zu reduzieren. Manche Forscher und Politiker sehen die Lösung für dieses Problem in Werkstoffen, Produkten und Produktionsverfahren, die umweltneutraler sind. Zukunftsforscher träumen gar von *wild cards* – bahnbrechenden Innovationen, die auf einen Schlag alles ändern würden. Es ist tatsächlich nicht auszuschließen, dass die weltweiten Forschungsaktivitäten bei der Lösung dieser drängenden Fragen hilfreich sein werden. Was allerdings nichts daran ändert, dass die Zeit längst gegen uns arbeitet und dass die Welt und ihre Ressourcen endlich sind. Wir können und dürfen uns nicht darauf verlassen, dass wir das neue Ei des Kolumbus rechtzeitig entdecken. Wir müssen jetzt gegensteuern. Und das bringt uns zurück zum Thema Wachstum.

Die meisten Rohstoffe werden heute noch immer für die Bewohner des globalen Nordens aus der Erde geholt. Wir Europäer verbrauchen im Durchschnitt etwa 70 Tonnen pro Kopf und Jahr. Der Materialverbrauch hat sich in den letzten dreißig Jahren weltweit fast verdoppelt; noch nie war die Wirtschaft (und damit die Menschheit) so abhängig von nicht erneuerbaren Materialien wie z.B. fossilen Energieträgern, Metallen und Mineralien und zunehmend auch von erneuerbaren Ressourcen wie Wasser oder anderen Leistungen der Natur, die Leben letztlich erst möglich machen.

Die folgende Abbildung zeigt den Anstieg über die letzten drei Jahrzehnte in den Kategorien Biomasse, Mineralien, fossile Brennsstoffe und Metalle (von unten nach oben).

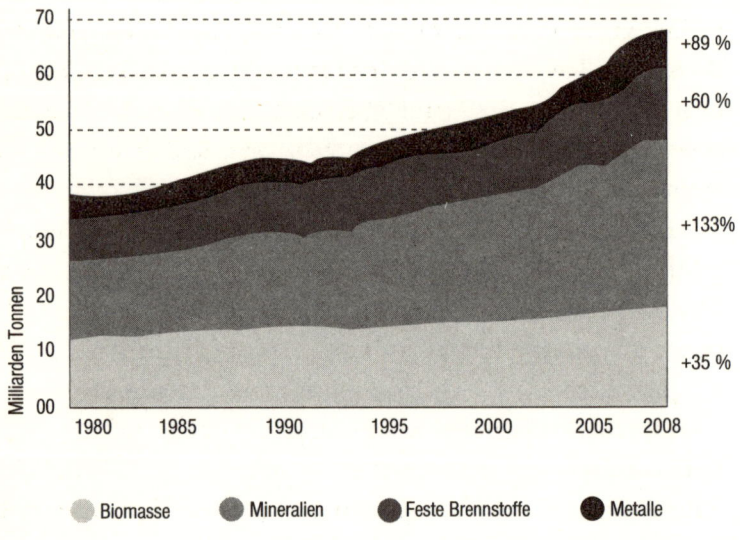

Der weltweite Ressourcenverbrauch wächst immer weiter

+89 %
+60 %
+133%
+35 %

Biomasse   Mineralien   Feste Brennstoffe   Metalle

(Quelle: SERI)

Rund 70.000.000.000.000 kg, das sind 70 Milliarden Tonnen, Rohstoffe werden jährlich weltweit gefördert, geerntet und genutzt. Eine Tonne sind 1000 kg. So viel wiegt ein Kleinwagen. Genau genommen müssen wir aber noch einmal die halbe Menge dazurechnen. Denn pro Tonne Rohstoff wird mindestens eine weitere halbe Tonne Material bewegt, um sie aus der Erde zu fördern. Wir sprechen also von über 100 Milliarden Tonnen Natur pro Jahr. Im Durchschnitt werden weltweit täglich rund 40 kg Natur und Rohstoffe pro Kopf verändert, verbraucht oder bewegt. Als reiche Europäer liegen wir hier deutlich über dem Schnitt. In Deutschland sind es an die 80 Tonnen pro Jahr, was über 200 kg pro Tag ausmacht. Erträglich für uns und die Umwelt wäre ein Rucksack von etwa 20 kg pro Tag. Zudem klebt an unserem dicken Rucksack Blut: Die Menschen, die für Hungerlöhne und unter miserablen Arbeitsbedingungen all dies erst möglich machen, zahlen einen hohen Preis dafür. Die Armut, die wir so mitverursachen, beschleunigt den Raubbau an der Natur. Wer nichts zu essen hat, für den steht Natur- und Ressourcenschutz verständlicherweise an zweiter Stelle.

Da wir davon ausgehen, dass Sie, unsere LeserInnen, EuropäerInnen sind und über ein leicht überdurchschnittliches Einkommen verfügen, müssen wir Ihnen leider mitteilen, dass Ihr persönlicher Rucksack ungefähr zehnmal so schwer ist, wie es unsere begrenzte Welt auf Dauer erträgt.

Was genau transportieren wir hier eigentlich mit unserem Rucksack?

Ernährung ist für einen großen Teil unseres Gepäcks verantwortlich. Der ökologische Rucksack eines Einkaufs von rund 7 kg Lebensmitteln für 20 Euro wiegt – je nachdem, was Sie gekauft haben – bis zu 50 kg. Fleisch und Käse schlagen im Vergleich zu Getreide, Obst oder Gemüse mit dem 10-fachen Ressourcenverbrauch zu Buche. Ein Schnitzel hat zum Beispiel einen ökologischen Rucksack von 2 kg, ein Ei 300 g und ein Becher Joghurt immerhin 1 kg. Tiere müssen sehr viel Nahrung zu sich nehmen, ehe deren Fleisch oder Milch im Laden landet. Ein Apfel hat dagegen mit 50 g einen sehr viel geringeren ökologischen Rucksack – wenn er nicht gerade einmal um die halbe Welt geflogen wurde.

Wer nach seinem Einkauf im Supermarkt noch zum Elektrohändler geht und einen neuen Laptop kauft, der packt in seinen ökologischen Rucksack gleich 1000 kg zusätzliches Gewicht. Wenn es stattdessen ein Flatscreen-Fernseher sein darf, sind es gar 3000 kg.

Nun kaufen wir nicht jeden Tag ein solches Gerät. Aber jeder von uns verbraucht täglich Wasser. Der immense Wasserverbrauch unseres Wirtschaftens ist in den oben genannten Kennzahlen übrigens noch nicht enthalten. Damit wir eine einzige Tasse Kaffee trinken können, sind 150 Liter Wasser nötig (was ungefähr dem Fassungsvermögen einer Badewanne entspricht). So viel wird verbraucht, um die Bohnen anzubauen, die für eine Tasse benötigt werden. Wenn es zum Kaffee ein Gläschen Wasser sein darf, sieht die Rechnung so aus: Für die Produktion einer PET-Flasche mit 1 Liter Inhalt werden 8 Liter Wasser benötigt, pro Flasche also insgesamt 9 Liter, wenn man den Inhalt dazuzählt.

Die industrialisierte Landwirtschaft ist überhaupt einer der größte Wasserfresser: Für die Produktion von 1 kg ägyptischer Frühkartoffeln werden 300 Liter Wasser verbraucht. In wüstenähnlichen Regionen wie Ägypten wird dafür Grundwasser verwendet, das unwiederbringlich verloren ist. Bis diese Kartoffeln bei uns im Supermarkt angeboten werden, sind sie zwischen 2000 und 3000 km gereist. Auch das macht den ökologischen Rucksack noch einmal schwerer. Für deutsche Kartoffeln aus der Region sind hingegen nur 10 Liter Regenwasser erforderlich.

Von der Globalisierung und vom Wachstum der letzten Jahrzehnte haben weltweit viele Menschen profitiert. Das bedeutet aber auch, dass sich ihr Ressourcenverbrauch dem unseren stetig angenähert hat. Die Bewohner Ostasiens oder Lateinamerikas haben in dieser Hinsicht bereits mit den Europäern gleichgezogen. Der hohe Ressourcenverbrauch ist in Asien derzeit auf die enormen Infrastrukturmaßnahmen zurückzuführen. Dort schossen in kurzer Zeit ganze Städte, Kraftwerke oder Flughäfen wie Pilze aus der Erde. Und der höhere Lebensstandard dürfte den Ressourcenverbrauch weiter nach oben treiben.

Die »Big Five« – China, USA, Indien, Brasilien und Russland – verbrauchen über die Hälfte aller weltweit verfügbaren Ressourcen. Mit den zehn Ländern, die ihnen in dieser zweifelhaften Hitliste folgen, benötigen sie bereits 75 Prozent der Ressourcen. Die hundert (!) Länder, die den geringsten Verbrauch haben, kommen gemeinsam auf 1,5 Prozent.

Der ökologische Fußabdruck

Neben dem ökologischen Rucksack gibt es noch eine weitere Kennziffer, die uns hilft, die dramatische Lage, in der wir uns befinden, zu verstehen. Der Schweizer Mathis Wackernagel hat den »ökologischen Fußabdruck« entwickelt. Er beschreibt den Umweltverbrauch nicht in Kilogramm, sondern in Flächeneinheiten.

Schauen wir uns den Verbrauch an Umweltressourcen aus dieser Perspektive an, dann stellen wir fest: Würden alle Erdbewohner so leben wie wir Westeuropäer, dann wären vier Erdkugeln erforderlich. Anders ausgedrückt: Würden wir nur das verbrauchen, was unsere Erde auf Dauer verträgt, dann müssten wir unseren Ressourcenverbrauch in den nächsten dreißig, vierzig Jahren um bis zu 90 Prozent reduzieren. Fünfzig Jahre haben wir gebraucht, den Ressourcenabbau in diese Höhen zu treiben; in etwa so viel Zeit bleibt uns, um diese Entwicklung umzukehren.

Gelingt das nicht, wird der Ressourcenverbrauch allein schon bis 2030 auf weit über 100 Milliarden Tonnen ansteigen. Die damit zusammenhängenden Umweltprobleme würden sich noch einmal dramatisch verschärfen. Erneuerbare Ressourcen (wie land- und forstwirtschaftliche Flächen, Wasser) und nicht erneuerbare Ressourcen (z. B. Metalle und fossile Energieträger) werden dann knapp. Peak Oil, der Tag an dem die weltweite jährliche Ölförderung ihr Maximum erreicht hat und fortan kontinuierlich zurückgeht, wird 2030 lange hinter uns liegen. Für die Nordsee wurde er bereits im September 2012 erreicht. Wie diese Versorgungslücke geschlossen werden soll, darüber scheiden sich die Geister – nuklear soll es nicht sein (zumindest nicht in Deutschland), alternativ kann es zumindest kurzfristig auch nicht sein.

Doch nicht nur die Endlichkeit der Ölvorräte erfordert ein Umdenken. Der amerikanische Autor Richard Heinberg prägte in diesem Zusammenhang den Begriff »Peak Everything« und weist darauf hin, dass auch andere Ressourcen ihre maximale jährliche Nutzung bereits überschritten haben bzw. bald überschreiten werden. Als Beispiele nennt er die fossilen Energieträger Gas und Kohle, aber auch die Getreideproduktion, die Uranproduktion, die Verfügbarkeit von Frischwasser, Anbauflächen für die Agrarproduktion sowie die jährliche Extraktion einiger Metalle und Mineralien (unter anderem Kupfer, Silber, Gold, Platin und Zink). Derzeit importieren Deutschland und Österreich ein Drittel aller Rohmaterialien und Energieträger, die hier verarbeitet werden. 2030 könnte die Importquote für Erdöl bei 90 Prozent liegen. Seltene Erden und Metalle, die wir für die Herstellung von Hightechprodukten brauchen, importieren wir heute schon zu 100 Prozent. Wenn aber der Wachstumstreiber Ressourcen, der die wirtschaftliche Entwicklung Europas jahrzehntelang befeuert hat, versiegt, weil immer mehr Menschen weltweit ihre Ansprüche anmelden und auch durchsetzen, stehen wir vor einem Dilemma. Sollen wir alle Umweltbedenken über Bord werfen und rausholen, was noch rauszuholen ist? Oder sollen wir nach anderen Lösungen suchen?

Darum wird es in der zweiten Hälfte unseres Buches gehen. Zunächst möchten wir aber noch einmal einen Blick zurückwerfen und die Geschichte der letzten Jahre rekapitulieren, in denen von der Dotcom-Blase bis zur Lehman-Pleite 2008 die Grenzen des Wachstums immer deutlicher wurden und zeigten, dass es so nicht weitergeht.

Zusammenfassung: die Grenzen des Wachstums

- Das Wachstum trägt immer weniger zur Lebensqualität bei, und der Konsum wirkt deshalb auch immer weniger als Treiber.
- In einer stagnierenden Wirtschaft rechnen sich Investitionen weniger, weshalb auch dieser Treiber zunehmend versagt.
- Exportüberschüsse bedingen Importüberschüsse in anderen Ländern und führen dort damit auch zu Wachstumsschwäche, was dann auch wieder auf das Wachstum bei uns drückt.
- Aus demografischen Gründen (Alterung der Gesellschaft) und aus Gründen der (wachstumsbedingten) Arbeitsüberlastung gehen auch vom Faktor Arbeit immer weniger Wachstumsimpulse aus.
- Natürliche Ressourcen werden aus Gründen des globalen Wettbewerbs, aber auch aus Gründen des Umweltschutzes zunehmend knapp.
- Auch Kapital kann nicht unbeschränkt wachsen.
- Technischer Fortschritt ist zwar grundsätzlich unbeschränkt, aber auch nicht beliebig schnell, was seine Wirkung als Treiber des Wachstums zumindest einschränkt.

Kapitel 5

Die 00er-Jahre oder:
Börsencrashs und Blasen

Nach dem Fall des Eisernen Vorhangs und des damit verbundenen »Siegs« des marktwirtschaftlich-kapitalistischen Systems
gibt es in den 1990er-Jahren in Deutschland und vor allem in
Österreich eine Euphorie bezüglich der damit verbundenen
wirtschaftlichen Chancen. In Wien träumt man von einer Weltausstellung gemeinsam mit Budapest, und in der Mariahilferstraße reiht sich Geschäft an Geschäft mit vorwiegend osteuropäischer Kundschaft. Die Euphorie verfliegt aber so schnell, wie
die Mühen deutlich werden, einen eigenständigen Wachstumsmotor in diesen Ländern anzukurbeln. In Deutschland drücken
die Kosten der Wiedervereinigung auf die Konjunktur im Westen. Die vergangenen Jahre waren bestimmt von deren finanziellen und sozialpolitischen Folgen. Nur ein kleiner Teil der
8000 DDR-Staatsbetriebe mit ihren 4 Mio. Beschäftigten konnte
privatisiert und weitergeführt werden: Sie galten als nur halb so
wettbewerbsfähig wie die westdeutsche oder internationale
Konkurrenz. Doch nicht nur in den neuen, auch in den alten
Bundesländern steigt die Zahl der Arbeitslosen – auf insgesamt
9 Prozent. Bei der Bundestagswahl am 16. Oktober 1994 kann
sich die schwarz-gelbe Regierungskoalition noch einmal halten,
Helmut Kohl bleibt Bundeskanzler. Die Grünen werden mit
7,3 Prozent erstmals drittstärkste Kraft. Im September 1998 endet schließlich die sechzehn Jahre während Ära Kohl.

Die SPD erhält mit ihrem Spitzenkandidaten Gerhard Schröder 40,9 Prozent. Bis zum 20. Oktober 1998 einigen sich SPD und Bündnis 90/Die Grünen auf einen Koalitionsvertrag, der unter anderem ein »Bündnis für Arbeit und Ausbildung«, eine Steuerreform sowie den schrittweisen Ausstieg aus der Atomindustrie vorsieht. Vizekanzler und Außenminister wird der Grüne Joschka Fischer, Finanzminister der SPD-Vorsitzende Oskar Lafontaine, der jedoch nach wenigen Monaten aus Protest gegen die neoliberale Politik des »Autokanzlers« die Regierung verlässt. Vier Jahre später wird die rot-grüne Koalition nur knapp im Amt bestätigt. Noch immer ist die hohe Arbeitslosigkeit das beherrschende innenpolitische Thema. Obwohl Bundeskanzler Schröder mit dem Versprechen angetreten war, die Arbeitslosigkeit zu senken, gibt es noch immer keine Entspannung auf dem Arbeitsmarkt. 2003 bringt die rot-grüne Koalition die Agenda 2010 auf den Weg. Vor allem die Arbeitsmarktreformen, die sich am Vorbild der britischen Regierung unter Tony Blair orientieren, verändern in den nächsten Jahren die Lebens- und Arbeitsbedingungen von Millionen. Die Arbeitslosenhilfe wird abgeschafft, Arbeitslose erhalten nur noch maximal zwölf oder achtzehn Monate Arbeitslosengeld, danach erhalten sie eine Grundsicherung (Hartz IV). Gleichzeitig wird der Arbeitsmarkt dereguliert: Entlassungen, Zeitarbeit und die Befristung von Arbeitsverträgen werden erleichtert.

In den neuen wie den alten Industrieländern bricht das digitale Zeitalter aus. Das Internet wird zur Gelddruckmaschine. Die Erwartungen, die in die neue Technik und viele Start-up-Unternehmen gesteckt werden, übertreffen die realen Chancen um ein Vielfaches. So gelang es dem Internetprovider AOL, den traditionsreichen Medienkonzern Time Warner zu überneh-

men, und die österreichische Telekom Austria, vormals Post-
und Telegraphenverwaltung, benannte sich nun in »Jet to Web«
um. Im März 2000 platzt die Blase. Der NASDAQ-Index amerikanischer Technologieunternehmen, dessen Wert sich innerhalb von sieben Jahren mehr als verfünffacht hatte, fiel auf ein
Viertel seines Höchststandes zurück. Und in Deutschland haben sich selbst konservative Anleger von einem vermeintlichen
Goldrausch vor allem mit der sogenannten »Volksaktie« der Telekom anstecken lassen, die innerhalb weniger Jahre einen
Großteil ihres Werts verlor.

Am 11. September 2001 kommt es zu einem Terroranschlag auf
das World Trade Center in New York, der einen weltweiten
Krieg gegen den Terrorismus – die sogenannte Achse des Bö-
sen – einleitet. Auch in Deutschland und Europa beginnt ein
Prozess der Verschärfung von Sicherheitsbestimmungen auf
vielen Ebenen. Datenschutz und Bürgerrechte werden ausgehöhlt; die Debatte, wie tief und umfassend die Eingriffe des
Staates in die Privatsphäre der Bürger sein dürfen, hält bis heute
an und hat sich nach WikiLeaks und der jüngsten NSA- und
Prism-Affäre noch einmal deutlich intensiviert.

Auf Afghanistan folgt Irak, alles unter der Vorgabe, den Terror
durch al-Qaida und befreundete Organisationen einzudämmen
und zukünftig zu verhindern. Doch am 11. März 2004 erreicht
der Terror auch Europa. In Madrid werden bei einem Anschlag
auf vier Vorortzüge 191 Menschen getötet und mehr als 1500
verletzt. Am 7. Juli 2005 wird die Innenstadt Londons durch
vier Anschläge erschüttert. Drei der Sprengsätze waren in der
U-Bahn gezündet worden, einer in einem Doppeldeckerbus.
Nach einer Entführung von zwei israelischen Soldaten durch
die Hisbollah-Miliz reagiert Israel mit einem Luftangriff und

dem Einmarsch in den Süden des Libanon. Die Solidarität islamischer Länder und anderer arabischer Staaten mit dem Schicksal der Palästinenser bleibt eine schwärende Wunde und heizt den Nahostkonflikt und den Nordsüdkonflikt immer wieder an. 2008 kommt es zum Kaukasuskrieg: Der lange schwärende Konflikt zwischen Georgien und Russland eskaliert, Moskau entscheidet ihn mit Waffengewalt zu seinen Gunsten. Die Menschenrechte sind nicht nur in Ländern wie China und Russland kaum etwas wert. Die Weltgemeinschaft als Ganzes versagt in vielen Bereichen; so konnten die Millenniumsziele zur Bekämpfung der Armut nicht erreicht werden, auch die Bilanz in Sachen Klima- und Artenschutz ist noch immer beschämend.

In Österreich ist im Jahr 2000 eine demokratische Mehrheit bemüht, den Schaden zu begrenzen, den der Aufstieg des eher rechtsnationalen Jörg Haider und seiner FPÖ national und international anrichtet. Es ist aber vor allem der neolibarale Kurs der Regierung Schüssel mit seinen Privatisierungen, der langfristig das Wirtschaftsklima verändert – die Wirtschaft aber nicht anzukurbeln vermag.

Anfang des Jahrzehnts wird der Euro als gemeinsame europäische Währung zunächst in elf Ländern eingeführt. Seit 1999 als Buchgeld, zum Jahreswechsel 2001/2002 auch in Form von Bargeld. Die Währung ist in der Bevölkerung der beteiligten Länder nicht unumstritten, der Euro wird von vielen als »Teuro« empfunden.

Heute gehören der Währungsunion siebzehn Länder an; die Geburtsfehler sowohl der EU (als Wirtschaftsunion) als auch des Euro – unter anderem die fehlende Harmonisierung der Finanz- und Sozialpolitik – haben dazu geführt, dass sich die

Wirtschafts- und Lebensverhältnisse in Nord- und Südeuropa bedenklich auseinanderentwickelt haben.

Aber noch lockt das neue Jahrzehnt mit Wachstumsverheißungen: Die Volksrepublik China steigt mit hohen Wachstumsraten zwischen 7 und 10 Prozent zum Global Player auf. Andere sogenannte Schwellenländer folgen, Ökonomen sprechen gar von einem »asiatischen Jahrhundert«.

Das erste Jahrzehnt des neuen Jahrtausends erlebt eine neue Blüte der neoliberalen Doktrin, die die Gesellschaften so stark verändert, dass der Kapitalismus selbst zunehmend unter Legitimationsdruck gerät. Überall wird privatisiert und dereguliert. Die Regierungen ziehen sich zunehmend aus wichtigen Bereichen zurück, einst staatliche Unternehmen gehen an die Börse.

Die Globalisierung und die in jeder Hinsicht entgrenzten Finanzmärkte jagen von Rekord zu Rekord. Die Immobilienbranche und die Gewinne, die sich mit ihr erzielen lassen, treiben ebensolche fatalen Blüten wie die Gehälter und Boni, die manche Banker und Manager einstreichen. »Unterbewertete« mittelständische Unternehmen werden von als »Heuschrecken« bekannt gewordenen Hedgefonds aufgekauft, filetiert und weiterveräußert.

Die sozialen Widersprüche nehmen weltweit und auch in Deutschland und Österreich schnell zu. Hartz IV und Agenda 2010 mit ihren Maßnahmen zur Liberalisierung und Flexibilisierung der Arbeitsmärkte in Deutschland und Europa sorgen dafür, dass die Lohnkosten in Deutschland stetig sinken – was die Exporte zwar weiter anwachsen lässt, im Land selbst aber den Binnenmarkt und die Kaufkraft schwächt und gleichzeitig wesentlich dazu beiträgt, dass sich die Handelsbilanzen im Süden Europas ständig verschlechtert.

Ende 2007/Anfang 2008 kommt es zum Finanzcrash: In den USA platzt die Immobilienblase, die Bank Lehman Brothers wird nicht gerettet. In der Folge geraten viele europäische Banken und ganze Staaten an den Rand des Abgrunds. Länder wie Großbritannien, Portugal, Irland, Spanien, Griechenland und Island, in denen entweder der Bankensektor besonders dominant ist oder die sich hoch verschuldet haben, werden zum Sanierungsfall. Die Schieflage hat dramatische Folgen für die Bevölkerung und ist mit hoher Arbeitslosigkeit – vor allem unter den Jugendlichen – verbunden. Schon spricht man von einer *lost generation.*

Nicht nur Staaten und Banken kollabieren in diesem Jahrzehnt, auch die Natur. Schwere Fluten und Erdbeben fordern immer mehr Menschleben und erzeugen hohe Folgekosten. Ein Beben im Indischen Ozean am 26. Dezember 2004 führt zu einem Tsunami, den mehr als 300.000 Menschen in Südasien nicht überleben. Der Hurrikan Katrina überflutet im September 2005 große Teile von New Orleans und ganze Landstriche an der Golfküste der USA. Die Schäden, die bis heute noch nicht ganz beseitigt sind, gehen in die Milliarden. Auch andere Wetterextreme wie die erste Jahrhundertflut 2002 an der Elbe und der Jahrhundertsommer 2003 in Europa verfestigen die Annahme, der Klimawandel sei da. Er wird ein wichtiges Thema in der Politik und beschäftigt die Menschen.

Es folgen verheerende Beben auf Haiti und in Chile 2010. Im darauffolgenden Jahr löst ein Erdbeben in Ost-Japan eine gewaltige 23 Meter hohe Tsunamiwelle aus, die in weniger als einer halben Stunde die Küste erreicht und nicht nur zur völligen Verwüstung vieler Küstenorte führt, sondern auch den Ausfall der Kühlsysteme des Kernkraftwerks in Fukushima bewirkt. In der Folge kommt es zu einer Kernschmelze und einer weiträumigen Verstrahlung der Region. Viele Werksarbeiter und Feuerwehrleute riskieren bei dem Versuch, die Schäden zu begrenzen, ihr Leben.

In der Folge von Fukushima geschieht in Deutschland etwas Erstaunliches: Der von Rot-Grün bereits beschlossene, später aber wieder rückgängig gemachte Atomausstieg wird von der CDU zur Chefsache erklärt. Die Bundeskanzlerin fordert die sofortige bzw. schnellstmögliche Abschaltung der Kernkraftwerke und eine Energiewende. Die Förderung regenerativer Energien und der Ausbau intelligenter Netze für eine flächendeckende Verteilung umweltfreundlich erzeugten Stroms werden beschlossen und Programme verabschiedet, die schnell dazu führen, dass der regenerative Energiesektor boomt.

Die Wachstumsraten früher Jahre bringt aber auch dies nicht zurück. Die Folgen der Krise des Jahres 2008 halten an, in immer kürzeren Abständen folgen die Hiobsbotschaften und die Rettungsschirme, die die Stabilität des Euro sichern und ein Auseinanderbrechen der Union verhindern sollen. Irland, Griechenland, Spanien, Portugal ... und auf die Stabilität Frankreichs würde man wohl aus heutiger Sicht auch nicht sehr viele Flaschen Champagner verwetten. Neue Rezepte, wie auf diese Talfahrt reagiert werden könnte: Fehlanzeige. Das Wachstum muss wieder angekurbelt werden, mit den vermeintlich altbewährten Mitteln. Gelder, die in Konjunktur- oder Stabilitätsprogramme und in den Schuldendienst fließen, stehen in anderen Bereichen nicht zur Verfügung. Und so werden Einkommen und Vermögen weiter eifrig »von unten nach oben« umverteilt, Forschung und Bildung ausgehungert, und die Stimmen mehren sich, die meinen, jetzt sei es aber bald einmal genug mit dem Umweltschutz.

C.A.

Ich begrüßte das neue Jahrtausend mit meiner kleinen Tochter Catarina auf dem Arm in der Notfallambulanz in Eppendorf. Meine Tochter hatte einen abscheulichen Abszess an einem Milchzahn, die ganze Backe war geschwollen. Ich hatte für den Moment andere Sorgen, als mir Gedanken darüber zu machen, ob mit dem Wechsel auf den 1.1.2000 der allseits prognostizierte Computercrash stattfinden würde. Tatsächlich haben die Einsen und Nullen brav über die Jahrtausendwende hinweggerechnet. Die Panik, die in den Wochen zuvor geschürt worden war, hatte im Dezember zu einem solchen Run auf neue Computer geführt, dass die Industrie diesen Boom noch heute in bester Erinnerung hat. Ich selbst beobachtete diese Entwicklung mit großem Interesse, weil ich über die Frage forschte, ob man nicht mehr Computer wiederverwenden könnte. Die enorme Zahl der von Unternehmen und Privatleuten ausrangierten Geräte hatte zu einem dramatischen Preisverfall am Gebrauchtcomputermarkt geführt, der den kleinen Recyclingunternehmen, mit denen ich zusammenarbeitete, das Leben sehr schwer machte. »Esst Computer« lautete die Überschrift einer Grafik, mit der ich den Preisverfall für PCs aufzeigte. Als wir (Forscher und Handwerker) es damals wagten, uns für die Reparatur und die Weiter- und Wiederverwendung starkzumachen, bekamen wir nicht nur von der Industrie, sondern auch vom Bundesforschungsministerium so viele mühsame Auflagen, dass wir den Tag noch verfluchen sollten, an dem wir das Forschungsvorhaben NEWET auf den Weg brachten. Wie richtig wir aber mit diesen Forschungsfragen damals schon lagen, beweist u.a. die Aufmerksamkeit, die das Thema Reparatur und Obsoleszenz inzwischen bekommt. Der Präsident des Umweltbundesamtes ließ erst kürzlich über die Medien verbreiten, dass ein Gutachten in Auftrag gegeben wurde, das das Phänomen der Obsoleszenz – einschließlich der skandalösen Ersatzteilpolitik der Industrie – untersuchen lässt. Man wolle anschließend mit der Industrie über Strategien der Nutzungsdauerverlängerung reden. Auch in der Forschung gilt: Wer zu früh kommt, den bestraft das Leben (oder das BMBF).

F.H.

1999 habe ich mich entschieden, erstens das Wuppertal Institut zu verlassen und zweitens nach Österreich zurückzukehren. Gemeinsam mit den KollegInnen Joachim Spangenberg, Philipp Schepelmann und Sylvia Lorek, aber auch François Schneider und Aldo Femia gründete ich das Sustainable Europe Research Institute (SERI) in Wien. Ernst Ulrich von Weizsäcker verhielt sich mehr als fair und gestattete mir, ein Jahr lang auf einer halben Stelle die Gründung der »Konkurrenz« vorzubereiten.

1984 war ich noch mit einem Koffer und mit dem Zug nach Gießen ausgewandert. 1991 hatte ein 7,5-Tonner ausgereicht, um mit meiner Freundin von Siegen nach Wuppertal zu »siedeln«, wie wir in Österreich sagen. Jetzt brauchte ich einen großen Umzugs-Lkw mit Anhänger, um all unsere Habseligkeiten unterzubringen.

Wir bezogen eine leer stehende Wohnung aus Familienbesitz (der erste SERI-Schreibtisch stand in unserem heutigen Wohnzimmer), eine kleine Erbschaft meiner Oma hielt uns die ersten Jahre über Wasser (ich nenne das »Theresia-Hinterberger-Stipendium«).

Inzwischen lebe ich mit meiner vierköpfigen Familie in einer schönen 150m²-Altbauwohnung. Pro Kopf gerechnet habe ich mich seit meinen WG-Zeiten nicht »verbessert«. Einige Dinge, die wir heute noch verwenden, habe ich damals bereits angeschafft – aber viele Dinge sind dazugekommen. Nullwachstum bedeutet in diesem Fall, dass jedes Jahr immer nur genauso viele Dinge angeschafft werden wie im letzten Jahr (einige wenige werden natürlich auch weggeschmissen – aber da sind wir ganz schlecht drin). Wir haben zum Beispiel etwa

500 CDs, und jedes Jahr kommen trotzdem im Schnitt 25 dazu. Bei den zwanzig Stunden, die ich in der Woche dafür übrig habe, bräuchte ich ein halbes Jahr, um mich »durchzuhören«. In Wahrheit habe ich die meisten schon seit Jahren nicht mehr angehört und einige, die ich nach einem Konzert voller Begeisterung gekauft habe, noch nie.

Das »Stipendium« und mein eigenes Kapital machten es erforderlich, dass das neu gegründete Unternehmen spätestens nach einem Jahr auf eigenen Beinen stehen musste. Es durfte nicht nur Kosten verursachen, sondern musste ein Einkommen für mich und meine MitarbeiterInnen abwerfen. Und das mit einem »Geschäftszweig«, von dem die meisten glauben, dass er nur mithilfe von Subventionen über Wasser gehalten werden kann: Wir unterstützen Menschen, Organisationen und Unternehmen dabei, ihren Ressourcenverbrauch zu reduzieren und gleichzeitig einen Beitrag zur Steigerung der Lebensqualität ihrer Kunden und der Bevölkerung zu leisten.

Axel Nordmann, den ich als Praktikanten in Wuppertal kennengelernt hatte, und Stefan Giljum, mein erster Kollege »vor Ort«, haben uns dabei tatkräftig unterstützt. Erste Aufträge wurden bearbeitet und Projektanträge geschrieben. Alles auf sehr niedrigem Niveau. Gemeinsam mit der inzwischen leider verstorbenen Gisela Bosch akquirierten wir das erste EU-Projekt. Dies half uns damals sehr, aus dem SERI ein ökonomisch sich selbst tragendes Unternehmen zu machen.

Kein leichtes Unterfangen in einer Zeit, in der man eher auf Fondsgesellschaften setzte, auf Aktien oder den Internethype. Auch viele meiner Bekannten legten ihr Erspartes in Aktien an und machten schöne Gewinne. Kapital, das einem Start-up wie dem unseren fehlte. Irgendwie dachte ich: Das kann nicht gut gehen. Wenig später gingen Bilder durch die Gazetten, auf denen geknickte Dotcom-Mitarbeiter ihre Siebensachen aus pleitegegangenen Betrieben trugen. »Doch gut«, meinte Stefan damals zu mir, »dass uns noch keiner Kapital gegeben hat, das wir inzwischen verprasst haben könnten, sondern dass wir auf unserer Hände und Köpfe Arbeit gesetzt haben.« So sind wir zwar nicht so schnell aufgestiegen, aber auch nicht so tief gefallen.

Anfang 2013 hatte das SERI dreißig MitarbeiterInnen, machte einen Jahresumsatz von 1,5 Millionen Euro und kommt weiterhin ohne staatliche Subventionen aus. Geld verdienen wir ausschließlich für erbrachte Leistungen – sei es im Rahmen nationaler und europäischer Forschungsprogramme oder für konkrete Beratung von Unternehmen wie SPAR, Ministerien aus verschiedenen Ländern, NGOs und internationalen Organisationen. Die Finanz- und Wirtschaftskrise 2008 ging an uns als Unternehmen unmerklich vorüber.

Viel spannender war aber, dass wir 2006 begonnen hatten, uns im Auftrag des österreichischen Lebensministeriums (zuständig für Land- und Forstwirtschaft, Umwelt und Wasserwirtschaft) mit dem Thema »Wachstum« zu beschäftigen. Damals wurde unter österreichischer EU-Ratspräsidentschaft eine neue Nachhaltigkeitsstrategie erarbeitet und verabschiedet. Mithilfe der Lissabon-Strategie wollte man Europa zum wettbewerbsfähigsten Wirtschaftsraum der Welt machen, was – wie wir heute wissen – verfehlt wurde. Die Kommission war in diesem Zusammenhang auch auf der Suche nach einem neuen Leitbegriff, der jenseits von Wachstum als übergeordnetes Ziel infrage kam. Dieses Leitbild wurde schließlich mit unserer Hilfe definiert. Es lautete: Lebensqualität bzw. Wohlbefinden (*well-being*).

Damit waren wir am SERI unserer Zeit ein paar Jahre voraus. Denn 2006 war die Dotcom-Krise bereits überwunden, und die Wirtschaft boomte wieder. Allerdings nur für zwei Jahre. Danach kam 2008 und der Crash, dessen Folgen bis heute anhalten. Wir brachten unter dem Titel »Welches Wachstum ist nachhaltig?« unser »Argumentarium für ein anderes Wachstum« heraus. Anfang 2010 organisierten wir mit und für das Wiener Lebensministerium die erste Konferenz »Wachstum im Wandel«. Doch da obsiegte schon wieder die Euphorie. Es ging nämlich mal wieder aufwärts – für eine sehr, sehr kurze Zeit.

C.A.

Das erste Jahrzehnt des neuen Jahrtausends verging für mich so schnell, dass ich neben der Arbeit und den beiden Kindern kaum Zeit für irgendetwas anderes hatte. Ich forschte über Nachhaltigkeitsfragen, hielt viele Vorträge, schrieb sehr viel, u.a. mein zweites Buch *Die Könnensgesellschaft* und sorgte mich um das oft auch mühsame Geldverdienen, die Kinder und den Haushalt. Seit 2000 war ich selbstständig, und das bedeutete – wie für so viele Selbstständige –, dass ich selbst und ständig arbeitete.

Zwischen 2007 und 2009 war ich mit der Frage beschäftigt, welchen Beitrag gute Arbeit zum Lebensglück von Menschen hat und wie eine Gesellschaft aussieht, in der die Menschen Sinn und Glück jenseits von Konsum finden. Aus persönlicher Erfahrung und den vielen Begegnungen, die ich mit HandwerkerInnen in all den Jahren gehabt hatte, schien mir gute Arbeit (also eine Lebenssituation, in der ich den Tätigkeiten nachgehen kann, bei denen der Lohn der Arbeit auch in der Arbeit selber liegt) ein entscheidender Schlüssel für eine Postwachstumsgesellschaft. Wobei es hier nicht alleine um die Entfaltung von bereits vorhandenen Fähigkeiten geht, sondern auch um die Schaffung von praktischen und ökonomischen Rahmenbedingungen, damit wir diese Fähigkeiten leben und ein Leben lang weiterentwickeln können.

Dass ich mit meinen Thesen von 2009 nicht ganz falsch liegen konnte, zeigten mir nicht nur die vielen persönlichen Gespräche, die ich vor allem mit HandwerkerInnen führte, sondern auch die immer umfangreicher werdende Literatur zum Thema Nachhaltigkeit (darunter das Buch von Richard Sennett) und die wachsende Bedeutung, die der Capability-Approach (Fähigkeiten-Ansatz) von Amartya Sen in der Diskussion um Lebensqualität inzwischen gewonnen hat.

Auf meine persönlichen Finanzen hatte die Wirtschaftskrise keine Auswirkungen. Ohne Vermögen hat man nicht viel zu verlieren. Meine Kinder waren gesund und entwickelten sich aufs Prächtigste. Mein

Vater lebte sehr gut von seiner üppigen Rente. Meinem Bruder, der als Mediziner tätig war, ging es ohnehin gut und so auch dem Rest der Verwandtschaft.

Ein kurzes Zwischenfazit: Wenngleich wir beide – und hoffentlich aus Sie – ganz gut durch diese Krise gekommen sind, ist sie noch längst nicht durchgestanden. Sie hat uns gezeigt, dass die Wachstumstreiber versiegen und dass das Wachstum der letzten Jahrzehnte auch unerwünschte Nebenwirkungen hat. Wir sind eine unglaublich privilegierte Generation. Geboren und aufgewachsen in den Jahren des Wirtschaftswunders bilden unsere »geburtenstarken Jahrgänge« demografisch eine Mehrheit, um die weder Märkte noch Politik ohne Weiteres herumkommen. Wer's nicht glaubt, betrachte nur die Werbung: Ziel sind die »Silberrücken«, die *best ager*, die Generation 50 plus. Dies gilt nicht für alle.

Eben weil wir privilegiert sind, haben wir auch eine besondere Verantwortung. Denn Nachhaltigkeit heißt immer auch, so zu leben, dass die anderen Generationen ebenfalls gut leben können. Die große Transformation, die erforderlich ist, um die anstehenden Herausforderungen zu bewältigen, können wir nur gemeinsam stemmen. Sie erfordert ein Zusammenwirken aller. Der Bürger wie auch der Politik und der Unternehmen.

Kapitel 6

Sind wir in einer Wachstumsfalle gefangen?

Wie wir in den vorangegangenen Kapiteln gesehen haben, sind die Wachstumstreiber an ihre Grenzen gestoßen und haben uns nicht nur Scheinriesen und Blasen beschert, sondern auch jede Menge ökologische und soziale Probleme. Die knapper und teurer werdenden Ressourcen, die sinkende Erwerbsbevölkerung in Österreich und Deutschland, der stagnierende private und staatliche Konsum und die rückläufigen Investitionen sorgen in Verbindung mit ähnlichen Symptomen in unseren wichtigsten Abnehmerländern dafür, dass die Quellen ewigen Wachstums versiegen. Das würde auch dann noch gelten, wenn wir früh industrialisierten Länder die finanziellen Ressourcen für einen *green deal* bereitstellen würden.

Wenn wir uns all die negativen Auswirkungen in Erinnerung rufen, die sich vor allem in den letzten beiden Dekaden gezeigt haben, kommen wir um die Frage nicht herum, ob es wirklich eine Katastrophe ist, wenn es in Zukunft *kein* Wachstum mehr gibt oder nur eines, das sich auf einem vernünftigen Maß einpendelt. Richtig ist: Für die Teile der Politik und der Wirtschaft, die sich trotz all der Warnsignale nicht mit Alternativen beschäftigt haben und stattdessen nur gebetsmühlenartig Wachstum fordern, wird es sehr, sehr eng. Schon beim Jahrestreffen des Club of Rome 2007 in Madrid benannte der damals scheidende Generalsekretär des Internationalen Währungsfonds Rodrigo

Rato die drei Hauptrisiken für das Wachstum der Weltwirtschaft: den globalen Klimawandel, die Instabilität der Finanzmärkte und den demografischen Wandel in den Industrieländern. Drei Risiken, die dafür sorgen, dass die drei Haupttreiber des Wachstums nicht mehr ziehen. Und was machte die Politik? Die einen halten an den alten Rezepten fest, die anderen wollen das Wachstum retten, indem sie einen neuen, grünen Wachstumspfad beschreiten: *green growth* heißt das Zauberwort.

Auf den ersten Blick könnte man meinen, das sei eine gute Sache. Man denkt an Energiewende, bessere Lebensmittel, Elektroautos, Kreislaufwirtschaft und eine sauberere Umwelt. Das Problem ist nur: Alle, die heute nach Wachstum rufen, und sei es grünes, wissen nicht, wie das ohne weitere Staatsverschuldung gehen soll. Schulden, die die ohnehin schon erdrückende Zinslast weiter ansteigen lassen, das möglicherweise Gute am Wachstum »auffressen« und so den Druck, erneut weiterzuwachsen, erhöhen. Doch brauchen wir solch einen neuen Schuldenteufelskreis wirklich? Und sind wir tatsächlich in einer Wachstumsfalle gefangen? Einer Situation, in der es ohne Wachstum nicht geht, mit Wachstum aber auch nicht?

Unsere Antwort ist ein klares Nein. Es gibt Auswege aus diesem vermeintlichen Dilemma.

Können wir immer noch mehr konsumieren?

Konsum als Wachstumstreiber, wie wir ihn in den vergangenen Jahrzehnten kennengelernt haben, ist in unseren früh industrialisierten Ländern an seine Grenzen gestoßen. Jährlich 3 Prozent *mehr* zu konsumieren würde bedeuten, dass wir zum Beispiel im Jahr 2037 doppelt so viel essen wie heute, doppelt so viel

Bier oder Wein trinken, doppelt so viele Quadratmeter bewohnen, doppelt so oft neue Möbel oder Autos kaufen, doppelt so viel reisen und fliegen … Doppelt so viel zu konsumieren heißt auch, dass wir theoretisch doppelt so viel Zeit dafür aufwenden müssen, um all diese Dinge zu kaufen, sie zu verzehren oder sie zu erhalten und zu pflegen. Zeit ist schon heute ein sehr kostbares Gut. Und wir brauchen doppelt so viele Fußballweltmeisterschaften und Fernsehsender. Spätestens jetzt wird jedem klar, dass das nicht sinnvoll ist. Aber wenn sich nicht *alles* verdoppelt, weil es sich nicht verdoppeln kann oder soll (z.B. die Anzahl an Fußballweltmeisterschaften), dann müssen sich andere Dinge vervierfachen, damit sich ein 3-prozentiges Wachstum immer noch ausgeht.

Hinzu kommt, dass wir für dieses Mehr an Konsum deutlich mehr Gehalt bräuchten; die Vergangenheit hat gezeigt, dass Löhne eigenen Wachstumsraten folgen. Die Gegenmaßnahme wäre, dass Konsumgüter weiter verbilligt werden müssten (was in der Regel durch mehr Effizienz, ein Absenken der Produktionskosten und der Löhne erreicht wird). Und das geht zulasten derer, die jene Waren herstellen, die wir ohnehin schon im Überfluss besitzen. Am Sättigungsgrad in den europäischen Ländern, den USA oder Japan wird sich auch in Zukunft nichts mehr ändern. Wachstum durch Konsum wird nur noch in den Regionen erreicht werden können, in denen diesbezüglich ein gewisser Nachholbedarf besteht – also in Schwellenländern oder bislang unterentwickelteren Weltregionen. Diese Länder können und sollen wachsen. Wir hingegen müssten entweder noch mehr Rohstoffe zur Verfügung haben und/oder alle Rohstoffe immer schneller durch hocheffiziente industrielle Stoffkreisläufe (Demontage, Aufarbeitung, Weiter- und Wiederverwendung) durchschleusen, um eine Ressourceneffienz zu erzielen, die ein solches Szenario möglich macht. Was für ein Stress! Wofür? Für wen?

Die Frage nach der Wachstumsfalle im Zusammenhang mit dem Thema Konsum ist die Frage nach der Qualität der Produkte, die wir herstellen, und der Art und Weise, wie wir sie nutzen. Und es ist die Frage nach den Arbeitsplätzen. Wie verdienen wir unser Geld, und wovon leben wir, wenn wir in Zukunft nicht immer mehr konsumieren? Wie sieht eine Wirtschaft aus, in der wir Jahr um Jahr »nur noch« genauso viel wie heute oder vielleicht sogar weniger konsumieren?

Können wir immer noch mehr investieren?

Wachstum hat in den 1950er- und 1960er-Jahren mehr Investitionen ermöglicht, die wiederum das Wachstum beflügelt haben. Wenn *alles* wächst, *kann* nicht nur investiert werden, es *muss* auch investiert werden, um das Schwungrad am Laufen zu halten. Jede Investition, die über Ersatzinvestitionen im Bereich der Produktion, der Instandhaltung etwa von Immobilien, hinausgeht, erhöht den Bestand, und das erfordert mittel- und langfristig auch mehr Investitionen in die Erhaltung des Bestands. Das heißt: Parallel zum Wachstum steigen auch die Kosten.

Andererseits gilt auch: Wenn zum Beispiel der Konsum nicht wächst, muss auch nicht mehr in einen weiteren Ausbau investiert werden. Wohl aber so viel, damit das Unternehmen bestehen kann. Wer also keinen Überschuss erwirtschaftet, hat dennoch Kosten, um den Betrieb am Laufen zu halten, und kann das Investitionsniveau des Vorjahres aufrechterhalten, muss es aber nicht toppen.

Aus dieser Falle können und müssen wir uns also befreien. Wenn wir künftig nur mehr so viel investieren, dass es der Lebensqualität bei sinkendem Ressourcenverbrauch dient. Das schließt Investitionen in den »ökologischen Umbau« nicht aus – im Gegenteil. Aber irgendwann muss der Umbau abgeschlossen sein. Denn weiter immer mehr zu investieren, um weiterwachsen zu können, wäre schlicht und einfach Unsinn.

Müssen wir immer weiter wachsen, damit der Staat mehr Geld ausgeben kann?

Der (National-)Staat als Wachstumstreiber ist an seine Grenzen gestoßen. Wachstum hat in den »guten Jahren« mehr Staatsausgaben ermöglicht, und diese Ausgaben haben das Wachstum beflügelt. Nach einer Phase, in der das Wachstum für höhere Steuereinnahmen gesorgt hat, die wiederum mit Augenmaß für Investitionen eingesetzt wurden, dominierte in den letzten Jahrzehnten die Wachstumsförderung auf Pump. Heute können die meisten Staaten Europas nicht mehr jedes Jahr 3, 5 oder mehr Prozent ausgeben als im Vorjahr. Und das hat, wie bereits aufgezeigt, viele gute Gründe. Einer der offensichtlichsten ist die Schuldenfalle, in die sich inzwischen so ziemlich alle früh industrialisierten Nationen hineinmanövriert haben und die sich in Deutschland in einer zum Verfassungsrang erhobenen Schuldenbremse niedergeschlagen hat.

Die Erfolge dieser Wachstumsbeschleunigungs-»Maßnahmen« waren übrigens sehr bescheiden: Obwohl die Staatsschulden fast überall exorbitant anstiegen, gingen davon nur geringe oder gar keine Wachstumsimpulse aus, weil immer größere Anteile des Budgets für Zinszahlungen ausgegeben wurden; der

Anteil, der wachstumsfördernd hätte wirken können, reduzierte sich entsprechend. In Deutschland hat sich inzwischen (weitgehend parteiübergreifend) die Erkenntnis durchgesetzt, anstelle schuldenfinanzierter Wachstumsmaßnahmen auf Sparkurs zu gehen. Damit fällt der Staat als Impulsgeber für Wachstum weitgehend aus – und daran wird sich so schnell auch nichts ändern. Ist das schlimm?

Nullwachstum hieße zum Beispiel, dass unser Staat nur noch genauso viele neue Straßen bauen darf wie im Vorjahr. Keine mehr, aber auch keine weniger. Schlimm wäre das keineswegs, zumal in Sachen Straßen der »Peak« bereits erreicht ist. Denn selbst wenn das Geld für mehr Straßen niemals knapp würde, fehlten uns dafür irgendwann schlichtweg die Flächen. In Zukunft kann es nur noch darum gehen, bereits bebaute Flächen zu recyceln oder zu verdichten – sonst ist Deutschland bald komplett zugebaut. Die Frage, ob wir immer mehr staatliche Investitionen brauchen, können wir in sehr vielen Bereichen also getrost mit einem klaren »Nein« beantworten.

Müssen wir immer noch mehr exportieren und importieren?

Wachstum hat lange Zeit den Exportboom befeuert, der wiederum weiteres Wachstum trotz sinkender Binnennachfrage ermöglicht hat. Sich Deutschland, aber auch Österreich, ohne die Exportwirtschaft vorzustellen, ist wahrlich schwer und angesichts der Arbeitsteilung, die sich heute weltweit entwickelt hat, auch ziemlich unwahrscheinlich. Aber weil nichts so bleiben kann, wie es ist, müssen wir uns hier ebenfalls auf Veränderungen einstellen. Denn auch hier schlagen die Schattenseiten inzwischen stärker zu Buche: indem etwa nicht nur Waren exportiert werden, sondern auch Arbeitsplätze – in der Textilindustrie, aber auch in der Automobil- oder Technikbranche. Hinzu kommt, dass wir die hohen Exportüberschüsse auf Dauer nicht beibehalten werden, weil vor allem die Schwellenländer inzwischen eigene Industrien aufbauen, die sie unabhängiger von Einfuhren machen. Langfristig kann und wird Deutschland seinen Wohlstand also nicht mehr in gewohntem Umfang auf diesen (in der Vergangenheit eher einseitigen) Handelsbeziehungen aufbauen können.

Und auch wenn wir uns die Importseite ansehen, wird klar: Das kann und darf so nicht weitergehen. Da Umweltzerstörung und Armut Zwillinge sind, müssen wir uns bemühen, schnell einen sehr viel substanzielleren Beitrag dazu zu leisten, dass alle Regionen ein Wohlstandsniveau erreichen, das menschenwürdig ist – ohne dass dort die gleichen Fehler gemacht würden wie bei uns. Diese Regionen brauchen unsere Hilfe, auch technologisch, damit sie eigene Industrien aufbauen können und eine funktionierende (nachhaltige!) Landwirtschaft, mit der sie ihre Bewohner ernähren können. So nützlich die Arbeitsteilung zwischen Nationen sein kann, so wichtig ist eine Entwicklung, die allen Regionen auf allen Ebenen ein Gleichgewicht, Krisenunabhängigkeit und ein gewisses Maß an Autarkie erlaubt. Europa kann hierzu wichtige Beiträge leisten: indem es höhere Preise für nicht erneuerbare Rohstoffe bezahlt, seinen Müll nicht exportiert, die lokalen Märkte nicht mit subventionierten Lebensmitteln oder gebrauchten Kleidern und Schuhen zerstört und faire Preise für all jene Konsumgüter zahlt, die wir importieren. Damit die Menschen, die diese Güter herstellen, von ihrer Arbeit gut leben können.

Für Europa selbst gilt: Der europäische Binnenmarkt ist wegen seiner Größe und seiner in großen Teilen funktionierenden und tragfähigen Verflechtung eine große Chance. Es gibt nur wenige Güter und Dienstleistungen, die wir hier nicht selbst herstellen und tauschen können. Es wäre für Deutschland kein wirkliches Problem, in Zukunft nur noch genauso viel wie im letzten Jahr oder sogar weniger zu exportieren und zu importieren, und es wäre ein Segen für die Welt, wenn wir weniger auf ihre Rohstoffe angewiesen wären. Weniger Importe sind Chancen für nachhaltigere Wirtschafts- und Lebensweisen in Europa.

Last but noch least sorgen die schnell wachsenden und innovativen Volkswirtschaften in Asien und Indien dafür, dass nicht nur ihr Anteil am weltweiten Konsum schnell steigt, sondern auch ihr Anteil an den weltweiten Handelsströmen. Wir werden auf Dauer also keineswegs Exportweltmeister bleiben können, zumindest nicht auf allen gewohnten Feldern. Auch hier sollten wir neue Wege beschreiten, die dem Wohl der Welt dienen, nicht nur unserem eigenen!

Müssen wir wachsen, damit wir arbeiten dürfen?

Die Erhaltung und Schaffung neuer Arbeitsplätze war und ist noch immer das wichtigste und meistgenannte Argument der Wachstumsfetischisten: Wachsende Arbeitsproduktivität sorge dafür, dass immer weniger Beschäftigte gebraucht würden, um unser BIP zu erzeugen. Folglich müsse man immer weiter wachsen, um die gleiche Zahl an Arbeitsplätzen anbieten zu können.

Eine Rechnung, die lange aufging. Aber inzwischen haben wir festgestellt, dass das Wachstum in diesem Punkt nicht hält, was

Politik und Wirtschaft uns versprechen: Wachstum alleine führt keineswegs dazu, dass alle Bürgerinnen und Bürger einen angemessenen Anteil an der Erwerbsarbeit und den damit verbundenen Einkommen haben. Und beim zunehmenden (notwendigen) Umbau zu einer Dienstleistungsgesellschaft gilt: Es gibt einen wachsenden Anteil an Tätigkeiten, bei denen die Arbeitsproduktivität nicht gesteigert werden kann, ohne dass die Tätigkeit an sich sinnlos würde (etwa in der Pflege oder dem Gesundheitswesen allgemein).

Außerdem hat auch in der Vergangenheit vor allem die Arbeitsmarktpolitik darüber entschieden, ob der Beschäftigungsstand hoch war. In den 1970er- und 1980er-Jahren ist es den Gewerkschaften gemeinsam mit sozialdemokratischen Politikern gelungen, als Antwort auf die schnell steigende Arbeitsproduktivität mit Arbeitszeitverkürzungen für eine faire Verteilung von Arbeit zu sorgen. Leider gibt es auch ein negatives Gegenbeispiel: Mit der Liberalisierung der Arbeitsmärkte und der Einführung von Hartz IV ist es auch ein »Verdienst« der Politik, dass die Arbeit heute weder fair noch gerecht verteilt oder bezahlt wird.

Tatsache ist: Wir könnten unseren heutigen Wohlstand mit höchstens 20 bis 25 Stunden Arbeit pro Woche erzeugen, wenn wir das Arbeitsvolumen (die tatsächlich gearbeiteten Stunden) gleichmäßig auf die Erwerbsbevölkerung verteilen würden.

Anders gesagt: Nein. Wir müssen nicht wachsen, damit alle Arbeit und ein auskömmliches Einkommen haben. Wir müssen nur das tun, was in Deutschland schon einmal gelungen ist: Die Arbeit und die Einkommen fair verteilen. Zwischen Männern und Frauen und über alle Generationen hinweg.

Muss das Kapital immer weiter wachsen?

Wie weiter oben bereits angesprochen, gibt es verschiedene Arten von Kapital: Geld und Maschinen für die Produktion, Infrastruktur wie Handysendemasten und Autobahnen, aber auch die Fähigkeiten, die wir brauchen, um gute Arbeit zu leisten und um den Anforderungen in der Arbeitswelt gerecht zu werden. Dabei ist vor allem darauf zu achten, dass das eine nicht auf Kosten des anderen geht. Kapital ist kein Selbstzweck, sondern letztlich nur die Grundlage jeder weiteren Entwicklung. Und wenn die Zeichen dieser Entwicklung nicht mehr auf Wachstum stehen und das Kapital dennoch wächst, sinkt die Produktivität des Kapitals, und das geht zulasten des Konsums.

Bleibt noch eine Kapitalform übrig, mit der wir uns in diesem Kapitel noch nicht beschäftigt haben: das Geld bzw. Geldvermögen. Die ständige Ausweitung des Geldvermögens ist – wie oben dargestellt – sowohl ein Treiber als auch ein Bremsklotz für weiteres Wachstum. Dies gilt nicht nur, aber vor allem für den von den Finanzindustrien getriebenen Teil der Geldwirtschaft, die gegenüber der Realwirtschaft (Unternehmen) keine dienende Funktion mehr hat, sondern Parallelwelten bevölkert, in denen sich Geld irgendwie von selbst vermehrt. Aktionäre erwarten Renditen. Bei eigentümergeführten Unternehmen, die nicht an der Börse agieren, spielen in der Regel eher langfristige Überlegungen eine Rolle. Die Sinnhaftigkeit ihres Tuns, die Freude am »Unternehmertum« und auch die soziale Verantwortung für ihre Mitarbeiter stehen mit im Zentrum ihrer Arbeit. Doch auch sie brauchen Kapital.

Zu den Boomzeiten vor der großen Finanzmarktblase 2008 war es gerade für diese Unternehmen schwer, an Kapital zu kommen, und sie mussten hohe Zinsen zahlen. Ähnliches ist zurzeit wieder zu beobachten. Die Banken vergeben weniger Kredite, weil die Reform des Finanzmarktes sie zwingt, für Kredite, die mit Risiken verbunden sind, höhere Rückstellungen vorzuhalten.

Das Kapital zog in der jüngeren Vergangenheit immer wieder Investments in globalen Investmentfonds vor, die Renditen versprachen, von denen normale Unternehmen nur träumen können. Nachdem viele dieser Träume geplatzt sind, fragen sich viele Investoren und Sparer heute, welche Alternativen sie haben und wo sie ihr Geld sicherer und langfristig rentabel anlegen können. Immerhin ist inzwischen das Verständnis für die schlichte Tatsache gewachsen, dass Geld kein Geld macht, sondern, dass dies nur Menschen, Märkte und Unternehmen können. Ein guter Anfang.

Wer heute in Europa Investitionen fordert, um Arbeitsplätze zu schaffen oder um soziale Ungleichheit zu beheben, ohne gleichzeitig Antworten auf die drängenden Umwelt- und Ressourcenprobleme zu geben, kennt unserer Meinung nach entweder die Folgen nicht oder ist gemeingefährlich. Wirtschaftswachstum nach dem Motto *business as usual* ist heute ökologisch, ökonomisch und sozial nicht mehr zu verantworten. Es sei denn, das Wachstum verbindet zwei Dinge miteinander: Es erhöht die Lebensqualität und verbraucht weniger oder keine Ressourcen. Ob das eine Utopie ist oder machbar, damit werden wir uns weiter unten noch einmal ausführlich beschäftigen.

Ist Ressourceneffizienz der nächste Wachstumstreiber? Oder eher die nächste Falle?

Die Tatsache, dass Rohstoffe billig waren und Natur scheinbar grenzenlos zur Verfügung stand, war einer der wichtigsten Treiber der industriellen Entwicklung. Das stößt jetzt an Grenzen. Was Dennis und Donella Meadows vor vierzig Jahren mit ihrer Studie über die »Grenzen des Wachstums« beschrieben haben, holt uns jetzt ein. Wir empfehlen allen Kritikern, sich die Mühe zu machen, die Szenarien von damals (es waren keine Prognosen!) nachzulesen. Es ist unglaublich, wie präzise dieser Bericht schon damals die Risiken und Krisen vorausgesagt hat, die heute fast alle Regierungen der Erde beschäftigen. Was auch immer in Zukunft noch wächst, es steht unter dem Paradigma des 21. Jahrhunderts, das da lautet: Unser Ressourcenverbrauch ist bei Weitem zu hoch.

Wenn uns Arbeit, Kapital und Ressourcen ausgehen, können wir versuchen, mit technischen Neuerungen gegenzusteuern. Das Hauptaugenmerk wird in Zukunft auf der Reduzierung unseres Rohstoffverbrauchs liegen. Die Eingriffe in die Natur, die mit der Bereitstellung von Rohstoffen verbunden sind, überfordern die Biosphäre. Es handelt sich um eine Entwicklung, die in besonderem Maße solche »Businessmodelle« infrage stellt, die bisher von der Deutschland AG oder der Österreich AG bevorzugt wurden: die Veredlung und der Export von Gütern, die aus importierten Rohstoffen hergestellt werden.

Wir haben uns mit diesem Modell in eine Abhängigkeit begeben, die uns umso teurer zu stehen kommen wird, je knapper die dringend benötigten Rohstoffe werden. Fakt ist auch: Unser Ressourcenverbrauch ist heute, je nach Produkt oder Dienstleistung, um den Faktor 5 bis 10 zu hoch. Wir brauchen einen Wohlstand, der die ökologischen Grenzen des Planeten respektiert.

Aber ist es realistisch anzunehmen, dass wir unseren Ressourcenverbrauch auf ein Fünftel oder Zehntel des jetzigen Niveaus absenken können? Zumal, wenn die Treiber, durch die ein solcher Fortschritt finanziert werden muss, kräftig schwächeln oder versagen? Denn die Zukunftsszenarien, die bisher von Politikern, Unternehmen und Forschern vorgelegt wurden, vertrauen hier fast ausschließlich auf die Entwicklung neuer Technologien, die es »schon richten werden«. Sie setzen darauf, dass wir aus jeder Arbeitsstunde, jedem Euro an eingesetztem Kapital, jedem Liter Erdöl und jeder Tonne Ressourcen *mehr* herausholen würden und auf diese Weise die drohende Verknappung nicht nur kompensieren – sondern außerdem auch noch wachsen. Hurra!

Schon vor Jahren haben sich dazu unter anderem zwanzig österreichische Ökonomen von WIFO, IHS, Bank Austria, Nationalbank, SERI und mehreren Universitäten sehr skeptisch geäußert. Ihre Botschaft: Damit sich zum Beispiel die ausgerufenen Klimaziele (globale Halbierung der Klimagase bis 2050) durch Effizienzsteigerungen erreichen lassen, muss die Energieproduktivität bei gleichbleibender Wirtschaftsleistung jährlich um 3,5 Prozent steigen. Soll die Wirtschaft darüber hinaus um 2 Prozent pro Jahr wachsen, wäre sogar eine jährliche Effizienzsteigerung von 5,4 Prozent notwendig. Die Entwicklung der letzten Jahre zeigt, dass wir davon weit entfernt sind. Und auch, dass wir die Grenzen des Wachstums durch »grünes Wachstum« nicht aushebeln können. Zwar gibt es immer wieder konkrete Beispiele, wie einzelne Produkte mit wesentlich weniger Ressourcen produziert werden können – aber um einen Effizienzfortschritt von 5,4 Prozent pro Jahr zu erreichen, müsste in fünfzehn Jahren *alles,* was produziert wird, mit der Hälfte der heute dafür benötigten Energie hergestellt werden. Bei diesen Vorgaben dürfte es selbst den größten Optimisten mulmig werden.

Aber aus Angst, die wirtschaftliche Entwicklung zu gefährden, werden die Folgen des Klimawandels und des hohen Ressourcenverbrauchs aus dem politischen und wirtschaftlichen Tagesgeschehen immer noch weitgehend verdrängt. Als könnten wir der Natur verordnen, dass sie sich bitte schön an unseren Wünschen orientiert.

Was bedeutet Ressourceneffizienz konkret?

Effizienz in diesem Bereich kann bedeuten, dass der Ressourcenverbrauch langsamer wächst als die Wirtschaft (das BIP). Das wäre dann der Fall, wenn wir bei gleichem oder gesteigertem Output (verglichen mit dem Vorjahr) Rohstoffe besser nutzen würden: indem wir Produkte »schlanker« produzieren oder indem wir sie länger im Kreislauf halten (durch längere oder gemeinsame Nutzung) bzw. recyceln. So etwas nennt die Wissenschaft »Entkoppelung«. Doch wie weit kommen wir mit einer solchen Entkoppelung, wenn wir gleichzeitig auf Wachstum setzen? Wenn die Effizienzgewinne zum Beispiel bei der Herstellung von modernen Kühlschränken davon aufgefressen werden, dass die Konsumenten seit Längerem einen Hang zu diesen amerikanischen Monstren haben, die auch noch Eiswürfel produzieren können? (Warum nicht? Steht doch Energieklasse A+++ drauf!) Unterm Strich nützt das dem Klima wenig.

Die meisten Experten gehen zudem davon aus, dass technische Maßnahmen alleine nicht in der Lage sein werden, den

Ressourcenverbrauch auf das Niveau zu senken, das erforderlich ist. Einige fordern, möglichst bald über die Preise sichtbar zu machen, wie knapp und wie wertvoll Rohstoffe tatsächlich sind bzw. mit welchen Kosten und Risiken ihre Gewinnung verbunden ist. Eine Variante wäre, Rohstoffe deutlich teurer zu machen – über eine Ressourcensteuer oder ein Zertifikatsystem, wie es im Klimaschutz angewandt wird. Ähnlich wie beim Emissionshandel für Treibhausgase könnten wir mit sogenannten Materialinput-Zertifikaten handeln; das sind Eigentumsrechte an natürlichen Ressourcen, deren Gesamtvolumen Schritt für Schritt auf eine vereinbarte Zielmenge reduziert wird. Aber solange auch dies an die Prämisse Wachstum gekoppelt bleibt, wird sich wenig ändern. Wachstum – auch ressourceneffizientes – bedeutet, dass wir Jahr für Jahr immer noch mehr herstellen. Ein jährliches Wachstum von 3 Prozent bedeutet, dass wir in 24 Jahren doppelt so viele Produkte auf den Markt werfen werden wie heute. Wenn das mit der ausgerufenen Ressourceneffizienz Schritt halten soll, hieße das: Wir dürften den doppelten Wohlstand nur noch mit einem Bruchteil des heutigen Ressourcenverbrauchs herstellen.

Was sagt Ressourceneffizienz über die ökologische Qualität aus?

Wer Wachstum *und* Ressourceneffizienz fordert, muss unser Konsumverhalten im Auge behalten. Denn wenn wir immer mehr »schlanke Produkte« kaufen, dann haben wir »nur« erreicht, dass der Ressourcenverbrauch langsamer wächst als die Wirtschaft.

Abgesehen davon müssen wir uns fragen, ob Ressourceneffizienz allein ausreicht. Wenn bei der Herstellung eines Produkts weniger Rohstoffe verwendet werden, ist das ein erster wichtiger (und notwendiger) Schritt. Aber es geht auch darum, wie lange und wie oft Produkte ihren Zweck erfüllen, also den Nutzen stiften, für den sie produziert wurden. Ein Möbelstück, das nur aus Spanplatten besteht und keinen Umzug übersteht, mag bis zur Auslieferung an den Kunden vielleicht einen verhältnismäßig kleinen ökologischen Rucksack gehabt haben. Aber wenn es nur drei Jahre seinen Dienst tut, wird sich der Rucksack stark vergrößern. Ein Auto, in dem immer nur eine Person sitzt und das nach zehn Jahren verschrottet wird, hat bei gleichem ökologischen Rucksack eine höhere Materialintensität pro Serviceeinheit (gefahrene Kilometer) als ein Auto, das regelmäßig vier Menschen transportiert und zwanzig Jahre gefahren wird. Und eine Waschmaschine, die fünfzehn Jahre ihren Dienst tut und in einem Waschsalon steht, ist ungleich ökoeffizienter als eine Waschmaschine in einem Einpersonenhaushalt. Entscheidend ist also nicht nur, was vorne reinkommt, sondern auch, was hinten rauskommt: als Nutzen und echter Wohlstandsgewinn im Vergleich zu den eingesetzten Ressourcen. Schmidt-Bleek nannte das bekanntlich die »Materialintensität pro Serviceeinheit«, kurz MIPS.

C.A.

In meinem Job als Referentin in der Umweltbehörde war ich für EU-Angelegenheiten und einen Teil des Programms »Arbeit und Umwelt« zuständig. Die Bremer SPD-Regierung förderte die Entwicklung von Umwelttechnologien und andere Aktivitäten der Wirtschaft in Richtung Umweltmanagement oder Umweltbildung. Mir gelang es in diesem Zusammenhang, Ende der Achtziger eine große EU-Konferenz zum Thema »Stadt und Umwelt« nach Bremen zu holen. Bei der Vorbereitung dieser Konferenz hörte ich erstmals den Begriff »Nachhaltigkeit«. Ich erinnere mich noch ganz genau an meine Reaktion. Als ein Umweltplaner den Begriff fallen ließ, fragte ich ganz unbeleckt: »Was soll das sein?« Er zitierte als Antwort die Nachhaltigkeitsdefinition des »Brundtland-Reports«. So abstrakt das in diesem Moment war, dachte ich spontan: Nachhaltigkeit ist die Antwort auf viele der Fragen, die mich damals beschäftigten. Mein Grundgefühl, dass Emissions- und Immissionsschutz keine Antwort auf die Endlichkeit der Welt war, wurde durch diesen Begriff auf den Punkt gebracht. Kurz darauf fand in Loccum eine Tagung statt, auf der Magnus von Brakel den Bericht »Sustainable Netherlands« vorstellte – eine Studie, die zum ersten Mal das Thema Nachhaltigkeit für eine ganze Volkswirtschaft durchdeklinierte. Auf dieser Tagung wurde auch bekannt gegeben, dass BUND, Misereor und das Wuppertal Institut gemeinsam das Abenteuer wagen würden, eine vergleichbare Studie zu erarbeiten, die den Titel »Zukunftsfähiges Deutschland« tragen würde. Ich kam restlos beglückt und aufgeregt nach Hause und war mir sicher, dass ich an diesen Fragen weiterarbeiten wollte.

F.H.
Christine und ich sind uns Anfang der 1990er-Jahre am Wuppertal Institut zum ersten Mal begegnet. Wir waren beide an einem spannenden Arbeitsprozess beteiligt: In vier aufeinanderfolgenden Workshops diskutierte die »Creme de la Creme« der deutschen Wissenschaft mit Nachhaltigkeitsexperten über das Forschungsprogramm »Dienstleistung 2000«. Kurz zuvor hatte das Wissenschaftsministerium die »Dienstleistungsgesellschaft« als neues Steckenpferd entdeckt und war dazu übergegangen, Konzepte gemeinsam mit den »Stakeholdern« zu entwickeln. Dahinter stand der nachvollziehbare Gedanke, dass »die Bürger« und »die Wirtschaft« in die Entscheidung mit ein-

bezogen werden sollten, für welche Handlungsfelder und Ziele Steuermilliarden zukünftig ausgegeben werden. Irgendjemand im Ministerium hatte auch das Thema »Ökologie und Umweltschutz« als ein mögliches Handlungsfeld der Dienstleistungsforschung definiert. Das Wuppertal Institut erhielt anschließend den Auftrag, in vier aufeinanderfolgenden zweitägigen Workshops gemeinsam mit anderen Experten die Eckpunkte zu definieren. Alles, was Rang und Namen hatte (und hat), war versammelt: Ernst Ulrich von Weizsäcker (Faktor 4), Friedrich Schmidt-Bleek (Faktor 10), Walter Stahel (Performance Ökonomie/Life-Cycle-Management), Wolfgang Sachs und Gerhard Scherhorn (neue Wohlstandsmodelle/Suffizienzstrategien), Uta von Winterfeld (vorsorgendes Wirtschaften), Wolfgang Kreibich (Zukunftsforscher), Willy Bierter (ein Kollege von Walter Stahel und mir) und viele andere mehr.

Diese Tagungsreihe war nicht nur ein Meilenstein für die Nachhaltigkeitsforschung. Unsere Themen begannen mit der Zeit, in den Mainstream einzusickern. Die Arbeitsgruppen, in denen wir über Ökoeffizienz nachdachten, erarbeiteten Vorschläge, die bis heute wegweisend sind. Angefangen beim Carsharing und Strategien des Teilens und Tauschens bis hin zu neuen Konzepten für die Kreislaufwirtschaft oder die ökologische Steuerreform gab es kaum ein Thema, zu dem nicht damals schon grundlegende Vorschläge und Theorien entwickelt wurden.

Wir haben den »ökologischen Rucksack« bereits in Kapitel 4 am Beispiel eines Glases Erdbeermarmelade beschrieben. Was für Erdbeeren gilt, gilt selbstverständlich auch für Schuhe und viele andere Produkte (Möbel, Kinderspielzeug, Teppiche). Von 1997 bis 2004 habe ich (C.A.) mich sehr intensiv mit dem Thema Schuhproduktion beschäftigt. In den Jahren danach lag der

Schwerpunkt bei elektronischen Produkten, auf die ich später noch einmal zurückkommen werde. Mit Partnern aus Wissenschaft und Wirtschaft und einer Handvoll Schuhmachern, die noch Maßanfertigungen oder orthopädische Schuhe herstellten, waren wir auf der Suche nach einem schlanken Verfahren, mit dem Maßschuhe seriell gefertigt werden könnten. Wir wollten wissen, ob nicht nur unsere Füße, sondern auch die Umwelt davon profitieren würde, wenn der hochwertige handwerklich produzierte (Maß-)Schuh an die Stelle von Konfektionsschuhen treten würden. Mithilfe der MIPS-Methode berechnete unser Kollege Michael Ritthof vom Wuppertal Institut damals die Ressourcen, die für die Herstellung von Schuhen verbraucht werden. Dieser Ressourcenverbrauch wurde anschließend auf die Lebensdauer des Schuhs umgelegt. Dabei gingen wir von der Annahme aus, dass Schuhe von einfacher Qualität nur einen geringen Lederanteil haben und höchstens ein Jahr getragen werden, während Schuhe von hoher Qualität acht Jahre, Maßschuhe bis zu zehn Jahre getragen werden.

Herrenschuhe mit einer Lebensdauer von einem Jahr haben, wen wundert's, einen dramatisch höheren ökologischen Rucksack als Schuhe, die mehrere Jahre getragen werden. Auf die Nutzungszeit von einem Jahr übertragen, sind für die Herstellung unseres schlechten Schuhs 6 Kilogramm abiotisches (nicht nachwachsendes) Material, 1,16 kg biotisches Material (nachwachsend, wie zum Beispiel Leder oder Pappe) und 687 Liter Wasser nötig. Für sein hochwertigeres Pendant müssen 0,97 kg abiotisches Material, 2,55 kg biotisches Material (vor allem Leder und Kork) sowie 47,97 Liter Wasser aufgewendet werden. Der Umweltverbrauch eines kurzlebigen Schuhs ist pro Dienstleistungseinheit auf ein Jahr gerechnet also deutlich höher.

Unterm Strich belegten diese Ergebnisse, dass es sehr viel umweltfreundlicher ist, Geld für gutes Schuhwerk auszugeben, das über einen längeren Zeitraum hinweg getragen und auch repariert werden kann. Wobei die oben genannten Zahlen noch nicht den Umweltverbrauch berücksichtigen, der mit der Lagerung und dem Verkauf von Schuhen im Handel verbunden ist. Auch sagen sie nichts darüber aus, welche Umwelt- und Gesundheitsbelastungen sich möglicherweise durch die Schadstoffe ergeben, die heute in Konfektionsschuhen niedriger Qualität zu finden sind.

Während wir für hochwertige Schuhe recht gut sagen können, aus welchen Materialien sie bestehen (sie haben fast immer einen sehr hohen Lederanteil), ist dies für billige Massenware oder modische »Lifestyle«-Schuhe kaum möglich. Noch nicht einmal, wenn »Obermaterial Leder« draufsteht. Denn die Lederindustrie ist heute in der Lage, das Naturprodukt Leder in hauchfeine Streifen zu zerschneiden und diese mit Trägermaterialien wie Pappe oder Textilien so zu verbinden, dass der Unterschied kaum zu merken ist. Die Verbundmaterialien sind reichlich mit Schadstoffen versetzt. Zwei Drittel aller Schuhe, die heute verkauft werden, sind aus solchen Verbundwerkstoffen. Der Geschäftsführer des Bundesverbandes der Deutschen Schuhindustrie weiß zu berichten, dass von den 4,73 Paar Schuhen, die 2010 pro Kopf verkauft wurden, 1,5 Paar aus Leder waren und 3,23 Paar aus anderen, weniger hochwertigen und billigeren Materialien. Die Menge an Chemikalien, die für die Schuhproduktion heute eingesetzt wird, ist höchst problematisch. Welche Hilfs- und Zusatzmittel in Schuhen zu finden sind, darüber gibt nicht nur die lange Liste verbotener Stoffe Auskunft, die die EU in einer eigenen Umweltrichtlinie aufzählt. Die Zeitschrift *Öko-Test* informierte ihre Leser kürzlich darüber, dass in Damen-Sneakern jede Menge problematischer Inhaltsstoffe stecken, darunter polyzyklische aromatische Kohlenwasserstoffe, die mit sogenannten Weichmacherölen in die Gummi- und Plastikteile gelangen, aber nur in Lebensmitteln und Autoreifen verboten sind. Außerdem wurden Dibutylzinn und andere giftige zinnorganische Verbindungen gefunden, die als Schutzanstrich für Schiffe seit Jahren verboten sind, dazu das Schwermetall Chrom sowie das allergisierende Chlorkresol, kurzkettige Chlorparaffine, die unter Krebsverdacht stehen, phosphororganische Verbindungen und das antibakterielle und stark allergisierende o-Phenylphenol. Am Ende ihrer meist kurzen Nutzungsphase wandern diese Schuhe in den Hausmüll und werden meist verbrannt. Eigentlich würden sie in den Sondermüll gehören.

Hinzu kommt, dass hinter diesen schlechten Produkten Arbeitswelten stehen, für die wir uns schämen sollten. Das ganze Wertschöpfungsmodell kommt uns alle in vielerlei Hinsicht teuer zu stehen. Wenn wir mit dem Schuh, den wir kaufen, zugleich auch die Kosten mitbezahlen müssten, die diese Art von Fortschritt mit sich bringt, wären sie sehr viel teurer. Umgekehrt gilt: Wären wir bereit, jedem an der Produktion Beteiligten einen fairen Preis für seine gute Arbeit zu bezahlen, wären wir alle zusammen reicher, und jeder von uns hätte eine Chance auf eine Arbeit, die ihm guttut.

Was also würde passieren, wenn wir diese Dinge beim Schuhkauf berücksichtigen würden? Nachhaltiger Konsum würde bedeuten: Wir kaufen langlebigere und gegebenenfalls auch teurere Produkte. Für die Wirtschaft heißt es, das BIP würde schrumpfen. Für uns Konsumenten heißt es, dass unterm Strich genauso viel oder mehr Wohlstand herauskommt (Stichwort Grenznutzen). Ein theoretischer Zusammenhang, der angesichts der unvorstellbar großen Mengen an Dingen, die jährlich auf den Müll wandern, von großer Bedeutung ist.

Wenn wir uns die Umweltbilanz ansehen, wäre es für uns und die Welt besser, wir würden hochwertige Schuhe tragen und diese hin und wieder reparieren lassen. Und wenn wir das Ganze aus der Perspektive Arbeitsplätze betrachten und aus einer ganzheitlichen sozialpolitischen Sicht, dann stellen wir schnell fest, dass es für uns alle besser und billiger wäre, wenn wir Schuhe tragen würden, die in Deutschland und Europa hergestellt werden, von Menschen, die hier ihre Sozialabgaben zahlen und ihre Familien ernähren können, weil sie Arbeit haben. Die Preisdrückerei, die mit unserem Kaufverhalten verbunden ist, sorgt in unserer Arbeitswelt und in anderen Regionen dieser Welt für enormes Leid.

Wachstum führt also heute keineswegs immer zu einer Angleichung der Lebensverhältnisse – es sorgt eher für eine Zementierung der bestehenden. Es sind mutige Schritte notwendig, um eine gerechtere Verteilung von Vermögen, Einkommen, Arbeit und Lebenschancen zu ermöglichen. Den Anfang müssen wir machen. Auch indem wir begreifen, dass ein Billig-T-Shirt aus mehr besteht als nur einem Stück Baumwolle. Denn unser von Wachstum getriebenes System führt dazu, dass in Ländern wie Bangladesch heute die niedrigsten Löhne der Welt gezahlt werden. In diesem Land mit 160 Millionen Einwohnern wird nur unsere Weigerung, solche Produkte zu kaufen, den notwendigen Druck auf die dortige Textilindustrie erzeugen, der sie dazu bringt, die Entlohnung und die Arbeitsbedingungen zu verbessern. Als am 24. April 2013 in Dhaka beim Einsturz einer Textilfabrik 3500 Menschen verschüttet wurden, haben viele mit Mitleid und Wut auf die schockierenden Bilder reagiert. Aber wie schnell sind diese Bilder wieder in Vergessenheit geraten? Und wie schnell greifen wir KonsumentInnen wieder zum günstigsten (Wegwerf-)Produkt? Denn wir wollen ein T-Shirt, kein Schicksal.

Kapitel 7

Lessons learned?

Ein kurzes Zwischenfazit, bevor wir nach vorne blicken: Das wirtschaftliche System, in dem wir leben, ist höchst labil. Das liegt in seiner Natur. Es ist systemisch bedingt, denn seine Teile sind aufs Engste miteinander verflochten. Und über allem stand bisher das Diktat der Märkte. Inzwischen rufen aber selbst solche Experten nach mehr »Regulierung«, die noch vor Kurzem der »Freiheit« alles opferten und wirtschaftliches Wachstum mit allen Mitteln erzwingen wollten. Der Neoliberalismus und die entfesselten Finanzmärkte waren in diesem Prozess wichtige Treiber. Was wir heute brauchen, ist ein grundsätzliches Umdenken: Bei Staaten wie Unternehmen, aber auch bei jedem Einzelnen. Die meisten Systeme und Individuen verändern leider erst dann etwas an ihrem Verhalten, wenn sie keine andere Wahl mehr haben. Wichtiger als das Warnen vor Katastrophen ist es heute, Alternativen aufzuzeigen, die lebenswert sind. Mag sein, dass es tatsächlich gelingt, noch einmal kurzfristig mithilfe neuer Technologien und dem notwendigen ökologischen Umbau die Grenzen des Wachstums ein wenig zu verschieben. Solange wir aber eingesparte Energie und eingesparten Rohstoffe dafür verwenden, immer mehr herzustellen und zu verbrauchen, kommen wir nichts ans Ziel. Ökoeffizienz alleine kann und wird den Ressourcenverbrauch nicht in dem Umfang absenken, wie es erforderlich wäre, solange ein stetiger Zuwachs an wirtschaftlichen Aktivitäten alle Effizienzgewinne wieder auffrisst. Grünes Wachstum wird sich als Bumerang erweisen, denn für alle Investitionen – auch die in grüne Produkte und Infrastruktur gilt: Geld bewegt Natur.

Weil wir die Grenzen des Wachstums auch dann unweigerlich erreichen, wenn es uns gelingt, uns mit grünen Technologien noch ein wenig Zeit zu kaufen, ist es notwendig, an unserer Lebensweise grundsätzlich etwas zu verbessern. Die Zeiten hoher Wachstumsraten sind ein für alle Mal vorbei, und das hat gute Gründe, mit denen wir uns auf den folgenden Seiten beschäftigen werden. Wir glauben nicht, dass die Krisen der letzten Jahrzente singuläre Gründe hatten: von der Dotcom-Euphorie über die Immobilienblase bis zur Eurokrise. Sondern dass sich dahinter die weit fundamentaleren »Grenzen des Wachstums« verbergen, auf die vor über vierzig Jahren schon der Club of Rome hingewiesen hatte. Denn nicht nur die Ressourcen, sondern praktisch *alle* Wachstumstreiber versagen. Das Wachstum der letzten Jahrzehnte haben wir uns mit Geld erkauft, davon ist der deutsche Sozialwissenschaftler Wolfgang Streeck überzeugt: Dieses Geld kam zunächst aus der Verschuldung der Nationalstaaten, dann aus der Liberalisierung der Banken und schließlich aus den geöffneten Schleusen der Zentralbanken. Die tiefer liegenden Probleme, die immer wiederkehrenden Wachstumsschwächen, vermochten diese Geldspritzen allerdings nicht zu lösen. So ist es bis zur nächsten Krise nur eine Frage der Zeit.

Im dritten und vierten Teil unseres Buches gehen wir daher der Frage nach, wie wir uns dieser unvermeidlichen Tatsache stellen können. Eines funktioniert ganz sicher nicht: Einfach immer nur für die Rückkehr auf den alten oder auf den neuen Wachstumspfad des *green growth* zu plädieren.

Teil III

END-LICH ODER:
LANGSAMER, ANDERS, BESSER

Nachdem wir beschrieben haben, wie Wirtschaftswachstum entsteht, welche positiven und negativen Auswirkungen es hat und warum wir uns darauf verlassen können, dass es so nicht weitergeht, wollen wir uns nun fragen, ob es auch anders gehen kann. Und wenn ja, was diese Veränderungen für uns persönlich bedeuten könnten, für die Politik und die Wirtschaft. Die notwendigen Weichenstellungen müssen nicht negativ sein, sie müssen uns auch keine Angst machen. Wir können sie vielmehr als Chance begreifen, einen Wandel herbeizuführen, an dessen Ende mehr Lebensqualität steht und eine begründete Hoffnung darauf, dass auch unsere Enkel und Urenkel noch eine Welt vorfinden werden, die ihnen ein gutes Leben im Einklang mit der Natur ermöglicht. Wir haben es in der Hand. Wir können die notwendigen Veränderungen mitgestalten, sofern wir dazu bereit sind, auch uns selbst zu verändern, einen Aufbruch zu wagen.

Kapitel 8

Nach dem Crash

Hohwacht, ein Ferienort in der Kieler Bucht an der Ostsee. Es ist Spätsommer, und wir haben uns eine Woche freigenommen, um hier am dritten Teil dieses Buches zu arbeiten. Eine gute Idee, hatten wir gedacht; eine schöne, inspirierende Umgebung und abends regelmäßig fangfrischen Fisch aus dem Binnensee oder dem Meer, dazu ein Glas Wein, was will man mehr.

Gleich am nächsten Vormittag zogen wir los – und waren schnell ernüchtert. Im einzigen Lebensmittelgeschäft des Ortes wurde nur Tiefkühlware angeboten, und auf dem Wochenmarkt in Lütjenburg, den wir als Nächstes aufsuchten, gab es zwar einen Fischstand, aber der offerierte Waren aus aller Welt und nicht aus der Hohwachter Bucht. Nun könnte man meinen, dies sei eine Folge von Überfischung und der deshalb notwendig gewordenen Regulierungen. Das stimmt aber nur zum Teil. Die Tatsache, dass wir keinen regionalen Frischfisch bekamen, ist in erster Linie das Ergebnis von Konzentrationsprozessen im Einzelhandel.

In der Hohwachter Bucht gibt es in diesem Jahr noch drei Fischer. Einer konnte nicht auslaufen, sein Boot war kaputt; der zweite beliefert die Restaurants der Umgebung, die seine Ware komplett abnehmen. Nur einer verkauft noch regelmäßig morgens an der Mole in Lippe seinen Fang an Privatleute, den Rest an Restaurants. Als sein Boot herantuckert, hat sich bereits eine lange Schlange gebildet, Menschen mit Plastiktüten und Eimern in der Hand. Schnell spricht sich herum, dass es heute keinen Dorsch gibt. Nur Plattfisch. Ob sich das Warten lohnt? Wenn wir Pech haben, hat der Fischer schon alles verkauft, bis wir an der Reihe sind. Aber wir haben Glück. Mit sechs kleinen Ostseebutten in der mitgebrachten Plastiktüte machen wir uns auf den Rückweg. Heute Abend gibt es frischen Fisch. Den haben wir uns verdient.

In der Hohwachter Bucht haben wir aber auch eine ganz andere Entwicklung erlebt. Im Umkreis von wenigen Kilometern gibt es inzwischen zwei Hofläden, die eigenes Gemüse und Obst und eine kleine Auswahl an Käse, Marmelade und Honig anbieten. Es gibt eine Verkaufsstelle für Fleisch von Galloway-Rindern und zwei Lädchen, in denen man geräucherten Fisch bekommt. Mindestens vierzig kleine Käsereien sind in den letzten Jahren in Schleswig-Holstein gegründet worden, und jede von ihnen hat ein eigenes, unverwechselbares Sortiment. Auch in Hamburg sind diese Spezialitäten inzwischen auf den Wochenmärkten und in manchen Lebensmittelläden zu bekommen. Generell kann man feststellen, dass das Angebot an biozertifizierten und regionalen Lebensmitteln immer umfangreicher wird. Neuerdings gibt es sogar so etwas wie »solidarische Landwirtschaft«. Solidarische Landwirtschaft bedeutet, dass große Höfe von einer Gemeinschaft von Menschen finanziert und getragen werden, die jeden Monat eine fixe Summe bereitstellen und dafür Anrecht auf »einen Ernteanteil« haben.

Die Menschen, die heute in Hohwacht im Hofladen der Manteys einkaufen oder sich mit der »grünen Kiste« beliefern lassen oder gezielt landwirtschaftliche Betriebe in ihren Regionen unterstützen, sind keineswegs nur »Ökos«. Es sind Menschen, die gerne essen und sich freuen, wenn sie besonders frische, wohlschmeckende Lebensmittel zu guten Preisen direkt vom Erzeuger ihres Vertrauens bekommen können. Aus einer lange Zeit eher belächelten Müslibewegung ist inzwischen eine richtige Volksbewegung geworden, zumindest innerhalb einer engagierten, gebildeten und finanziell gut gestellten Schicht. Das merkt man nicht nur beim Einkaufsverhalten, sondern auch bei der Zunahme »grüner« Energie in Privathaushalten und selbst bei Finanzprodukten. Fonds, die auf Nachhaltigkeit setzen, versprechen gute Renditen, ebenso Projekte, bei denen das investierte Geld in der Region sinnvoll eingesetzt wird, etwa in Biogasanlagen oder Wasser.

Auch wenn es die andere Seite der Medaille nach wie vor gibt – industrielle Landwirtschaft, Hypermärkte, Preisdrückerei durch Discounter, Preistreiberei durch Spekulanten: Wer genau hinsieht, entdeckt, dass das Neue neben dem Alten und Vertrauten heranwächst. Eine Entwicklung, die sich seit Ausbruch der Krise 2008 verstärkt und dazu geführt hat, dass sich immer mehr Menschen mit alternativen Modellen beschäftigen. Der erste Schritt wird dabei in der Regel im Privaten vollzogen: Das gilt für Ernährung und Energie ebenso wie für die bereits erwähnten Finanzprodukte. Genau genommen befinden wir uns bereits mitten in einem aufregenden Transformationsprozess, der viele Gesichter hat. Es gibt die »Transition-Town-Bewegung«, die weltweit agiert und Städte, Kommunen oder einzelne Stadtteile nachhaltiger gestalten möchte. Die jungen Leute vom Prenzlauer Berg in Berlin, die gemeinsam Gärten bewirtschaften, Cityfarmer, die Kräuter, Salate oder Pilze auf Grünstreifen oder Hausdächern anbauen. Schon 2010 haben Experten vorgerechnet, dass es theoretisch möglich ist, die Metropolregion »Le Grand Paris« mit Produkten aus dem Umland zu ernähren: 600 m² Land reichen aus, um einen Erwachsenen vegetarisch zu ernähren, 1200 m² benötigt man, wenn wir so viel Fleisch essen wollen wie heute. Stadt und Land sind möglicherweise in Zukunft kein Gegensatz mehr. In der Begrünung der Städte und in einer engmaschigen Vernetzung der Bewohner und des Handels mit den landwirtschaftlichen Betrieben der Metropolregionen liegt ein ungeheures Potenzial.

Was das mit dem Ende des Wachstums zu tun hat?

Eine ganze Menge: Es ist ein Beispiel dafür, dass das Ausbleiben von Wachstum nicht zu Stillstand führen wird. Dass sich neue Möglichkeiten auftun werden, die unser Leben bereichern. Ein Zuwachs an Lebensqualität ist auch und gerade dann möglich, wenn wir unsere Gesellschaft umbauen. Die Schatten unseres Wohlstandsmodells und unserer Wirtschaftsweise sind in den letzten Jahrzehnten immer länger geworden. Weltweit, in Europa und bei uns in Deutschland und Österreich. Wir wissen heute, dass immer mehr Wachstum keineswegs immer zu mehr Wohlstand führt; dass das BIP schon lange nur noch wächst, weil die Arbeitswelt immer unbarmherziger wird; dass Wachstum die Kluft zwischen Arm und Reich zementiert und mit massiver Umweltzerstörung verbunden ist.

Wir haben an vielen Beispielen gezeigt, dass unser Wachstum Züge eines Scheinriesen angenommen hat. Das, was wächst, ist immer öfter überflüssig und tut uns nicht gut. Diese Art von Wachstum verkehrt sich ins Gegenteil. Es hat uns in die Krise geführt. Die gravierenden Verteilungsprobleme unserer Gesellschaft können nicht mehr mit Wachstum gelöst werden. Auch wenn das für die regierenden Parteien das Bequemste wäre. Wir haben gezeigt, dass das fortgesetzte Beschreiten der alten Pfade das Fundament unserer Demokratie aushöhlt und dass unsere Wirtschafts- und Lebensweise auf Kosten der Natur und zulasten vieler Menschen in weniger entwickelten Regionen geht.

Der ökologische Rucksack und die damit verbundenen sozialen Kosten sind viel zu hoch. Außerdem haben wir ausgeführt, dass nicht die Wachstumskritiker daran schuld sind, wenn die Wirtschaft nicht mehr wächst. Es liegt schlicht in der Natur der Sache. Die Wachstumstreiber der Vergangenheit haben ausgedient, und weder der technische Fortschritt noch ein neuer »Green Deal« wird in den früh industrialisierten Ländern etwas daran ändern.

Aber das ist kein Grund, pessimistisch in die Zukunft zu sehen. Wir können und müssen diese Grenzen als Chance begreifen und einen gesellschaftlichen Wandel herbeiführen, an dessen Ende mehr Lebensqualität steht und die begründete Hoffnung darauf, dass auch unsere Enkel und Urenkel noch eine Welt vorfinden, in der sie gut leben können. Wir alle können der Motor für diese Veränderung sein.

Unsere Länder haben in den vergangenen Jahrzehnten eine ganze Reihe von Sozialreformen und Umbrüchen in Angriff genommen und bewältigt. Nach dem Krieg haben die Menschen gemeinsam ihre Länder wieder aufgebaut. Es war eine Zeit mit mehr Solidarität und Gemeinschaft als heute. In den 1960er- und 1970er-Jahren wurde die Wochenarbeitszeit um acht bis zehn Stunden gesenkt und die Mitbestimmung eingeführt. Die Renten wurden an die Lohnentwicklung gekoppelt. Wir haben einen solidarischen Sozialstaat aufgebaut, die Wiedervereinigung mit ihren immensen Kosten in Deutschland ökonomisch bewältigt. Wir haben die Frauenemanzipation auf den Weg gebracht. Und eine ökologische Bewegung, der Deutschland das Abschalten der Atomkraftwerke und eine Energiewende verdankt, die weltweit einmalig ist. Niemals ist es einer Generation so gut gegangen wie der unseren, die auf siebzig Jahre wachsenden Wohlstand und Frieden zurückblicken kann. Wir hätten allen Grund dazu, stolz zu sein auf das Erreichte, und auf unsere Fähigkeiten zu vertrauen, Krisen demokratisch und solidarisch zu bewältigen. Der Blick in die Vergangenheit lehrt uns, dass es gut war, diese Veränderungen mutig einzufordern und auf den Weg zu bringen. Es ist eigentlich unfassbar, dass diese Aufbruchstimmung so schnell verflogen und Europa in eine kollektive gesellschaftspolitische Lähmung verfallen ist. Wir lauschen den Politikern, die von »alternativlos« sprechen, starren Jahr um Jahr nur noch auf Wachstumsprognosen und Arbeitslosenzahlen und sind ansonsten zu einer unpolitischen, schweigenden Masse geworden. Es ist höchste Zeit, dass wir aufwachen, die Ärmel aufkrempeln und mutig darangehen, unsere Zukunft mitzugestalten, solange noch Zeit dafür ist.

Nur wenn wir jetzt er-wachsen werden und die unsinnigen Wachstumsversprechen als einen Taschenspielertrick entlarven, wird die Welt ohne soziale und politische Zerreißproben zu einer neuen Balance finden, in der Wohlstand, Lebenschancen und Ressourcen fair verteilt sind.

Kapitel 9

Wirtschaften, um zu leben, oder leben, um zu wirtschaften?

Der gute alte *Brockhaus* definierte den Begriff »Wirtschaft« in seiner Ausgabe aus dem Jahr 1992 so: »Wirtschaft dient innerhalb des menschlichen Daseins der materiellen Erhaltung und Sicherung des Lebens des einzelnen (z.b. Einzelwirtschaft, Hauswirtschaft) oder einer Vielheit von Menschen (z.b. Volkswirtschaft). Ihre Aufgabe und ihr Ziel ist die dauernde Deckung des menschlichen Bedarfs an Gütern und Leistungen. Die Wirtschaft ist objektiv gesehen der Inbegriff aller Opfer, Bemühungen, Institutionen und Maßnahmen, die der Überwindung der Spannung zwischen Bedarf und Deckung dienen. Subjektiv äußert sie sich als das Wirtschaften der Menschen (ihre wirtschaftlichen Handlungen und Tätigkeiten) mit dem Ziel, auf der Grundlage des Vergleichs von Kosten und Nutzen, von Aufwand und Ertrag, die naturgegebene Knappheit an Gütern zu verringern.« Wirtschaft ist demnach also ein System, das sich theoretisch in den Dienst des Menschen zu stellen und der Befriedigung von dessen Bedürfnissen zu dienen hat. Auch der amerikanische Ökonom Edmund S. Phelps sprach in seiner Rede anlässlich der Verleihung des Nobelpreises für Wirtschaftswissenschaften 2006 davon, dass eine »gute Wirtschaft« dem »guten Leben« dienen müsse; und Christian Felber prägte den Begriff »Gemeinwohlökonomie« und meint damit ein Wirtschaftsmodell der Zukunft, das mehr dem Gemeinwohl als dem des Einzelnen dienen müsse.

Tatsächlich hat sich hier etwas gründlich verselbstständigt. Die Wirtschaft dient nicht mehr uns, wir dienen ihr. Die Wirtschaft und ihr Wachstum sind zu einem Selbstzweck geworden, dem wir uns unterzuordnen haben, ganz gleich, ob wir uns das Ergebnis wünschen oder leisten können. Wir sind in einen Teufelskreis geraten, der über die Jahrhunderte beständig an Fahrt aufgenommen hat. Unsere Wirtschaftsordnung und das Marktgeschehen sind Ergebnisse einer kulturellen Entwicklung, die uns vom Jäger und Sammler über den sesshaft gewordenen Bauern zum spezialisierten Handwerker und Händler gemacht hat. Eine Entwicklung, die aus dem Tausch- das Finanzwesen hat entstehen lassen und aus nachbarschaftlichem Handel global agierende Konzerne. Der Fortschritt war rasant. Wer hätte sich Anfang oder Mitte des letzten Jahrhunderts vorstellen können, dass wir heute ein Bruttoinlandsprodukt haben, das sechsmal so hoch ist wie in den 1950er-Jahren?

Dennoch empfinden wir es als dramatische Krise, wenn das bisher erreichte hohe Niveau nicht in immer neue Höhen katapultiert wird. Dabei werden wir Normalbürger und auch die kleinen und mittleren Unternehmen gestärkt aus einer solch vermeintlichen Krise hervorgehen. Denn Währungs- und Wirtschaftskrisen bieten auch die Chance, die Karten neu zu verteilen und die Dinge, die sich in die falsche Richtung entwickelt haben, zurechtzurücken. Wir müssen unseren Wohlstand neu denken, was auch bedeutet: Wir werden ihn anders messen. Die Berechnung des Bruttoinlandsprodukts – bislang das Maß aller Dinge – liefert uns bekanntlich ja nur Informationen über den Wert von Gütern und Dienstleistungen. Ein trügerischer Maßstab. Denn hinter einem steigenden BIP können sich alle möglichen negativen Entwicklungen verbergen; diese Zahl sagt nichts darüber aus, wie gut es uns geht oder der Umwelt. Und selbst bei einem schrumpfenden BIP könnte es uns unter dem Strich sogar besser gehen. Weil wir zum Beispiel eine bessere Work-Life-Balance erreichen, seltener krank sind und die Gesundheits- und später Pflegekassen weniger stark belasten.

Ressourcenverbrauch, Konsum und Lebensqualität

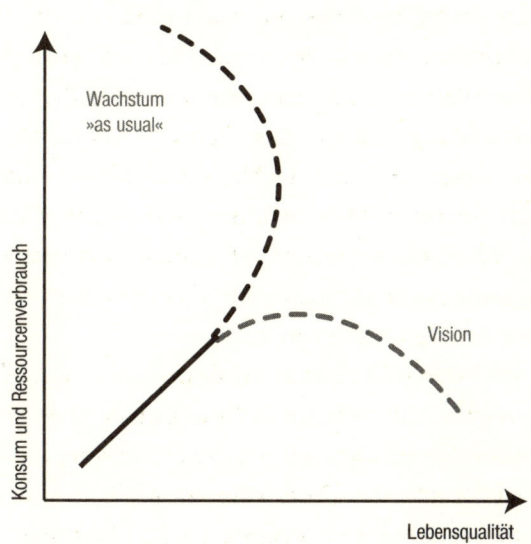

Aber was verstehen wir eigentlich unter Lebensqualität? Können wir sie überhaupt messen? Und was nützt uns ein steigender Lebensqualitätsindikator, wenn gleichzeitig die Artenvielfalt so abnimmt, dass die Natur sich nicht mehr regenerieren kann und wichtige Ökosysteme zugrunde gehen? Kurz: Wie können wir das »schlechte« vom »guten« Wachstum so abziehen, dass wir auf eine neue Messgröße kommen?

Vom Prinzip her würde das der Bilanzierungsmethode von Unternehmen ähneln: Auch sie ziehen ihre Verluste vom Ertrag ab; was übrig bleibt, ist der Gewinn. Aber wie bewertet man den Verlust einer Tier- oder Pflanzenart? Bei Bienen oder Regenwürmern wissen wir heute, welchen großen Wert sie für uns und unsere Natur haben. Doch wie verhält es sich mit Pflanzen? Klar ist nur: Jedes Ökosystem hat eine kritische Grenze. Aber wir wissen nicht, wann genau der Verlust von Arten dafür sorgt, dass das ganze Ökosystem instabil wird und kippt.

Es ist also kaum möglich, »gutes« und »schlechtes« Wachstum in einen Topf zu werfen und am Ende einen aussagekräftigen »Bilanzwert« in Euro stehen zu haben.

Obwohl alles mit allem zusammenhängt, sollten wir die Systeme also unabhängig voneinander bewerten – die Lebensqualität, das Wirtschaftsgeschehen, den Umweltverbrauch – und dann schauen, ob das eine nur auf Kosten des anderen wächst.

Bei der Messung des Umweltverbrauchs hat es, wie wir gesehen haben, Fortschritte gegeben: Der »ökologische Rucksack« liefert uns Informationen darüber, wie viel Umwelt bei der Herstellung, der Nutzung und der »Entsorgung« eines Produkts verbraucht wird. Ein solcher ökologischer Rucksack kann sogar für Lebensstile berechnet werden, für Städte, Regionen und Länder. Setzt man diesen Rucksack in Bezug zum Wirtschaftswachstum etwa in Deutschland, stellt man schnell fest, dass das Wachstum trotz steigender Ressourcenproduktivität bislang noch immer mit einer Zunahme an Ressourcenverbrauch verbunden war. Die Wirtschaft wuchs schneller als die »Ressourcenproduktivität«. Mit anderen Worten: Es gab keine Entlastung für die Umwelt.

Kommen wir zur Lebensqualität, die heute über Befragungen »gemessen« wird. Solche Erhebungen finden seit geraumer Zeit nicht nur national statt, sondern auch international, weshalb Vergleiche möglich sind. Dabei wurde festgestellt, dass bei Menschen, die ein gewisses Wohlstandsniveau erreicht haben, der

Grad an Zufriedenheit keineswegs von einer Zunahme des BIP abhängt. Wir haben ja bereits darauf hingewiesen, dass es die immateriellen Dinge sind, die wichtiger werden, wenn die Grundbedürfnisse gesichert sind. Die Bewohner unserer früh industrialisierten Länder sprechen von einer hohen Lebensqualität, wenn sie genug Freizeit haben, seltener krank sind, wenn sie eine gute Infrastruktur (Mobilitätsangebot) vorfinden, wenn sie sich politisch oder sozial engagieren dürfen und wenn die Gesellschaft jedem Bürger faire Chancen bietet, wodurch Einkommens- und soziale Unterschiede reduziert werden können. Gerade vor diesem Hintergrund stimmt der ungleiche Zugang zu Bildung und Arbeit, das Gefälle zwischen Arm und Reich heute nachdenklich. Bei diesen Schlüsselindikatoren für ein »glückliches« Leben haben sich unsere Gesellschaften in die falsche Richtung entwickelt.

Nun könnte man einwerfen, Glück sei etwas sehr Subjektives, eher ein Gefühl, das viele Gesichter hat. Psychologen und Philosophen unterscheiden hier grob zwischen jenem besonderen, außergewöhnlichen Glücksgefühl, das uns manchmal für kurze Zeit erfasst, wenn uns etwas gut gelungen ist, wenn wir frisch verliebt sind oder wir etwas genießen. Daneben gibt es aber noch eine tiefer gehende Dimension von Glück, die man auch mit Zufriedenheit beschreiben könnte. Ein gutes Grundgefühl, das uns durch den Alltag trägt und uns die Kraft gibt, auch schwierige Situationen zu bewältigen. Jeder weiß, dass das Leben nicht nur aus Glücksmomenten besteht, sondern uns mit immer neuen Herausforderungen konfrontiert, mit Enttäuschungen, Niederlagen, Krankheiten und Tod. Situationen, an denen wir wachsen, wenn wir uns auf sie einlassen. Das fällt uns leichter, wenn wir Vertrauen in uns und unser Umfeld haben.

Das hedonistische Glück dagegen ist ein flüchtiger Geselle, wir können es nicht festhalten und müssen immer wieder

»nachlegen«, um es fühlen zu können. Anders die Art von Glück, die »eudaimonisch« genannt wird: Sie hat mit »Sinn« zu tun, mit dem aktiven Gestalten des eigenen Lebens, mit persönlichem Wachstum, das zu einer dauerhafteren Zufriedenheit führt. Von diesem Zustand sprechen wir, wenn es im Folgenden um Lebensqualität geht. Denn auf der materiellen Ebene gibt es bei den meisten von uns nur wenig zuzusetzen.

Der Großteil der Befragten gab Gesundheit als einen wichtigen Faktor für eine hohe Lebensqualität an. In seinem Buch *Was es bedeutet, gesund zu sein* beschäftigt sich der Philosoph Klaus Michael Mayer-Abich sehr ausführlich mit diesem Thema. Sein Verständnis von Gesundheit geht – genau wie die Definition der WHO – weit über »das Fehlen von Krankheit« hinaus. Mayer-Abich entwickelt seine Philosophie der Gesundheit vor dem Hintergrund einer sehr umfangreichen medizinsoziologischen, psychologischen, soziologischen und philosophischen Bestandsaufnahme. Er geht der Frage nach, welche äußeren Faktoren heute darüber entscheiden, wie gesund wir sind und wie lange wir leben. Er kommt zu zwei wichtigen Ergebnissen: Ähnlich wie die internationale Glücksforschung stellt auch die Medizinsoziologie einen sehr engen Zusammenhang zwischen Bildung, sozialem Status, sinnvoller Arbeit und einem langen, gesunden Leben her. Wer arm ist, hat eine geringere Lebenserwartung. Wer nicht gebildet ist, stirbt in der Regel früher. Bildungs- und Einkommensarmut waren bisher eng miteinander verbunden. Meyer-Abich stellte außerdem fest: Schlecht bezahlte und fremdbestimmte Arbeit macht uns krank; ebenso Arbeit, die von der Gesellschaft (oder dem Chef) nicht wertgeschätzt wird oder bei der die Rahmenbedingungen unsicher sind. All das sorgt für erhebliche Abstriche bei der Lebensqualität und macht auf Dauer krank. Mit Gerechtigkeit hat es ohnehin nichts zu tun.

Für den ungarischen Psychologen Mihály Csíkszentmihályi ist Leben dann lebenswert, wenn wir einen »Flow« erreichen. Damit meint er Augenblicke, in denen wir Raum und Zeit vergessen und ganz bei uns sind und bei dem, was wir tun. Damit wir diesen Flow erleben dürfen, müssen wir aber auch bereit sein, immer wieder neue Herausforderungen anzunehmen, um an ihnen zu wachsen. Glückstheoretisch betrachtet machen Unterforderung und Überforderung gleichermaßen unglücklich. Es geht also immer um das rechte Maß zwischen Herausforderung und eigenem Vermögen (im Sinne von, was ein Individuum zu leisten vermag).

Was Csíkszentmihályi mit seinem Flow-Modell beschreibt, hat viel Ähnlichkeit mit dem, was der amerikanische Psychologe Clayton Alderfer unter »personal growth« versteht. Alderfer fasste Maslows fünfstufige Pyramide in einem Dreistufenmodell zusammen. An die Stelle von Maslows »Selbstverwirklichung« tritt bei ihm das Bedürfnis nach »persönlichem Wachstum«. Ein Bedürfnis, das Menschen dazu bringt, sich selbst und die eigene Umgebung kreativ zu verändern.

Das ist keineswegs eine neue Erkenntnis. Oscar Wilde, der berühmte irische Dandy des 19. Jahrhunderts, hat 1891 einen bemerkenswerten Aufsatz[1] veröffentlicht, in dem er das Elend anprangert, das Armut und Reichtum gleichermaßen in die Welt brächten. Nichts würde der wunderbaren Natur des Menschen weniger gerecht und versklave ihn mehr, als immer an Geld denken zu müssen. Dies gelte sowohl für diejenigen, die zu viel davon hätten, als auch für diejenigen, die zu wenig davon hätten: »›Erkenne dich selbst‹ stand am Eingang der antiken Welt

---

1 Oscar Wilde, »The Soul of Man under Socialism«, erschienen im Februar 1891 in *The Fortnightly Review*

geschrieben. ›Sei du selbst‹ ist die Botschaft Christi an den Menschen. Sie wird über dem Eingang der neuen Welt geschrieben stehen. […] Was Jesus dem Menschen damit sagen wollte, war einfach dies: Deine Persönlichkeit ist etwas Wertvolles. Entwickle sie. Sei du selbst. Glaube nicht, dass du durch das Anhäufen oder den Besitz von materiellen Gütern deine Vollendung erlangst. In dir selbst liegt deine Vollendung. […] In der Schatzkammer deiner Seele liegen unermessliche Kostbarkeiten, […] materielle Dinge sind ohne Bedeutung. Und darum versuche dein Leben so einzurichten, dass (diese) Äußerlichkeiten dir nichts anhaben können.«

Und auch die buddhistische Lehre zielt darauf ab, die Unzufriedenheitsgeister, die uns ein Leben lang plagen, zum Verstummen zu bringen. Indem wir das Loslassen lernen, Materialismus überwinden, um unseren inneren Frieden zu finden.

F.H.
Eines meiner Lieblingsbücher ist *Enjoy your Life* von Martha Beck, einer Soziologin und Therapeutin. Auf den ersten Blick ein typisch amerikanischer Ratgeber: in zehn Schritten zum Glück. Aber die Schritte haben's in sich. Interessant ist, dass praktisch keiner etwas mit Geld oder materiellen Dingen zu tun hat. Der erste lautet: jeden Tag mindestens zehn Minuten nichts tun. Schritt Nummer zwei: Äußere deinen Herzenswunsch. Martha Beck schreibt, wenn sie bei Coachings ihre KlientInnen auffordere, genau dies zu tun, würde sie regelmäßig Blicke ernten, als habe sie ihnen gerade Marihuana angeboten. Dabei sei das der wohl wichtigste Schlüssel zu einem guten Leben. Wer nicht einmal formulieren kann, was er/sie wirklich im tiefsten Inneren will, wird es schwerlich erreichen können. Wer aber unzufrieden ist, hat in der Regel kaum die Kraft, Verantwortung für sich und andere zu übernehmen.

Wir sind weder die ersten noch die einzigen, die sich diesem Thema beschäftigt haben und beschäftigen. Experten wie Tim Jackson, Fred Luks, Meinhard Miegel, Nico Paech, Irmi Seidl und Angelika Zahrndt und andere Kollegen haben diese Fragen untersucht und darüber geschrieben. In Deutlschland leistete die Enquete-Kommission „Wachstum-Wohlstand-Lebensqualität" des deutschen Bundestages ebenso Pionierarbeit wie in Österreich das Projekt „Wachstum im Wandel". Schauen wir uns im Folgenden die dort und anderswo gewonnen Erkenntnisse noch einmal genauer an. Was muss geschehen, damit in Zukunft qualitatives Wachstum an die Stelle von quantitativem Wachstum treten kann? Wie können wir in den Bereichen Konsum, Investition, Staatstätigkeit, Arbeit und Ressourcenverbrauch in Zukunft mit wenig oder keinem Wachstum umgehen? Wie kann qualitatives Wachstum an die Stelle von quantitativem Wachstum treten?

Kapitel 10

Treiben wir den Konsum
oder treibt er uns?

Das Thema Konsum hat so viele spannende und wichtige Seiten, dass man mühelos ein ganzes Buch darüber schreiben könnte. Oft werden dabei aber zwei wichtige Aspekte außen vor gelassen: der Nutzen der Dinge und die Arbeitswelt, die hinter diesen Produkten steht. Denn letztlich entscheiden wir mit dem Inhalt unserer Einkaufstüten darüber, was morgen produziert wird. Signalisieren wir mit unserem Einkauf: billig, billig, billig und oft, oft, oft, bereiten wir das Feld für viele »schmutzige Jobs« mit menschenunwürdigen Arbeitsbedingungen; und wir fördern damit Produkte, die einen großen ökologischen Fußabdruck hinterlassen. Signalisieren wir: hochwertig und eher auf Langfristigkeit angelegt, können wir mit unserer Investition eine entgegengesetzte Entwicklung befördern. So weit die Theorie – aber ist nachhaltiger Konsum tatsächlich die Lösung?

In den Anfangsjahren der ökologischen Bewegung wurde jeder Konsum sehr kritisch diskutiert, Verzicht war das Wort der Stunde. In den 1990er-Jahren schlug die Konsumgesellschaft zurück und erfand die »Ökos«: Sie trugen angeblich dicke hässliche Wolljacken und -strümpfe, unelegante Schuhe von Birkenstock und ernährten sich von Müsli. Inzwischen ist das Wort »Verzicht« selbst unter »Grünen« verpönt. Dafür ist viel von »nachhaltigem Konsum« die Rede. Die Ökos von gestern machten einen Crashkurs in Design, Marketing und gutem Leben und rüsteten nach. Aus etwas verstaubten Bioläden mit Schrumpeläpfeln wurden schicke Markthallen. Der Bedarf an »Selbstgestricktem« wird inzwischen durch Boutiquen abgedeckt, in denen man aktuelle Mode aus biologisch angebauten und fair gehandelten Fasern erwerben kann. Damit konnte die einstige Nischenbewegung eine neue Zielgruppe für sich gewinnen: die LOHAS (*lifestyle of health and sustainability*). Diese Zielgruppe wird heute auch von der »ganz normalen« Konsumgüterindustrie sehr ernst genommen. Sie ist besonders gebildet, kaufkräftig, man findet sie vor allem in urbanem Milieu, und sie gehört zu den Trendsettern. Am offensichtlichsten können wir diese Entwicklung beim Lebensmittelangebot beobachten.

Es ist bemerkenswert, wie schnell sich der einst kleine Bereich der etwas verstaubt anmutenden Bioläden (in denen anfangs nur die überzeugten »Ökos« einkauften) flächendeckend ausgeweitet hat. Heute gibt es nicht nur eigene Bio-Supermärkte, auch die großen Sortimenter haben reagiert und ihr Warenangebot entsprechend angepasst. Die Käufer kommen inzwischen aus (fast) allen Schichten, die Nachfrage ist so groß, dass sie bei manchen Produkten kaum noch gedeckt werden kann.

C.A.

Kurz bevor mein Sohn Christopher 1987 geboren wurde, nahm ich an einer Rundreise durch Kalifornien teil. Meine Reisegruppe bestand aus lauter Experten in Sachen ökologischer Landbau. Im Anschluss daran besuchte ich die Jahreskonferenz der IFOAM, der Weltorganisation für ökologischen Landbau. Kalifornien war Deutschland damals weit voraus, was die Vermarktung von Ökoprodukten anging. Wir besichtigten Farmen und Märkte und waren begeistert von der Vielfalt der Produkte und der Art und Weise, wie sie präsentiert wurden.

Wenig später, als die Berliner sich aufmachten, die Mauer endgültig zu stürmen, pachtete der Vater meines Sohnes mit Freunden das nördlich von Hamburg gelegene Gut Wulksfelde. In einem der alten Wirtschaftsgebäude richteten sie einen provisorischen kleinen Laden ein, in dem Käse, Wein, Brot und ein kleines Grundsortiment an Lebensmitteln angeboten wurden. Einen gewaltigen Sprung machte der kleine Bioladen, als er schließlich von einem erfahrenen Einzelhändler übernommen und zum »Vollsortimenter« wurde: Nun gab es nicht nur Biogemüse und -fleisch vom Hof, sondern auch all die vielen anderen Dinge, die unsereins für die Ernährung zu brauchen glaubt. Das Konzept kam an, man musste sich räumlich vergrößern. Heute ist im ehemaligen Bioladen ein edles Restaurant untergebracht, direkt daneben wurde ein hochmoderner Supermarkt errichtet, in dem es das komplette Angebot an Delikatessen gibt, das die Bioszene inzwischen zu bieten hat. Außerdem Dinge des täglichen Bedarfs wie Klopapier oder Putzmittel, ebenfalls bio. Der Hof liefert täglich »grüne Kisten« aus, es gibt eine Bäckerei, die das eigene Getreide verbackt, regelmäßig werden Bauernmärkte abgehalten, außerdem können Interessierte verschiedene Bildungsangebote zum Thema Nachhaltigkeit wahrnehmen.

Gut Wulksfelde und die vielen anderen Öko-Supermärkte und -Textilläden, die man heute in den Metropolen findet, sind das Ergebnis einer Entwicklung, die auf den ersten Blick zu begrüßen ist: regionale, saisonale, biozertifizierte oder fair gehandelte Produkte, die auf so große Nachfrage stoßen, dass sich die Geschäfte tragen. Auf den zweiten Blick aber haben diese Läden mehr mit Feinkostshops und Luxusmarkenboutiquen gemein; denn sie sind auch Ergebnis einer Ungleichverteilung von Arbeit, Bildung, Einkommen und Vermögen. Nachhaltiger Konsum ist ein Statussymbol geworden – für diejenigen, die es sich leisten können.

Wer Bioqualität einkauft, lebt deswegen jedoch nicht zwangsläufig umweltfreundlicher als alle anderen. Vergleichende Untersuchungen kommen zu dem Ergebnis, dass Haushalte mit niedrigem Einkommen und Menschen, die sehr sparsam und achtsam mit ihren Dingen umgehen, oft nachhaltiger leben als konsumfreudige LOHAS. In manchen Geschäften oder auf Wochenmärkten gibt es inzwischen Bio-Erdbeeren und die ganze Palette an Gemüsen rund ums Jahr und aus aller Welt. Der ökologische Rucksack ist weit größer als bei konventioneller Ware, die in der Region angebaut wurde. Zudem schmecken Obst und Gemüse einfach am besten, wenn sie frisch geerntet wurden – und in ihrer jeweiligen Saison sind sie auch ausgesprochen günstig.

Es ist also nicht unbedingt eine Frage des Geldes, sich gesund, lecker, abwechslungsreich und nachhaltig zu ernähren, sondern eher eine Frage des »Gewusst wie« und eine Frage der Zeit. Sind wir bereit, auf Tiefkühlfritten zu verzichten und die Kartoffeln vom Bauern nebenan selbst zu schnippeln? Ratgeber, wie man in Sachen Ernährung aus wenig »viel« machen kann, gibt es zuhauf. Und wer regelmäßig selbst kocht, weiß, wie viel Spaß das machen kann.

Nachhaltig oder weniger konsumieren?

Schwieriger wird es, wenn es um andere Lebensbereiche geht und um Produkte, auf die wir weniger Einfluss haben, deren Qualität und Auswirkungen auf die Umwelt wir als Konsumenten nicht wirklich beurteilen können.

Schon Anfang der 1990er-Jahre gab es die ersten wichtigen Diskussionen in der Nachhaltigkeitsszene darüber, das Thema Konsum neu und anders zu denken. Man war sich nicht nur einig, dass alle Produkte schon bei ihrer Entwicklung einen ganzen Lebenszyklus mitdenken sollten, sondern auch darüber hinaus im Sinne von Weiter- und Wiederverwendung. Es geht also zunächst darum, den Nutzen zu erkennen, den ein Objekt stiften soll. Oft ergibt sich aus einer solchen Betrachtung, dass ein konkretes Bedürfnis des Konsumenten viel einfacher, ökologischer und effizienter befriedigt werden kann, als dieser zunächst denkt. Wer zum Beispiel ein Auto kauft, möchte vielleicht einfach nur hin und wieder mobil sein – ein Wunsch, der nicht zwingend mit einem eigenen Wagen einhergehen muss, der dann die meiste Zeit ungenutzt in der Garage steht, sondern auch durch Carsharing mit einem Pool aus großen und kleinen Autos für jeden Zweck oder ein hervorragend ausgebautes Nahverkehrsnetz zu erfüllen ist.

Am Anfang eines jeden Produktdesigns müsste demnach die Frage stehen: Wie kann ich den vorhandenen Bedarf an einem Produkt am ökologisch effizientesten und mit einer längeren Halbwertzeit befriedigen, ohne dabei den Preis und die Arbeitsbedingungen der Produzierenden aus den Augen zu verlieren. Es ist also wichtig, nicht nur über die Produkte, die wir kaufen, nachzudenken, sondern vor allem auch über die Arbeitswelten und Kostenstrukturen *hinter* diesen Produkten. Und wir sollten es öffentlich tun. Der Bericht »Consumption Opportunities« des Umweltprogramms der Vereinten Nationen (UNEP) leistet dafür einen wichtigen Beitrag. Darin fordert die Internationale Umweltagentur nicht nur einen effizienteren, sondern einen »optimierten Konsum« und meint damit sowohl eine *klügere* Wahl als auch ein konsequentes Infragestellen dessen, was uns tatsächlich guttut.[2] Das Anhäufen von Dingen ist es auf Dauer nicht, darauf haben wir bereits mehrfach hingewiesen. Wirtschaft und Politik machen uns aber glauben, dass Konsum die Lösung ist – und meinen damit keineswegs den nachhaltigen.

Viele wichtige Industrien können sich nur halten und immer weiter wachsen, weil sie hart daran arbeiten, dass ihre Produkte nicht alt werden: Sei es, weil ihre Nutzung zeitlich gezielt begrenzt wird oder weil das Produkt selbst sehr bald nicht mehr zeitgemäß ist. Mit dieser gezielten Obsoleszenz soll der Konsum weiter angekurbelt werden. Die Politik bläst ins gleiche Horn, fordert uns auf, immer mehr zu konsumieren, damit die Wirtschaft wächst und keine Arbeitsplätze verloren gehen. Man denke nur an Angela Merkels Wachstumsbeschleunigungsprogramm unter dem Stichwort »Abwrackprämie«. Und nicht nur das: Preise für Produkte – nachhaltige und nicht nachhaltige – sind stets politische Preise. Das gilt ganz besonders für die Bereiche Nahrungsmittel, Strom oder Benzin, an denen der Staat viel verdient.

Mag sein, dass nachhaltiger Konsum besser ist als nicht-nachhaltiger Konsum. Noch besser wäre aber, wir würden überhaupt *weniger* konsumieren, meinen Nachhaltigkeitsforscher wie Gerhard Scherhorn und Wolfgang Sachs vom Wuppertal Institut oder auch Professor Niko Paech aus Oldenburg. Sie nennen das »Suffizienz«: Nachdenken darüber, was wir wirklich brauchen. Dabei geht es keineswegs darum, auf Genuss, Spaß oder Komfort zu verzichten. Um suffizienter zu leben, muss man weder auf gute Waschmaschinen verzichten noch auf gutes Essen. Es geht lediglich darum, ob wir nicht irgendwann genug haben

---

2   im englischen Original ist hier die Rede von a) *different*, b) *conscious* und c) *appropriate consumption*.

und daher unsere Einkäufe anders organisieren können. Nicht von Saison zu Saison der neuesten Mode hinterherrennen, Elektrogeräte reparieren lassen, anstatt sie wegzuwerfen, nur weil der neueste Fernseher noch ein bisschen flacher ist. Wir können funktional und ästhetisch langlebige Produkte kaufen, teilen und tauschen und gebrauchte Produkte bevorzugen. Es ist ohne Verzicht möglich, sich gegen das Diktat der Wertlosigkeit der Dinge zu stellen. Darum tut es gut, über das Thema Konsum nachzudenken: weil man dann schnell erkennt, wie man sich selbst vor den Auswirkungen der (nächsten) Krise schützen kann. Was wir schon haben, müssen wir nicht noch mal kaufen. Und wenn es uns gelingt, unseren Lebensstil zu vereinfachen, können wir auch mit weniger Geld gut leben. Wir haben es selbst in der Hand.

F.H.

Ich habe in den letzten eineinhalb Jahren 15 kg abgenommen. Ich weiß gar nicht mehr, wie ich es früher geschafft habe, bei meiner Größe 80 kg auf einen Berg zu schleppen oder auch nur hinauf in den »dritten« Stock (das ist in Wien in Wahrheit nach Hochparterre und Mezzanin der fünfte und war damals der gefühlte siebte) des alten SERI-Büros. Es fühlt sich so, wie es jetzt ist, einfach besser an. Gesünder ist es natürlich auch. Meine Lebensqualität ist subjektiv und objektiv deutlich gestiegen. Die Phase, bis es so weit war, war hart. Mit fünfzig hält man sein Idealgewicht nicht mehr automatisch; mein Sohn dagegen kann essen, so viel er will, und bleibt trotzdem ein schmales Handtuch. Ich musste mich ordentlich anstrengen, mein altes Idealgewicht von 65 kg wieder herzustellen.

Und wie hab ich das geschafft? Vor anderthalb Jahren traf ich einen Kollegen, der sich der 10in2-Methode (www.10in2.at) des »Seminar-

Kabarettisten« Bernhard Ludwig verschrieben hatte. Sie funktioniert nach einer ganz einfachen Regel: jeden zweiten Tag essen. Das schafft Zeit für anderes (Sex z.B., meint Ludwig – oder auch Badminton) und reduziert das Gewicht fast von selbst. Das Prinzip: Wenn man vier Stunden nach der letzten Mahlzeit schon wieder etwas isst, dann setzt der Körper an, was er nicht braucht. Erst nach fünf bis sechs Stunden geht's an die Substanz.

Um es gleich zu sagen: Nur jeden zweiten Tag zu essen, habe ich nicht geschafft. Schon allein deshalb, weil das gemeinsame Abendessen ein wesentlicher Fixpunkt in unserem Familienleben ist. Ich habe also die Methode für mich adaptiert und jede zweite Mahlzeit ausgelassen. Nicht zu frühstücken, fällt mir nicht schwer. Es gibt genug Ablenkung, die beiden Kinder müssen aus dem Haus bugsiert werden, es herrscht Hektik … Dann drei Termine im Büro, und schon ist der Mittag da. Alternativ das Mittagessen auszulassen, ist auch nicht schwer – entweder geht es ohnehin mit Terminen und Arbeit durch, oder ich laufe statt mittagzuessen einfach einmal um den Block.

Die andere Seite der Medaille ist natürlich der Verbrauch. Nun ist es einerseits so, dass geistige Arbeit Energie »verbrennt« und von einer sitzenden Tätigkeit bei mir trotz Computer und vieler »Sitzungen« keine Rede sein kann. Im Sommer fahre ich außerdem oft eine Dreiviertelstunde mit dem Rad, um meine Tochter in die Schule zu bringen oder abzuholen – das hat bei ihren 20 kg schon einen kleinen Trainingseffekt. Einfach so zu sporteln finde ich dagegen eher fad. Damit ich mein neues Gewicht auf Dauer halten kann, werde ich mir für den Winter eine Rudermaschine anschaffen.

Und der Ressourcenverbrauch? Ich muss mir einmal ausrechnen lassen, wie hoch der ist, um ein Übergewicht von 15 kg dauerhaft zu halten. Andererseits: Sich den Bauch erst anzuessen und dann auf der Rudermaschine wieder abzutrainieren ist vielleicht auch nicht ganz richtig, oder? Aber wenn's auch so gut schmeckt.

Und schließlich kann man daraus auch etwas für die Nachhaltigkeit allgemein lernen: erstens, wie wichtig es ist, sich ambitionierte Ziele zu stecken. Hätte ich mir nicht 65 kg vorgenommen, sondern mich mit 70 zufriedengegeben, hätte ich vielleicht schon bei 75 aufgehört. Wobei natürlich die erste Hälfte einfacher war als die zweite und ich (ehrlich gesagt) mit den 65 immer noch kämpfe: mal 67, mal 66, mal 65, dann wieder mehr…

Zweitens, dass Monitoring wichtig ist (you can't manage what you can't measure): mithilfe einer speziellen App konnte ich in grafischer Form und in genauen Zahlen verfolgen, dass meine Abnehmkurve nicht steil, aber doch stetig nach unten zeigte. Und dass es letztlich darauf ankommt, was am Ende rauskommt. Mein Mittel war die Reduzierung von Gewicht; mein Ziel war mehr Lebensqualität.

Mehr Lebensqualität bei weniger Ressourcenverbrauch ist also möglich, auch wenn man dabei manchmal den »inneren Schweinehund« überwinden muss. Das gilt genauso für die Dinge, die wir in unseren Wohnungen anhäufen. Dem Diktat des Wachstums folgend ist unsere Wirtschaft derzeit darauf angewiesen, jedes Jahr noch mehr Dinge herzustellen als im vergangenen. Und wir müssen sie konsumieren. Weniger, dafür aber qualitätsvolle Dinge zu besitzen ist auch eine Strategie, die uns helfen kann, unsere Lebensqualität zu erhöhen – und vielleicht sogar einmal ein Eckchen unserer Wohnung frei zu lassen. So kann weniger mehr sein: mehr Muße, Zeit für uns selbst. Und Freude an den Dingen, die wir *wirklich* mögen.

Es reicht, hin und wieder die Börsenberichterstattung zur Kenntnis zu nehmen, um sich ein Bild von der Gnadenlosigkeit der Märkte zu machen. Unternehmensvorstände, die das Wachsen oder Weichen nicht mitmachen, bleiben nicht lange auf ihrem Posten. Wir müssen uns also nicht wundern, wenn Produkte kurz nach Ablauf der Garantiezeit nicht mehr funktionieren, Reparaturen sehr teuer oder in Ermangelung von Ersatzteilen erst gar nicht möglich sind.

C.A.

Es muss 1997 gewesen sein, als ich mich mit der Frage zu beschäftigen begann, ob neue computer- und internetbasierte Produktionswerkzeuge kleinere Handwerksbetriebe in die Lage versetzen könnten, im Vergleich zur »Großindustrie« mit einem Alleinstellungsmerkmal zu punkten. Mir schienen die immer schlechter werdende Qualität und die Anonymität der Produkte eine Hauptursache für die sinnlose Verschwendung von Arbeit und Rohstoffen zu sein. Der riesige Berg an Schuhen, Taschen und Kleidern, den ich nach dem Tod meiner Mutter wegschmeißen musste, stand mir lebhaft vor Augen. Ich hatte die Vermutung, dass uns Dinge, die speziell für uns maßgeschneidert hergestellt werden (z.B. wirklich passende Schuhe), einen höheren Nutzen stiften und uns mehr bedeuten, weshalb wir vielleicht auch pfleglicher mit ihnen umgehen würden. Genau das wollte ich am Beispiel Schuhe aufzeigen. Gemeinsam mit meinem späteren Kollegen Dr. Willy Bierter, unserem Technologiepartner GeBioM und SchuhmacherInnen entwickelten und erprobten wir die computergestützte Maßschuhherstellung. Dabei nutzten wir das Internet als eine dezentrale, virtuelle Fabrik. Parallel dazu beschäftigte sich Prof. Jochen Gros an der Hochschule für Produktgestaltung in Offenbach mit dem Einsatz von computergesteuerten Maschinen im Bereich Holzverarbeitung. Wir diskutierten digitale und internetbasierte Produktdesign- und Technologiekonzepte, die eine Renaissance des Handwerks ermöglichen sollten. Die Technik war aber nur eine Seite. Nicht weniger wichtig war die Frage, ob es eine Nachfrage nach diesen Produkten gibt. Würden Konsumenten die besondere

Qualität erkennen und bereit sein, ein Produkt zu kaufen, das in der Anschaffung teurer ist? Wir lassen uns ja meist vom Preis animieren oder abschrecken, erkennen nicht, dass sich die anfangs höhere Investition unter anderem durch die längere Nutzungsphase amortisiert.

Man könnte nun einwerfen, so etwas sei eine Frage des Geldbeutels. Maßschuhe und vom Tischler gefertigte Regale kann sich nicht jeder leisten. Doch das stimmt nur zum Teil. Erstens ist das Möbelstück vom Tischler oder der Tischlerin von nebenan nicht teurer als das Designerstück aus einem Laden in teurer Innenstadtlage. Und zweitens: Selbst wenn wir uns für ein Möbel entscheiden, das in der Anschaffung mehr kostet, ist es gemessen am gesamten Lebenszyklus keineswegs teurer. Eine Billigcouch, eine Schrankwand aus Pressspan mögen auf den ersten Blick ein Schnäppchen sein, wenn sie nach dem ersten Umzug aber schon halb auseinanderfallen, ist das eine Milchmädchenrechnung. Und ganz abgesehen davon: Wenn sich mehr Leute für den Kauf hochwertiger Produkte entscheiden, können sich die betreffenden Manufakturen auch mit anderen Preisen auf dem Markt etablieren. Ich habe im Rahmen unseres gemeinsamen Forschungsprojekts in Hamburg junge MöbelmacherInnen befragt. Hoch qualifizierte HandwerkerInnen, die wunderschöne Einrichtungsgegenstände herstellen und mir erzählten, dass sie in manchen Monaten am Rande des Existenzminiums lebten. Weil sie nur wenige, teure Objekte anfertigen und die hohen Entwicklungskosten, die mit der Unikatfertigung verbunden sind, nicht wirklich in Rechnung stellen könnten. Immer wieder fragten sie sich, wie lange sie sich diese Arbeit, die sie liebten, noch leisten wollten. Denn der Preis, den sie manchmal zahlten, um weiterarbeiten zu dürfen, sei hoch.

Je weniger menschliche Mühe und individuelle Kompetenz in einem Produkt steckt, desto billiger kann es verkauft werden und desto weniger müssen wir Konsumenten arbeiten, um uns diese Dinge leisten zu können. Doch je weniger Mühe und Geld uns etwas kostet, desto schneller schmeißen wir es weg. Macht ja nichts: Ersatz ist jederzeit verfügbar. Genau genommen haben wir aber unseren trügerischen Wohlstand auf den Schultern ärmerer Länder errichtet. Die Arbeitsbedingungen der Männer, Frauen und Kinder, die in Asien, Afrika und Teilen Osteuropas für uns produzieren, sind so miserabel, dass wir uns schämen müssten, Teil dieses globalen Wirtschaftssystems zu sein. Und wir müssen inzwischen nicht mehr weit reisen, um Arbeitsbedingungen zu besichtigen, die uns die Schamesröte ins Gesicht treiben. Die jüngsten Berichte über die Arbeitsbedingungen bei Amazon oder Mercedes Benz belegen, dass »die Dritte Welt« mitten unter uns wächst. Während wir hier, wie die Mutter einer Bekannten immer zu sagten pflegte, »Mercedes-Löhne« kassieren, kaufen wir Produkte, bei denen es nicht um Qualität, sondern um den Preis geht. Die Kehrseite dieser Entwertungsbeschleunigungsmaschinerie und elender Arbeitsbedingungen sind der Ressourcenverbrauch und die massive Umweltzerstörung, die mit diesen Produktions- und Konsummustern verbunden sind.

C.A.

Bleiben wir kurz beim Thema Möbel: Ich habe in meinem Schlafzimmer einen riesigen grünen Gründerzeitschrank stehen, den meine Schwiegermutter in den 1960er-Jahren bei einem Trödler gekauft hat. Inzwischen hat das gute Stück bald 120 Jahre auf dem Buckel. Weil der Schrank seinerzeit von einem guten Tischler aus ordentlichem Massivholz und mit haltbaren Verbindungen gebaut worden war, ist er mühelos ab- und an einem anderen Ort wieder aufbaubar. Ich weiß nicht, wie viele Umzüge er schon überlebt hat und vielleicht noch erleben wird. Ich bin ganz sicher, dass mein Sohn oder meine Tochter früher oder später diesen Schrank, zu dem auch ein Bett gehört, weiter nutzen werden.

Gegen diesen Schrank soll nun ein IKEA-Möbel antreten. Im Schnitt überstehen solche Schränke einen, maximal zwei Umzüge, sie kosten in dieser Größe um die 400 Euro aufwärts, und man rechnet mit einer Haltbarkeit von fünf Jahren. Bei einer »Standzeit« von 120 Jahren brauchen wir 24 IKEA-Schränke, das ergibt in der Summe 9600 Euro Minimum.

Selbst wenn man den Schrank nicht über die Generationen weitergeben will, sondern ihn nur »für sich« nutzen möchte, kommt man vom Zeitpunkt der Gründung des eigenen Haushalts mit vielleicht Anfang dreißig bei einer Lebenserwartung von achtzig Jahren auf zehn Schränke, also 4000 Euro. Dennoch zucken wir in der Regel zusammen, wenn wir zum Schreiner nebenan gehen und er uns ein entsprechendes Stück aus schönem Holz, hervorragend verarbeitet, für ebendiese Summe anbietet. Natürlich haben wir in diesem Augenblick auch keinen Sinn dafür, dass für unseren Qualitätsschrank ein einziges Mal Holz, Energie und Arbeitskraft verbraucht wird, für den IKEA-Schrank aus unserem Beispiel aber zehnmal. Und bevor jetzt wieder einer den Zeigefinger hebt und behauptet, eine solche Berechnung gründe sich auf romantischen Schnickschnack, weil Menschen mit niedrigem Einkommen gar nicht anders könnten, als ein billiges Stück »von der Stange« zu kaufen, sei daran erinnert, dass es noch gar nicht so lange her ist, dass der Schreiner des Ortes langlebige Möbel im Auftrag junger Familien gefertigt hat, obwohl diese das neue Schlafzimmer nicht sofort bezahlen konnten. Der Handwerker hat den jungen Familien Kredit gewährt und ging Monat für Monat von Haus zu Haus, um die Raten einzusammeln. Ein Modell, das es auch heute noch gibt, wenngleich Schreiner damit nicht so marktschreierisch werben wie die großen Möbelhäuser.

C.A.

Und noch ein weiteres Beispiel sei hier angeführt: In den Jahren 2000 bis 2006 habe ich mich in zwei Forschungsvorhaben mit der Aufarbeitung und der Reparatur von Computern und Elektrogeräten beschäftigt und sehr viel über diese Produkte und die Industrie, die sie herstellt, gelernt. Ich ging damals von der Theorie aus, dass vor allem Handwerksbetriebe und Verbraucher ein Interesse an einer preiswerten und einfachen Reparatur haben. Gemeinsam mit Handwerksbetrieben, einem großen Ersatzteillieferanten und Sozialbetrieben, die auf Elektrorecycling spezialisiert sind und gebrauchte Elektrogeräte preiswert verkaufen, haben wir intensiv untersucht, wie wir dazu beitragen können, dass Haushaltsgeräte nicht mehr vor der Zeit ausrangiert werden und Computer und Notebooks weiterverwendet werden können. Es war offensichtlich, dass viele Geräte nur deshalb weggeworfen wurden, weil Neugeräte im Verhältnis zu den Reparaturkosten zu billig waren.

Das Ergebnis unserer Untersuchung sah wie folgt aus:
- Ersatzteile werden von den Herstellern bewusst knapp und teuer gehalten.
- Es gibt zwei Qualitäten: »Goldware« für professionelle Nutzer und »Consumer-Standard«; damit sind Produkte gemeint, die gezielt für eine kurze Nutzungsdauer konzipiert werden.

- Die Hersteller tun alles, um den gesamten Lebenszyklus eines Produkts (von der Herstellung bis zur Verwertung) unter ihrer Kontrolle zu behalten – indem sie z.B. über Verträge oder mithilfe des Elektrogeräte-Recyclinggesetzes dafür Sorge tragen, dass die Produkte über den ganzen Lebenszyklus hinweg in ihrem Besitz oder Einflussbereich bleiben und nicht von anderen Akteuren wieder- und weiterverwendet werden können u.a. für die Ersatzteilgewinnung.
- Nur die Phase des Gebrauchs interessiert die Hersteller nicht – denn das ist die einzige, an der sie nichts verdienen. Umso wichtiger ist es, dass diese Phase möglichst kurz gehalten wird.
- Sie bestrafen Geschäftspartner, die sich nicht an ihre Regeln halten, z.B. indem diese nicht länger Vertragshändler sein dürfen, und stehen auf der Bremse, wenn es um Nachhaltigkeit geht, indem sie dem Handwerk durch das Verweigern von Ersatzteilen die Chance auf eine Reparatur nehmen.

Politik und Forschung sind industriehörig und kaum interessiert an den Rechten der Verbraucher und einer längeren Nutzungsdauer von Produkten.

Wir brauchen ein strategisches Bündnis zwischen dem reparierenden Handwerk und den Konsumenten mit dem Ziel einer stärkeren Weiter- und Wiederverwendung.

Parallel zu unserem eigenen Bewusstseinswandel brauchen wir Innovationen, die stärker auf die Dienstleistungsfunktion der Produkte – und damit die Bedürfnisse der Konsumenten in der Phase des Gebrauchs – ausgerichtet sind.

Das ist längst »out«

In anderen Lebensbereichen sorgt ein neues Design dafür, dass Dinge nicht alt werden. Ein brandneuer Trend, ein lapidarer Zusatznutzen oder einfach nur die Einflüsterung der Werbung machen es möglich, dass Objekte, die uns eben noch begehrenswert erschienen, plötzlich langweilig und alt aussehen. In den reichen Ländern ist die Innovationswut der Hersteller, die sich alle drei Monate etwas Neues einfallen lassen, einer der wichtigsten Motoren der Ressourcenverschwendung.

C.A.
Für meine siebzehnjährige Tochter ist das Aussehen, wie für die meisten jungen Mädchen, von zentraler Bedeutung. Sie verbringt Stunden vor dem Spiegel, verlässt das Haus nie »ungestylt«, besucht einschlägige Mode-Blogs und Foren im Internet und kauft – wie alle ihre Freundinnen – gerne und reichlich bei H&M. Mir ist es bisher nicht gelungen, sie davon zu überzeugen, dass es sinnvoller ist, etwas mehr Geld für ein gutes Kleidungsstück auszugeben, das sie mehrere Jahre tragen kann, als für viele billige »Outfits«. Ich arbeite noch daran, bin mir aber nicht sicher, ob es mir gelingt.

Bemerkenswert in Sachen Mode sind besonders zwei Entwicklungen: Als ich im Alter meiner Tochter war, wechselte die Mode von Jahr zu Jahr. Einmal waren kurze Röcke »in«, im Jahr darauf lange. Dass es hier in den letzten Jahrzehnten eine enorme Beschleunigung gegeben hat, war mir durchaus klar. Aber als meine Tochter mir kürzlich erklärte, dass es inzwischen das »Outfit des Monats« gebe, war ich doch fassungslos.

Hinzu kommt, dass die Lust an der (nicht mehr nur weiblichen) Selbstinszenierung ununterbrochen angeheizt wird. Werbung, Medien und Handel arbeiten Hand in Hand und sind sehr erfolgreich darin, die Kaufkraft dieser jungen Zielgruppe abzuschöpfen.

Wie aber kann man hier gegensteuern? Meine Tochter ist in einer Lebensphase, in der sie nicht hören will, dass die Hose oder der Rock doch »noch gut« seien. Sie will die Dinge nicht »auftragen«, nicht zum Außenseiter werden, weil sie nicht im gerade angesagten Fummel zu einer Party geht. Das beste Gegenmittel gegen den H&M-Wahnsinn ist vielleicht das Wissen, dass an diesen Kleidungsstücken Blut klebt. Filme und Berichte über die Zustände, wie dort gearbeitet werden muss, nur damit wir unsere Schränke mit unnützem Zeug füllen können. Beim Thema Nahrungsmittel hat das zumindest bei meiner Tochter funktioniert: Sie kämpft seit Jahren leidenschaftlich für Tierrechte, lebt konsequent vegetarisch und kauft keine Lederprodukte. Ich hege also die leise Hoffnung, dass sie auch beim Thema Kleidung eines Tages erkennen wird, dass es anders gehen kann und muss.

Unsere derzeitige laxe Haltung gegenüber Textilien (kostet ja kaum etwas, also her damit) wird ausgetragen auf dem Rücken derer, die in Indien, Asien und Afrika diese Billigware produzieren. Hier eine Bewusstseinsänderung herbeizuführen wäre ein wichtiger Schritt. Ein zweiter wäre es, die von Michael Braungardt und Michael McDonough empfohlenen Recyclingstrategien umzusetzen: Was aus modischen Gründen kurzlebig bleibt, muss in Zukunft aus Materialien bestehen, die zu 100 Prozent natürlich abbaubar und/oder wiederverwendbar sind. Doch ganz gleich, wie kreislauffähig Produkte sind, der Zweck eines Produkts darf nicht sein, Wirtschaftswachstum unter dem Deckmäntelchen »ist ja recycelbar« zu ermöglichen. Der Zweck kann immer nur der Nutzen sein, den eine Sache uns stiftet, nicht der Verbrauch. Auch bei recycelbaren Dingen gilt: Weniger ist mehr. Denn die Herstellung jedes neuen Artefakts erfordert den Einsatz von Energie und Rohstoffen, deren Gewinnung mit einem Eingriff in die Natur verbunden ist und menschliche Lebenszeit und Arbeitskraft kostet. Wozu das Ganze, wenn es uns nicht wirklich zufrieden macht?

Dass wir der Welt, die uns umgibt, auch anders entgegentreten könnten – man könnte sagen in einem positiven Sinne »liebend materialistisch« –, davon spricht ein wunderschönes Gedicht von Pablo Neruda. So wie viele andere Künstler und Schriftsteller besaß auch er eine erhöhte Sensibilität für die Welt und die Bedeutung der Dinge, die uns durchs Leben begleiten, die uns spiegeln und deren Spiegel wir sind. In seiner *Ode an die Dinge* singt er ein Loblied auf all die kleinen und großen Dinge, an die Vielfalt der Formen, Farben und Materialien. Jedes Stück hat für ihn einen Wert; alle zusammen machen sie sein Leben aus. Neruda schreibt: »Ich liebe die Dinge über alles […], nicht nur die höherstehenden, sondern auch die unendlich kleinen […] bei meiner Seele, ist der Planet schön […], voll von allem, was Menschen erschaffen haben. […] Keiner kann sagen, ich hätte nur geliebt, was hüpft, klettert, überlebt und seufzt. […] Mir sagen Dinge vieles, so dicht liefen sie neben meinem Dasein her, dass sie mir da waren, dass sie ein halbes Leben mit mir lebten und dereinst einen halben Tod mit mir sterben.«

Wäre es also nicht ungleich sinnvoller, wir würden unser Konsumverhalten entschleunigen? Besäßen weniger, aber bessere Dinge, gut fürs Leben und fürs Leben gemacht? Objekte, die wir wirklich liebend wertschätzen, ge-brauchen und erhalten? Die mit den Jahren an Wert gewinnen und die wirklich zu uns gehören? Ergebnisse »originärer« Arbeit, hergestellt von Menschen, die wir für ihre Leistung auch respektieren und das achten, was sie für uns hergestellt haben. Wir sollten die Mühe und das Können, das sie in die Dinge unserer Wahl hineingegeben haben, respektieren und zum Maßstab unserer Bewertung machen. Dann würden wir auch nicht mehr die Unternehmen belohnen, die gar nicht anders können, als diesen auch ökologisch problematischen Überfluss herzustellen, der unsere Welt ärmer macht, ohne uns wirklich zufriedenzustellen.

Kapitel 11

Investieren? Ja, in die Zukunft!

Wie wir bereits wissen, sind neben dem Konsum Investitionen ein maßgeblicher Faktor für das Wachstum. Wir haben auch gesehen, dass die Investitionsquote zum Beispiel in Deutschland seit 1999 kontinuierlich zurückgegangen ist. Hinzu kommt, dass in »good old Europe« ein immer größerer Teil der Investitionen für die Instandhaltung von Dingen benötigt wird, die schon vorhanden sind – Gebäude, Straßen, Brücken, Kulturdenkmäler, Museen, Bibliotheken, Schulen, Verwaltungsgebäude; im Schnitt verschlingt allein das ein Fünftel unseres Bruttoinlandsprodukts.

In der Ökonomie gilt ein einfacher Lehrsatz: Die Investitionen von heute sind das Wachstum von morgen. Anders formuliert: Der Investitionsrückstand von gestern ist der Wohlstandsverlust der Gegenwart. Oder aber: Je höher die Investitionen in Sachwerte oder in die Infrastruktur sind, desto mehr Instandhaltung und Ersatzinvestitionen kommen in Zukunft auf uns zu. Wenn heute also in den alten Industrienationen investiert wird, müssen wir darauf achten, dass unsere Investitionen nicht immer neue Wachstumszwänge mit sich bringen.

Experten des Deutschen Instituts für Wirtschaftsforschung (DIW) haben kürzlich festgestellt, dass die Deutschen mehr Geld sparen als die meisten anderen Menschen in der industrialisierten Welt – und dass sie kaum in ihre Zukunft investieren. Geld und Vermögen ist vor allem im Privatbereich, aber auch beim Staat genügend vorhanden. Es ist nur die Frage, *wofür* es verwendet wird. Es geht also keineswegs darum, dass der Staat immer neue Schulden machen muss, sondern darum, den Einsatz von Kapital gezielt zu lenken. Optimal wären – ganz allgemein – Investitionen in Strukturen, die den Wachstumszwang reduzieren. Ein gutes Beispiel hierfür sind Maßnahmen zur Energieeinsparung: Sie werfen eine doppelte und dreifache Rendite ab und ermöglichen uns in Zukunft, weniger wachsen zu müssen. Energie, die wir nicht brauchen, müssen wir gar nicht erst erzeugen. Investitionen in die Gewinnung von Energie aus Sonne, Wind, Wasser, biotischen Abfällen oder Erdwärme sind nicht nur klimafreundlicher als konventioneller Strom, sondern mittelfristiger auch kostengünstiger. Allein die Einsparungen bei fossilen Rohstoffen wie Öl oder Kohle können die hohen Investitionen, die für eine Energiewende notwendig sind, in wenigen Jahren kompensieren. Und wenn wir dann auch noch die Kosten gegenrechnen, die wir nicht für die Folgen des Klimawandels ausgeben müssen, ist jeder Euro, den wir in alternative Energien und in eine soziale und ressourceneffiziente Entwicklung stecken, gut angelegt.

Hinzu kommt, dass Energie, die dezentral erzeugt wird, für Arbeitsplätze sorgt, vor allem im ländlichen Raum. Wenn diese Regionen attraktiv bleiben, ziehen weniger Menschen in die Städte, dort muss dann weniger Wohnraum durch Neubauten geschaffen werden, die Mieten blieben stabiler, und der Wertverlust der Immobilien auf dem Land kann gestoppt werden. So gesehen wären die kurzfristig steigenden Energiepreise, die sich aus den Kosten der Energiewende in Deutschland ergeben, für uns alle eine sinnvolle Investition in die Zukunft.

Es gibt gute Gründe, in den nächsten Jahrzehnten mehr Kapital in den Klimaschutz und die Ressourceneffizienz zu stecken.

Davon würden nicht nur Konzerne profitieren, auch das Handwerk würde zu den großen Gewinnern einer solchen Wende gehören. Denn es gibt gerade bei den mittelständischen Betrieben viele Pioniere der Nachhaltigkeit. Unternehmer und Unternehmerinnen, die erkannt haben, wie sinnvoll es ist, in nachhaltige Produkte und Innovationen zu investieren und soziale Verantwortung zu leben.

Zwei Beispiele sollen hier kurz beschrieben werden:

Vor über dreißig Jahren schon hat Arnold Feuerstein in Österreich ein ganz besonderes Unternehmen gegründet; es heißt »Dorfinstallateure«. Begeistert vom Thema Solarenergie hatte der gelernte Installateur und Heizungsbauer früh auf diese damals neue Technik gesetzt; er gründete eine Firma, die die Dörfer der Region mit regenerativen Energieerzeugungstechnologien, Heizungs- und Klimatechnik, Bädern und diversen Bauleistungen versorgen und nach ganz eigenen, nachhaltigen Regeln funktionieren sollte. Bei den »Dorfinstallateuren« arbeiten heute 15 Handwerksmeister (und deren Mitarbeiter) eigenverantwortlich, aber unter einem gemeinsamen Dach; organisatorische Aufgaben werden zentral abgewickelt. Alle Gesellschafter und Mitarbeiter sind am Erfolg beteiligt, sie werden in wichtige Unternehmensentscheidungen eingebunden und diskutieren gemeinsam Strategien für die Zukunft. Ein »systemisches« Management organisiert die interne Kommunikation und unterstützt die Weiterentwicklung aller Bereiche. Nachhaltigkeit wurde kürzlich von den über hundert an diesem Konzept beteiligten Arbeitnehmern als wichtigstes Unternehmensziel definiert.

Ein anderes gutes Beispiel für nachhaltiges Wirtschaften ist der Familienbetrieb »Huhle Metall- und Stahlbau GmbH«. Das Wiesbadener Unternehmen investiert seit fünfzehn Jahren in

Umwelttechnik. Seit elf Jahren beteiligt es sich an der Initiative »Ökoprofit« und ist Mitglied der Hessischen Umweltallianz. Mehr als eine halbe Million Euro hat die Firma inzwischen in Energiesparmaßnahmen, Abfallvermeidung und Maßnahmen zur Wassereinsparung investiert und wird mit einer Kostenersparnis von rund 50.000 Euro jährlich dafür belohnt. Steigende Energiekosten muss der Metallbauer aus Wiesbaden nicht fürchten. Denn das ökologische Engagement bringt der Huhle-Stahlbau eine doppelte Rendite. Die gesunkenen Kosten bei der Ver- und Entsorgung sind nur ein Aspekt. Zum hundertjährigen Firmenjubiläum 2010 wurde eine neue Büroetage fertiggestellt, die nach bauökologischen Prinzipien gestaltet wurde. Dafür, dass hier mehr Energie gewonnen als verbraucht wird, sorgen verschiedene Faktoren: eine dreifache Isolierverglasung, eine Fußbodenheizung, eine von Erdwärme gespeiste Kühldecke und eine hochwertige Dämmung. Auf dem Dach wurde eine 11-kW-Fotovoltaikanlage errichtet, die 11.040 kWh/Jahr Strom ins Netz einspeist. Den Sonnenschutz übernimmt eine außen liegende Beschattungsanlage mit Gegenlichtfunktion. Die neuen Räume überzeugen mit einem besonders angenehmen Raumklima. Während der Hitzewelle im Sommer 2010 lagen die Innentemperaturen bei maximal 27 °C und waren den konventionellen Wärmedämmverfahren, welche die unteren Stockwerke schützen sollten, deutlich überlegen. Die Betriebskosten sanken von 5000 Euro auf 800 Euro. Und die Baukosten lagen mit 37.000 Euro für die 220 m² Bürofläche um 7000 Euro niedriger als bei konventioneller Bauweise mit Klimaanlage. Alles in allem erzeugt das Unternehmen inzwischen 70 Prozent seines Energieverbrauchs selber und profitiert nicht nur ökonomisch von dieser Modernisierung, sondern auch als Anbieter innovativer Neubauten. So viel Unternehmergeist, Gemeinsinn, Umweltengagement und Kompetenz unter einem Dach spricht sich auch in der Region und darüber hinaus herum.

Es ist also nicht nur ökologisch, sondern auch für die Wirtschaft sinnvoll, in nachhaltige Technologien zu investieren. Im Grunde ist das einer der wenigen Bereiche, in denen der Begriff »alternativlos« tatsächlich angebracht ist. Denn es wird unsere Kinder und die ganze Welt teuer zu stehen kommen, wenn wir diese Investitionen heute unterlassen[3].

2006 hat der britische Chefökonom Nicholas Stern einen 650 Seiten starken Bericht vorgelegt, den er im Auftrag der britischen Regierung erarbeitet hat. Er bilanziert die wirtschaftlichen Folgen der Klimaerwärmung. Das Ergebnis: 2 Prozent des *globalen* Bruttoinlandsprodukts müssten in den Klimaschutz investiert werden, um die Erderwärmung auf 2 °C einzugrenzen. Nach Berechnungen der Internationalen Energieagentur aus dem Jahr 2009 würden Gesamtinvestitionen von rund 1 Prozent des globalen BIP von 2010 bis 2030 ausreichen, um einen Temperaturanstieg über 2 °C zu verhindern.

Die Kosten eines Nichthandelns lägen nach Expertenmeinung sehr viel höher. Das weltweite BIP würde um bis zu 20 Prozent im Jahr 2100 zurückgehen – eine ungleich höhere Summe als die vergleichsweise niedrige, die wir heute in den Klimaschutz investieren müssten, um dieser Entwicklung Einhalt zu gebieten. Das Beratungsunternehmen McKinsey geht davon aus, dass der Investitionsbedarf von 0,8 Prozent des BIP (ausge-

---

3 Die nachfolgenden Zahlen sind dem Buch *2052* von Jorgen Randers entnommen. Es ist der jüngste Bericht an den Club of Rome, der sich als globale Prognose für die nächsten 40 Jahre versteht (München 2012).

hend von 2006) auf 1,4 Prozent bis 2030 ansteigen müsste. Die Internationale Energieagentur weist darauf hin, dass nicht nur Investitionen in den Klimaschutz, sondern auch in die Wasser- und Nahrungsmittelversorgung erforderlich seien, um die nach wie vor wachsende Weltbevölkerung mit allen lebensnotwendigen Gütern zu versorgen. Die Umweltorganisation der Vereinten Nationen, UNEP, kommt zu einem ähnlichen Ergebnis. Ihr 2011 vorgelegter Bericht »Towards a Green Economy: Pathways to Sustainable Development and Poverty Eradication« konstatiert, dass weltweit 2 Prozent des BIP in zehn Schlüsselsektoren investiert werden müssten: Landwirtschaft, Gebäude, Energie, Fischerei, Wälder, Produktion, Tourismus, Verkehrswesen, Wasser und Abfallwirtschaft. Die zentrale Aussage des UNEP-Berichtes lautet: Wir müssen die gegenwärtigen und künftigen Investitionsflüsse so lenken, dass umweltverträgliche und grüne Alternativen an die Stelle des Althergebrachten treten.

Greifen wir uns drei dieser Schlüsselsektoren exemplarisch heraus: die Landwirtschaft, das Bauen und die Produktion.

Nachhaltige Landwirtschaft

In Europa stehen sich in Sachen Landwirtschaft und Nahrungsmittelproduktion zwei sehr gegensätzliche Welten und Prinzipien gegenüber: auf der einen Seite die industrielle Landwirtschaft mit ihren »Treibern«, also den großen Nahrungsmittel- und Handelskonzernen mit ihren Hightechprodukten. Und auf der anderen Seite der viel zu kleine Bereich einer nachhaltig ausgerichteten Landwirtschaft, die anders mit den Böden umgeht, einer neuen, fleischarmen Esskultur den Weg bereiten möchte und sich an neuen Werten orientiert. Werte, die sich mit dem in Mode gekommenen Begriff *slow* am besten auf den Punkt bringen lassen. Die Zukunft dieser nachhaltig arbeitenden Landwirtschaftsbetriebe hängt maßgeblich von unserer Bereitschaft als Konsumenten ab, für so erzeugte Produkte einen angemessenen und fairen Preis zu bezahlen. Und von der Politik, die kleine und nachhaltig arbeitende Betriebe gezielter fördern sollte.

Die Realität allerdings sieht anders aus. Von echter und umfassender Nachhaltigkeit ist unsere Landwirtschaft weit entfernt: Trotz der günstigen Klimabedingungen, unter denen wir hier produzieren, ohne Wassermangel und auf zumeist fruchtbaren Böden, kommen wir weder in Deutschland noch in Österreich mit den Flächen aus, die uns zur Verfügung stehen. Dies hat – soweit es die Ernährung angeht – mit unserem Fleischkonsum zu tun. Wir lassen in Südamerika, Afrika und Asien immer mehr Futtermittel produzieren, damit wir auf unseren Flächen Biomasse für die Energieproduktion erzeugen können. Denn daran verdienen die Landwirte heute mehr als an Agrarprodukten für die Nahrungsmittelerzeugung.

Die Bilanz dieser Art der Landnutzung ist katastrophal. Die industrielle Landwirtschaft führt dazu, dass auch in unseren Breitengraden der Humusanteil an den Böden schwindet. Weltweit sind heute rund 25 Prozent der Menschen auf den Ertrag von übernutzten und verarmten Böden angewiesen. Die Verluste, die sich aus der abnehmenden Fruchtbarkeit der Böden ergeben, werden von der Ernährungs- und Landwirtschaftsorganisation der Vereinten Nationen (FAO) auf 40 Milliarden Dollar geschätzt. Anders gesagt: Die Welt könnte jährlich für 40 Milliarden Dollar mehr Nahrung und Biomasse erzeugen, wenn die Böden intakt wären, weil nachhaltiger gewirtschaftet würde.

Und ganz besonders beschämend ist die Tatsache, dass weltweit vor allem die Kleinbauern an Hunger leiden, weil sie sich und ihre Familien mit ihrer Arbeit und dem, was ihr Land abwirft, nicht ernähren können.

Damit hier wirkungsvoll gegengesteuert werden kann, müssen Politik und Konsumenten die Weichen neu stellen. Indem Kleinbauern und der Anbau von Bio-Produkten gefördert werden, global agierende Saatgutriesen wie Monsanto in ihre Schranken gewiesen werden und wir als Käufer Produkten den Vorzug geben, die regional und nachhaltig hergestellt wurden. Wir hier in Europa könnten uns ohne Weiteres autark mit Nahrungsmitteln versorgen, wenn wir weniger Fleisch konsumieren würden.

Nachhaltig bauen und wohnen

Unser »ökologischer Rucksack« ist vor allem wegen der Bereiche Bauen und Wohnen, Ernährung und Transport so schwer. Diese Bereiche haben viel miteinander zu tun. Weltweit verbraucht das Bauwesen etwa 50 Prozent der entnommenen Rohstoffe, und 40 Prozent des Energieverbrauchs der Europäischen Union fällt in Gebäuden an, was sich wiederum in 50 Prozent aller Abfallmengen und in einer hohen Umweltbelastung durch Emissionen niederschlägt. Außerdem werden allein in der EU jährlich 3 Prozent der verfügbaren Flächen durch Bauten versiegelt!

Es geht aber nicht nur um die Menge oder Qualität der verwendeten Baustoffe, auch die Bauweise selbst hat Auswirkungen, schließlich kommt es darauf an, was man aus den Rohstoffen macht: Wohnungen mit Gemeinschaftsflächen, die heute unter dem schönen neudeutschen Begriff Co-Housing beschrieben werden, machen es einfach, Autos, Großtrockner und richtig langlebige Industriewaschmaschinen oder Partyräume gemeinsam zu nutzen, zusammen zu kochen oder offen Werkstätten zu betreiben.

Würden wir anders bauen, dann könnten Jung und Alt zusammenleben und sich unterstützen und trotzdem genug Raum zwischen sich lassen. Immer vorausgesetzt, dass ein Umdenken in dieser Richtung stattfindet. So hilft es natürlich nicht, wenn in einer dörflichen Gemeinschaft jeder Einzelne mit dem eigenen Auto zur Arbeit oder zum Einkaufen fährt.

Es geht also darum, ganzheitlich zu planen und zu bauen: Gebäude und Siedlungen müssen zu Lebensraumangeboten werden, die ein schlankeres Leben mit weniger persönlichem Besitz und mehr Miteinander unterstützen. Auch am SERI in Wien arbeiten die Wissenschaftler daher an Strategien, wie man im Bereich Bauen und Wohnen den Ressourceneinsatz reduzieren kann und wie das, was an Baustoffen und Energie eingesetzt wird, über den gesamten Lebenszyklus von Gebäuden so genutzt werden kann, dass ein gutes Leben mit weniger Umweltverbrauch möglich ist. Sie berechnen die Stoffströme, sie denken über nachhaltige Nutzungsformen nach, sie untersuchen mit anderen Wissenschaftlern die raumplanerischen und sozialen Aspekte. Und auch hier zeigt sich wieder: Auch wenn der technische Fortschritt manchmal hilfreich ist – mehr als alles andere brauchen wir ein Umdenken aller an einem Bau Beteiligten, vom Investor/Eigentümer über die Planer und Handwerker bis zu den Bauprüfabteilungen in den Kommunen. Vor allem wenn alle gemeinsam planen und kooperieren, können Lebensräume entstehen, die neue Verbindungen von Wohnen, Arbeiten und Leben ermöglichen.

In Eschweiler in der Nähe von Aachen wird gerade eine Faktor-X-Siedlung mit vierzig Wohneinheiten geplant, in der möglichst viele dieser Ideen umgesetzt werden können. Dann wird sich zeigen, ob sich genügend Menschen finden, die ein solches Konzept zu schätzen wissen. Weil es zugleich lebenswert, wirtschaftlich günstiger *und* ökologisch nachhaltig ist.

Materialeffiziente Produktion

Wir können so ziemlich alles, was wir tatsächlich brauchen, mit wesentlich weniger Material-, Energie- und Flächenverbrauch produzieren und auf diese Weise nicht nur unseren eigenen ökologischen Rucksack reduzieren, sondern auch den unserer Wirtschaft. Ein geringerer Rohstoff- und Energieeinsatz senkt im Idealfall die Produktionskosten oder hält sie zumindest konstant. Die Preise am Markt steigen aufgrund der Verknappung, wenn wir den Ressourceneinsatz also in gleichem Maße und Tempo senken, bleiben die Kosten stabil. Eine andere Möglichkeit, das zu erreichen, wäre, wenn wir – statt Arbeit mit Abgaben teuer zu machen – Rohstoffe besteuern würden. Die Abgabe könnte ein Umdenken in den Unternehmen beschleunigen; und die Mehreinnahmen des Staates könnten dafür eingesetzt werden, Schulden abzubauen und in mehr soziale Gerechtigkeit zu investieren.

Wenn man eine materialeffiziente Produktion gezielt unterstützt, führt das automatisch zu Innovationen, zu neuem Knowhow. Und das sichert langfristig nicht nur unseren Wohlstand, weil es unsere Wirtschaft voranbringt. Wenn wir in Zukunft nachhaltige Produkte und Technologien im Tausch gegen knappe Rohstoffe anbieten, tragen wir langfristig dazu bei, auch die Länder nachhaltiger zu machen, mit denen wir zusammenarbeiten.

Unternehmen können schon heute an mehreren Stellen ansetzen, um ihre Materialeffizienz zu steigern:

- bei der Produktentwicklung
- bei der Produktion, im Vertrieb sowie vor allem auch bei der Vermarktung
- durch eine stärkere Serviceorientierung statt einer reinen Produktorientierung

Auch wenn sich in der Co-Evolution mit einer »grünenden Weltwirtschaft« wichtige Chancen für die europäische Wirtschaft abzeichnen – die unbedingt ergriffen werden sollten –, bedeutet dies nicht »Wachstum as usual«, nur unter einem nachhaltigen Deckmäntelchen. »Wachstum as usual« kann nicht mehr funktionieren, und das ist auch gut so. Denn irgendwann wird die Energiewende abgeschlossen sein, und spätestens dann können wir die Früchte der heutigen Investitionen ernten.

Kapitel 12

Ökologische Grenzen überschreiten? Respektieren!

Technische Innovationen sorgten lange dafür, dass pro Arbeitsstunde immer mehr produziert werden konnte. Das ging jahrzehntlang gut, weil Rohstoffe nicht nur verfügbar, sondern auch billig waren. Die Lohnstückkosten sanken, die Produkte wurden günstiger, die Einkommen stiegen. Niemand machte sich ernsthaft Gedanken darüber, was man tun würde, wenn es bei den Rohstoffen zu einem Engpass käme.

Dies hat sich grundlegend verändert. Steigende Energiekosten und die Verknappung (und damit Verteuerung) von Rohstoffen haben Unternehmen in den Industrienationen zu einem Umdenken gezwungen. Es geht darum, mit weniger Energie und weniger Rohstoffen zu produzieren. Das verändert aber nicht nur die Kostenstrukturen in den einzelnen Unternehmen. Es verändert viel mehr.

Jahrzehntelang haben sich die Länder, die über wichtige Rohstoffe verfügten oder in großem Stil Nahrungsmittel anbauten, darüber beschwert, dass die Preise auf dem Weltmarkt zu niedrig seien, weil die reichen Länder ihre marktbeherrschende Stellung ausnutzten.

Heute ist die Lage anders: Weil immer mehr Länder auf dem Weltmarkt Rohstoffe nachfragen, gibt es mehr Wettbewerb, die Preise steigen. Forciert wird das Ganze durch Spekulanten, die ein Szenario heraufbeschwören, das die Zukunft in gewisser

Weise nur vorwegnimmt. Aber was heute eine künstliche Verknappung durch Preispolitik sein mag, wird morgen bittere Realität sein. Wir haben höchstens noch bis 2050 Zeit, »die Kurve« zu kriegen und unseren Umgang mit Ressourcen an deren tatsächliche Verfügbarkeit anzupassen.

Die Erfahrung zeigt, dass der Preis, den etwas hat, maßgeblich darüber entscheidet, wie man mit einem Produkt oder Rohstoff umgeht, wie groß die Wertschätzung ist. Wäre es heute also nicht angebracht, etwa mit einer langsam, aber stetig ansteigenden Rohstoffsteuer dafür zu sorgen, dass die Wirtschaft und wir alle sparsamer mit Rohstoffen umgehen? Viele Unternehmen versuchen, die gestiegenen Kosten durch andere Maßnahmen zu deckeln. Sie zahlen den Preis für Rohstoffe – und drehen an der Lohnschraube, um die Kosten aufzufangen. Anstatt durch Innovationen den Rohstoffverbrauch zu senken. In den nächsten dreißig Jahren muss hier einiges anders werden: Nicht nur die Unternehmen, auch wir persönlich müssen darüber nachdenken, wie wir unseren Wohlstand mit weniger Raubbau wahren können.

Gerade Länder wie Deutschland und Österreich müssten daran eigentlich ein großes Interesse haben. Wir selbst verfügen kaum über dringend benötigte Rohstoffe, und wenn die rohstoffreichen Regionen der Welt ihre Preise anheben, wird unsere auf den Export spezialisierte Wirtschaft Federn lassen. Wenn wir aber rechtzeitig gegensteuern, kommt das nicht nur der Umwelt zugute, sondern auch dem Arbeitsmarkt. So kommt etwa eine Studie der »Aachener Stiftung Kathy Beys« zu dem Ergebnis, dass allein in Deutschland auf dem Weg zu mehr Ressourceneffizienz über eine Million neuer Arbeitsplätze geschaffen werden könnten.

Im Bereich erneuerbare Energien gibt es nach Berechnungen des Umweltbundesamtes in Deutschland heute bereits rund

370.000 Jobs, deren Zahl selbst in den Jahren der Finanzkrise weiter angewachsen ist. Das Umweltbundesamt geht davon aus, dass allein durch das von der Bundesregierung gesetzte Klimaschutzziel (Reduzierung der Treibhausgase um 4 Prozent bis 2020) weitere 630.000 Arbeitsplätze geschaffen werden können. Das verarbeitende Gewerbe kann durch eine Steigerung der Materialeffizienz bis 2030 ein Beschäftigungspotenzial von bis zu 700.000 Arbeitsplätzen erreichen.

Das sind Zahlen, die beeindrucken. Aber lassen sie sich auch umsetzen?

Wie die nachfolgende Grafik zeigt, ist das Ziel, das wir erreichen wollen, sportlich. Wir müssen in den nächsten 35 Jahren den Faktor 10 erreichen, mindestens. Will heißen: Wir sollten in Zukunft mit nur 10 Prozent des heutigen Ressourcenverbrauchs auskommen. Das erfordert ein Umdenken in den Unternehmen – und bei jedem von uns. Denn es reicht nicht, »effizienter« zu produzieren, aber genauso weiterzuleben wie bisher. Bisher wurden solche »Effizienzgewinne« nämlich stets durch sogenannte Rebound- oder Bumerangeffekte aufgefressen. Das österreichische Nachhaltigkeitsbarometer 2013 (dazu gleich mehr) ist dafür ein sehr gutes Beispiel. Obwohl es Österreich gelungen ist, seinen Wohlstand zwischen 1995 und 2000 ressourceneffizienter zu erwirtschaften, stieg der Gesamtverbrauch weiter an. Dem Ziel Nachhaltigkeit kam man keinen Schritt näher, im Gegenteil.

Die folgende Grafik gibt Auskunft über den weltweiten Ressourcenverbrauch und wie er sich in einer fairen Welt verändern müsste:

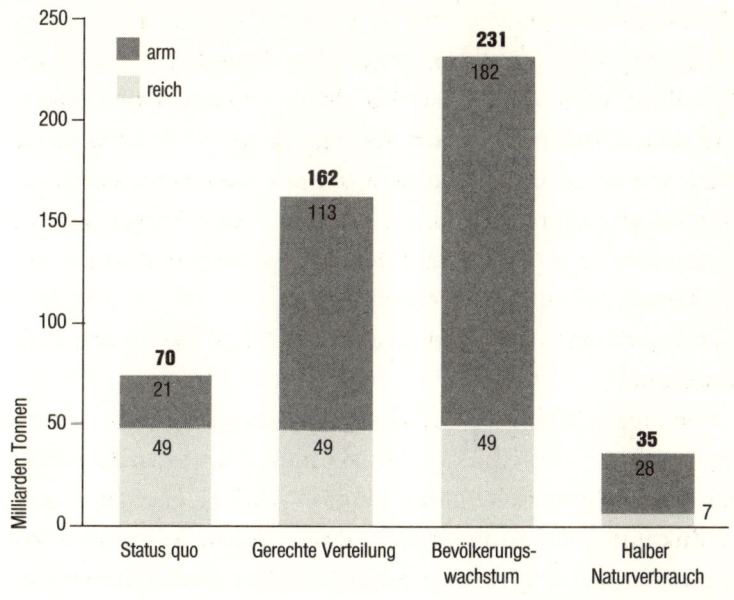

(Quelle: SERI)

Die linke Säule (»Status quo«) zeigt den Pro-Kopf-Verbrauch an Ressourcen an (70 Tonnen) und die Verteilung auf reiche Länder und arme (dunkelgrau). Was geschieht, wenn auch die armen Länder so viele Ressourcen verbrauchen würden wie wir heute, sieht man in Säule zwei (»gerechte Verteilung«). Berücksichtigt man das Bevölkerungswachstum in diesen Ländern, lässt sich ein weiterer dramatischer Anstieg erkennen (Säule drei: »Bevölkerungswachstum«). Wenn das ökologische Gleichgewicht gewahrt werden soll und die verfügbaren Ressourcen weltweit fair auf alle verteilt werden sollen, stünden uns in den reichen Ländern nur noch 7 Mrd. Tonnen, das sind 7 Tonnen pro Kopf und Jahr zu (Säule vier: »halber Naturverbrauch«).

Lässt sich das überhaupt realisieren? Was uns zurück zum Reboundeffekt bringt.

Bislang wurden die (längst nicht ausreichenden) Maßnahmen für mehr Energie- und Rohstoffeffizienz von diesem Effekt aufgefressen. Weil, wie am Beispiel Österreich bereits erwähnt, in der Summe mehr verbraucht wurde, obwohl in einzelnen Bereichen effizienter produziert wurde. Auch das ist eine Folge des Wachstumscredos.

Die Verantwortung hierfür liegt nicht nur bei der Industrie, sondern auch bei uns selbst. Wir haben zwar in der Vergangenheit Energiefresser wie alte Waschmaschinen oder Kühlschränke ausrangiert und durch Geräte mit einer besseren Energieklasse ersetzt – aber der Einspareffekt wird allein dadurch zunichtegemacht, dass wir uns Extras wie Eiscrusher leisten, die wiederum Energie ziehen. Und was hilft ein Fernseher mit hoher Energieeffizienz, wenn er tagein, tagaus auf Stand-by steht? Auch die Wirkung eines sparsamen Autos ist dahin, wenn wir es permanent in Betrieb haben und lapidar darauf verweisen: Wieso nicht? Es braucht ja kaum Sprit, und die Emissionen sind auch im grünen Bereich!

Eine verbesserte Energieeffizienz eines Produkts kann also den Konsumenten dazu verleiten, das »neue Guthaben« auf dem »Konto für verursachte Umweltbelastungen« unbewusst postwendend zu verschleudern. Das eigentlich positive Ergebnis wird so geschmälert, im schlimmsten Fall zunichtegemacht.

All das sind Reboundeffekte im Kleinen – jeder von uns mag sein Verhalten in dieser Hinsicht einmal auf den Prüfstand stellen. Wenn man dies auf die Industrie überträgt, kann man eine ähnliche Wirkung erkennen. Ein Unternehmen, das seine Produkte energieeffizienter herstellt, aber immer mehr davon auf den Markt wirft oder mit immer höherer Schlagzahl neue Kaufanreize für uns setzt, wird unter dem Strich keine bessere, sondern möglicherweise sogar eine schlechtere Energie- bzw. Ressourcenbilanz vorweisen.

Der Nachhaltigkeitsexperte Michael Lettenmeier, der seit vielen Jahren im finnischen Lahti lebt, hat in den letzten Jahren im Rahmen verschiedener Studien Haushalte untersucht, um festzustellen, wie hoch deren Ressourcenverbrauch derzeit ist und wie groß er in Zukunft sein darf. Heute verbraucht ein Finne im Durchschnitt 40,5 Tonnen/Jahr. Der niedrigste Verbrauch lag bei 11, der höchste bei 120 Tonnen. Experten wie Lettenmeier halten einen ökologischen Rucksack von maximal 10 Tonnen für uns Europäer für angemessen und nachhaltig. Wie könnte man diese Messgröße auf alltägliche Situationen herunterbrechen und Szenarien entwickeln, in welche Richtung sich unser Alltag verändern könnte?

Der ökologische Rucksack der Zukunft könnte sich z.B. so zusammensetzen: Wir verbrauchen 6 Tonnen nicht nachwachsende Rohstoffe und 4 Tonnen nachwachsende Rohstoffe pro Kopf und Jahr. Von diesen 10 Tonnen stellen wir 2 Tonnen pro Kopf für die Erledigung staatlicher Aufgaben bereit. Auf diesen Bereich haben wir persönlich nur sehr wenig Einfluss. Uns selbst bleiben dann noch 8 Tonnen pro Jahr.

1 Tonne Rohstoffverbrauch entspricht z.B.:

a) 500 km, die wir alleine in unserem Auto fahren
b) 3000 km, die wir mit einem Fahrrad oder einem Bus fahren
c) 6 m² für ein Jahr beheizter Wohnraum
d) 100 kg Fleischklößchen oder faschierte Leibchen, wie wir in Österreich sagen

Wenn wir mit 8 Tonnen auskommen sollen, hieße das: Wir können 700 km alleine mit dem Auto fahren, 5000 km mit dem

Fahrrad, dem Bus oder einem anderen öffentlichen Nahverkehrsmittel, 15 m² Wohnraum beheizen und 200 kg vegetarische Steaks essen.

Wie sich diese 8 Tonnen verteilen, hängt natürlich vom Lebensstil des Einzelnen ab, von seinen Wünschen und Bedürfnissen, aber auch den Gegebenheiten des Landes, in dem er oder sie lebt (in Norwegen oder Finnland liegen die Heizkosten naturgemäß höher als in südlichen Gefilden).

Es gibt heute schon Menschen, die mit 3 Tonnen für ihre Ernährung auskommen, und andere, die 9 Tonnen an Ressourcen dafür benötigen. Der Unterschied liegt vor allem am Fleischkonsum und darin, ob regionale und saisonale Produkte gekauft werden oder Waren, die einen großen ökologischen Rucksack haben.

Die 2 Tonnen an ökologischem Rucksack, die in diesem Szenario für den Bereich Mobilität und Reisen als Zielgröße angenommen werden, entsprechen rund 10 Prozent dessen, was ein durchschnittlicher Finne heute jährlich hierfür verbraucht. Dieses Ziel kann nur durch eine deutliche Verbesserung der Effizienz von Verkehrsmitteln bei gleichzeitiger Reduktion der zurückgelegten Strecken im Alltag und im Urlaub erreicht werden.

Die 1,6 Tonnen, die in Zukunft für den Bereich Wohnen ausreichen müssten, entsprechen zwischen einem Viertel und einem Achtel des heutigen durchschnittlichen Verbrauchs in Finnland. Lettenmeier hat bei seinen Untersuchungen übrigens festgestellt, dass ein Viertel aller Finnen heute nachhaltig wohnt und bereits mit dem 1,6 Tonnen schweren ökologischen Rucksack für Wohnen pro Jahr auskommt. Es sind interessanterweise die Haushalte mit geringem Einkommen, die diese Zielvorgabe erreichen. Der große Rest könnte in den nächsten zwanzig Jahren seinen Wohn-Rucksack reduzieren, indem ein Umzug in

Null-Energie-Häuser erfolgt, Wohnraum reduziert oder von mehr Menschen genutzt wird.

Lettenmeiers Beispiele und Berechnungen zeigen: Ein nachhaltiger Lebensstil im Jahr 2050 ist durchaus möglich, aber wir haben noch ein gutes Stück des Weges vor uns.

Das Faktor-10-Szenario

So benannte Friedrich Schmidt-Bleek schon vor zwanzig Jahren jene Zielvorgabe, die besagte, dass wir im reichen Fünftel der Erde zehnmal weniger Ressourcen verbrauchen sollten – und könnten – als heute. Das wäre eine Reduktion um 90 Prozent. Ernst Ulrich von Weizsäcker hat daraus den »Faktor 4« gemacht: doppelter Wohlstand, halber Naturverbrauch, was global gesehen mehr oder weniger auf dasselbe herauskommt.

Was sich im ersten Moment utopisch anhört und daher auch schnell als unrealistisch bezweifelt wird, ist eine Herausforderung für die Welt, die wir annehmen sollten. Eigentlich gibt es keinen Grund, warum wir unsere Welt nicht so weiterentwickeln könnten, dass wir tatsächlich mit einem Zehntel der Ressourcen auskommen. Effizienz oder Effektivität bedeutet nämlich keineswegs immer weniger, sondern oft einfach nur anders. Und damit nicht zwangsläufig schlechter. Wir brauchen dafür den technischen Fortschritt (Energie- und Ressourceneffizienz) ebenso wie ein Um-denken und Um-fühlen, was unseren Lebensstil angeht. Wenn es uns gelingt, zum Beispiel durch bessere Technik den ökologischen Rucksack auf ein Drittel seines heutigen Gewichts zu verkleinern (also die Effizienz zu verdreifachen), dann läge der Faktor, den wir durch eine Änderung unseres Verhaltens beisteuern müssten, nur noch bei einem Faktor 3. Wer mitgerechnet hat, kommt insgesamt auf den Faktor 9 – und damit hätten wir auch schon unseren Ressourcenverbrauch um 89 Prozent verringert.

Ein Beispiel:
Wir wären um den Faktor 2 effektiver, wenn wir nur halb so viele Autos herstellen und diese länger und effektiver nutzen würden. Unsere Autos sind heute zu 80 Prozent des Jahres keine Fahrzeuge, sondern Stehzeuge. Und es sitzt meistens nur eine Person darin. Carsharing oder auch die Gründung einer Fahrgemeinschaft unter Kollegen wäre nicht nur sinnvoller, es würde auch mehr Spaß machen.

Diese neuen Autos könnten modular konzipiert sein (und damit einfach demontiert oder modernisiert werden), sie wären aus recycelbaren leichten Werkstoffen und würden nur noch die Hälfte des Sprits verbrauchen, den die heutige Flotte schluckt. Nehmen wir darüber hinaus an, dass sich dadurch der Ressourcenverbrauch pro gefahrenem Kilometer halbiert. Bei halb so vielen Autos auf der Straße macht das zusammengenommen einen Faktor 4 oder 75 Prozent weniger Ressourcenverbrauch.

Vermutlich würde auch die Zahl der insgesamt gefahrenen Kilometer sinken, weil es mit einem gewissen Aufwand verbunden ist, an ein Auto heranzukommen, wenn nicht jeder mehr ganz selbstverständlich sein eigenes in der Garage stehen hat. Man müsste sich absprechen oder ein freies Fahrzeug in der Nachbarschaft orten – ein Aufwand, der vielleicht nicht mehr betrieben würde, wenn es nur um den kurzen Weg zum Bäcker geht. Wir würden solche Strecken eher mit dem Fahrrad zurücklegen oder zu Fuß und damit langfristig etwas für unsere Gesundheit tun und die Krankenkassen entlasten (Stichwort

Herz-Kreislauf-Erkrankungen, Diabetes, Übergewicht usw.). Wenn diese Autos dann auch noch 25 Prozent länger halten würden, hätten wir bereits Faktor 5 erreicht. Voraussetzung dafür wäre, dass sie konsequent gewartet werden und die dafür benötigten Ersatzteile auch verfügbar sind. Aber in unserem Idealbeispiel wird es in dieser Hinsicht keinen Engpass geben. Denn wir werden dank moderner Technik in der Lage sein, jederzeit und überall auf die Datensätze dieser Teile zurückzugreifen und sie mithilfe spezieller 3-D-Drucker auszudrucken. Natürlich wären 70 Prozent aller Bauteile unseres Autos weiterverwendbar; und am Ende seines Lebenszyklus könnten 90 Prozent seiner Bestandteile stofflich recycelt werden.

Utopisch? Ganz und gar nicht. Und ein Innovationsprogramm sondergleichen. Wir müssten vielleicht die Investitionen in den öffentlichen Nahverkehr dagegenrechnen und die Kosten, die beim Ausbau von Fahrradwegen anfallen würden. Aber unter dem Strich bliebe die Bilanz auch aus finanzieller Sicht positiv.

Noch ein Szenario: Wir reduzieren unseren Fleischkonsum auf einmal pro Woche und ernähren uns ansonsten weitgehend vegetarisch. Die Landwirte gehen nachhaltig mit den Böden um, erhalten und fördern ihre Fruchtbarkeit durch die Vermeidung von Monokulturen und lassen der Artenvielfalt genügend Raum. Wir bauen enge Beziehungen zwischen Stadt und Land auf und ernähren uns überwiegend aus der Region. Wir stellen die Produktion von Konsumgütern auf langlebige, wieder- und weiterverwendbare Produkte um. Wir nutzen Produkte mit einem großen ökologischen Rucksack lange und intensiv und möglichst gemeinsam. Wir bauen unsere Städte so um, dass sie klimafreundlich sind und Co-Housing ermöglichen. Wir reduzieren die individuelle Mobilität auf ein Minimum und nutzen umweltfreundliche Fahrzeuge. Der öffentliche Nahverkehr und das Bahnnetz werden gestärkt und für alle bezahlbar. Der Güterverkehr ist rückläufig, weil die Wege zwischen Produktionsstätten und Endverbrauchern kürzer sind – es wird mehr dezentral produziert, die Vielfalt des Handwerks vor Ort macht es möglich. Es gibt kein französisches Tafelwasser außerhalb Frankreichs, weil das Grundwasser auch in anderen Ländern hervorragend ist. Behördengänge entfallen, weil die Verwaltung internetbasiert ist. Es gibt überall »ökoeffiziente Dienstleistungen«, die uns die Instandhaltung und ökologische Modernisierung leicht machen. Neue Technologien unterstützen uns bei der Arbeit und der Kommunikation: Wir müssen für Meetings nur noch selten reisen.

All das sind Ideen, die unsere Kreativität ankurbeln sollen bei Überlegungen, was in Zukunft alles langsamer, anders, besser gehen könnte.

Kapitel 13

Exportieren?
Produzieren wir mehr für uns selbst!

Geschichten aus Edo

Es gibt eine Periode in Japans Wirtschaftsgeschichte, die uns manches darüber erzählt, was geschieht, wenn eine Kulturnation sämtliche Wirtschaftsbeziehungen zu anderen Ländern abbricht. Wenn die Menschen ganz konsequent nur noch mit den Ressourcen wirtschaften, die auf ihrer Insel verfügbar sind. Gemeint ist die Edo-Periode, die sich über einen Zeitraum von 250 Jahren erstreckte und noch heute Japans »goldenes Zeitalter« genannt wird.

Es war einmal ein großes, bedeutendes Land, das lag mitten im Meer. Als Insel war es nicht unbemerkt zu erreichen und konnte gegen Feinde und unerwünschte Einflüsse relativ einfach verteidigt werden. Im Inneren der Insel gab es viele hohe Berge, zu den Küsten hin schöne, fruchtbare Täler. Die Sommer waren heiß und die Winter kalt. Die Pflanzen- und Tierwelt auf dem Land und im Meer war vielfältig, aber in ihrer Menge begrenzt. Der Wald schenkte den Menschen Holz. Für die Transporte und für viele andere Zwecke gab es Nutztiere. Nach vielen Jahrhunderten wiederkehrender Unruhen und Kriege war das Land zur Ruhe gekommen und sagte sich: Wir haben so viele Kriege geführt. Jetzt ist die Zeit für Frieden. Und fasste den Entschluss, alle Brücken zum Ausland abzubrechen und in Zukunft »für sich zu bleiben«.

Die Bewohner der Insel – es waren 30 Millionen Menschen – hatten alle Zugang zu Bildung. Es gab Bauern, Handwerker und Händler, es gab Krieger, die die Verwaltung überwachten, den Adel und den Herrscher in seinem Palast. Es gab keine Maschinen, die den Menschen die Arbeit abnahmen, und keine Rohstoffe, die importiert wurden. Es gab die Natur und ihre Früchte, die Sonne und in geringem Umfang auch Kohle und Erze. Dennoch ging es den Menschen jedes Jahr besser. Die wenigen Besucher aus aller Welt, die die Insel betreten durften, berichteten voller Staunen über den Wohlstand und das hohe kulturelle Niveau, zu der es diese dicht besiedelte Insel gebracht hatte. Die größte Stadt, das heutige Tokio, hatte damals bereits über eine Million Einwohner. Es war die größte Stadt der Welt.

Die Bauern des Landes waren kluge Leute, die die Natur sehr aufmerksam beobachteten und von ihr lernten. Sie waren immer auf der Suche nach neuen und nützlichen Pflanzen, neuen Produkten und Produktionsverfahren. Da Land knapp war, galt es, aus wenig viel zu machen. Dabei kam es besonders auf die Erfahrung, das Wissen und das Können der Bauern an. Sie konnten auf den kleinsten Flächen die größten und vielfältigsten Erträge erwirtschaften. Auf den Märkten Edos gab es allein an die tausend Reissorten. Im Omar Distrikt wurden damals 143 verschiedene Gersten- und 65 Weizensorten, 21 Buchweizenarten, über 200 Hirsesorten, 21 Rettich- und 24 Tarnsorten (eine essbare Knolle) sowie eine große Zahl unterschiedlicher Pilze angebaut. Es gab zahlreiche Teearten, die auf die unterschiedlichste Art und Weise – je nach Region oder Anlass – zubereitet und genossen wurden. Es wuchsen Maulbeerbäume, Gerbersträuche, Hanf, Wilder Safran, Färberdistel, Indigo, Baumwolle, Rapssamen, Tabak und vieles andere mehr. Und da alle Landesteile einen Zugang zum Meer hatten, wurden auf den Märkten Fisch und Meeresfrüchte in Hülle und Fülle angeboten. Den Marktverwalter von Edo erreichten ständig Anträge von neuen Händlern und Produzenten, die am Marktgeschehen teilnehmen wollten. Es gab über 130 regionaltypische Produktkategorien, die in den unterschiedlichsten Qualitäten und Macharten angeboten wurden: getrocknete Sardinen, süße Kartoffeln, Gewürze, Kräuter, eine große Vielfalt an Gemüse, Stoffe für die traditionellen Hosen, hochwertige Hanfbekleidung, Gürtel, Seiden der unterschiedlichsten Qualität, bemalte und unbemalte Keramiken und Holzgefäße für alle Zwecke des täglichen Lebens, Reisstrohmatten, zahlreiche Papiersorten, Kerzen und Lampen, Rohrkolbenteppiche und, und, und.

Da Rohstoffe teuer waren – so zum Beispiel Metalle oder hochwertige Papiere und Stoffe –, beruhte das Leben in Edo auf dem Prinzip, dass nichts verschwendet werden durfte. Was nicht mehr repariert, aufgearbeitet, weiter- oder wiederverwendet werden konnte, wurde verbrannt und als Asche auf die Felder zurückgeführt oder kompostiert. Asche und Fäkalien waren als Nährstoffe so wertvoll, dass es Händler gab, die sich auf das Sammeln, den Transport und den Verkauf von Asche und Dung spezialisiert hatten.

Alle Handwerker waren bemüht, Dinge herzustellen, die möglichst lange verwendet werden konnten. Die kostbaren Kimonos wurden so lange wie möglich in der Familie getragen und anschließend – weil sie auf diese Weise schön weich geworden waren – als Schlafbekleidung genutzt. Alte Schlafbekleidung wurde zu Windeln für Babys, zu Teppichen oder Decken und schlussendlich zu Wischlappen. Dieses Prinzip galt für alle Dinge des täglichen Gebrauchs, und es stellte sicher, dass alles in ausreichenden Mengen vorhanden war.

In Edo gab es weder Menschen, die arbeitslos waren, noch solche, die schlecht ernährt waren oder ohne Bildung blieben.

Überall auf dem Land gab es Schulen. Das Leben war bunt und vielfältig. Es gab keine Notwendigkeit, ein umfangreiches Transportwesen aufzubauen, denn es gab im Umkreis einer Tagesreise alles, was die Menschen von Edo für den Alltag brauchten. Natürlich waren viele Handwerker und Händler unterwegs, um besondere Fertigkeiten, Reparaturdienste oder seltene Waren aus anderen Regionen anzubieten. Transporter mit Kühen und Wagen standen für die Objekte zur Verfügung, die sehr schwer waren und deren Transport sich lohnte. In dieser Zeit wuchs der Wohlstand der Menschen langsam, aber kontinuierlich, sodass es den Menschen von Edo immer besser ging. Die Künste und das Handwerk blühten auf und erreichten eine Vielfalt und Könnerschaft, von der heute noch viele voller Respekt sprechen. Literatur, Malerei, die Kunst des Gartenbaus und die Wohnkultur, alle angewandten Künste zusammen ergaben eine Hochkultur, die sich noch heute in aller Welt der größten Wertschätzung erfreut. Vor allem die Baukunst und die Kochkunst werden heute wieder gepflegt und erleben wegen ihres außergewöhnlich hohen Niveaus eine Renaissance.

Diese kleine und wahre Geschichte über die Edo-Periode ist keine Aufforderung, ins Mittelalter zurückzukehren. Aber wir können eine Menge aus ihr lernen. Zum Beispiel:
- wie man Kreislaufwirtschaft organisiert
- und wie die Grenzen, die sich eine Kultur freiwillig setzt, für alle Menschen Früchte tragen können.

Deutschland rühmt sich seit Ende der 1950er-Jahre seiner Exporterfolge. Mit gutem Grund gilt das Land als Exportweltmeister, selbst die Krise der letzten Jahre konnte daran nichts ändern. 2012 erreichten die Ausfuhren einen Gesamtwert von

1,1 Billionen Euro und lagen damit um 3,4 Prozent höher als im Vorjahr. Was die Medien nicht daran hinderte, darauf zu verweisen, dass die Zuwachsrate an sich deutlich niedriger ausgefallen war (2011 lag der Anstieg bei 11 Prozent). Und auch, dass der Anteil an Exporten in die Eurozone seit Jahren kontinuierlich sinkt, wurde bekrittelt. 1991 lag er noch bei 51,6 Prozent, 2007 bei 43,8 und 2012 »nur noch« bei 37,5 Prozent. Abzüglich der Einfuhren ergab sich ein Handelsbilanzüberschuss von 188,1 Milliarden Euro – der zweithöchste Wert seit 1950. Höher war der Saldo bis dahin nur 2007 gewesen (195,3 Milliarden Euro).

Exporte sind notwendig und gut, solange die Rahmenbedingungen stimmen. Wenn die Länder, die Waren und Dienstleistungen austauschen, fair miteinander umgehen und Partner auf Augenhöhe sind. Dann können Exporte auch Entwicklung fördern, ja sogar dazu beitragen, dass auch in ihren Partnerländern eine nachhaltige Entwicklung vorankommt. Die Zukunft gehört langfristig angelegten und fairen Handelsbeziehungen zwischen Nationen, die einander brauchen und einander etwas zu geben haben. Tatsächlich gibt es in der deutschen Industrie, im Mittelstand und selbst im Handwerk Unternehmen, für die der Export existenziell ist und die es geschafft haben, in den Spezialmärkten, die sie bedienen, zu Weltmarktführern zu avancieren. Österreich und Deutschland sind Länder, in denen es kaum natürliche Rohstoffe gibt. Wir müssen sie importieren, damit wir Waren herstellen können, die wir anschließend wieder exportieren. Hinter den in beiden Ländern positiven Handelsbilanzen stehen allerdings Strukturen, die zum Teil beschämend sind und auf keinen Fall nachhaltig:

- Unser Lebensstil beruht darauf, dass wir mehr Rohstoffe verbrauchen, als wir uns dauerhaft leisten können.

- Wir haben die Umweltprobleme, die sich aus unserem überzogenen Ressourcenverbrauch ergeben, in jene Länder exportiert, die für uns produzieren.
- Wir zahlen noch immer keinen fairen Preis für die Rohstoffe, die wir importieren.
- Wir haben mit diesem Geschäftsmodell maßgeblich dazu beigetragen, dass sich die Industrien in anderen Ländern gar nicht erst entwickeln konnten, und waren bei der Durchsetzung unserer Interessen nicht gerade zimperlich (Stichwort Korruption).
- Unfaire Handelsabkommen, Subventionen und Schutzzölle sorgen dafür, dass unsere »Partnerländer« ihre Produkte bei uns nicht einführen dürfen; gleichzeitig werden sie durch die Einfuhr unserer subventionierten Produkte daran gehindert, diese selbst herzustellen (Stichwort Agrarbereich).
- Mit den Importen aus Billiglohnländern und der Öffnung der Märkte für Produkte aus aller Welt haben wir im eigenen Land Industrien zerstört bzw. den Unternehmen, die noch für den Binnenmarkt produzieren, sehr wenig Entwicklungs- und Lebensspielraum gelassen.
- Die Arbeitnehmer in Deutschland/Österreich und die vielen kleinen Unternehmen, die für die Region produzieren, zahlen für diese Politik einen hohen Preis. Sie müssen konkurrieren mit Ländern, in denen Beschäftigte zu Hungerlöhnen und unter teils menschenunwürdigen Bedingungen produzieren. Am Ende wird unser Binnenmarkt von immer billigeren und schlechteren Produkten überschwemmt, die wir nicht brauchen, die aber die Lebensgrundlagen weltweit zerstören.

Heißt das nun also, dass wir der Exportwirtschaft den Rücken kehren müssen?

Nein, sicher nicht. Aber wir müssen dringend andere Prioritäten setzen. Wir brauchen eine Politik der Gleichgewichtigkeit – eine Politik der »nachholenden Entwicklung«, die heute dort nachhaltige und tragfähige Strukturen aufbaut, wo das in den letzten Jahrzenten verhindert wurde oder wo bestehende Strukturen zerstört wurden. Wir brauchen faire Handelsbeziehungen und echte Partnerschaften. Und wir sollten Verständnis dafür haben, dass die Menschen, denen wir so lange unser System aufgezwungen haben, nicht besonders gut auf uns zu sprechen sind.

Ein gutes Leben für *alle* und für *jeden Einzelnen* bedeutet in den früh industrialisierten Ländern eine Reduktion des Ressourcenverbrauchs auf ein Fünftel bis Zehntel des jetzigen Niveaus (differenzierter, wenn man einzelne Ressourcen unterscheidet). Wir nennen das im Folgenden das »Erforderliche«, aber auch die »Grundspannung«. In den ärmsten Ländern der Welt wiederum, vor allem in den Regionen, in denen noch nicht einmal die Grundbedürfnisse der Menschen befriedigt werden, sind Wachstum und die Verbesserung der materiellen Lebensqualität absolut notwendig. Diese Regionen haben alles Recht der Welt, ihren Anteil am globalen Naturverbrauch zu erhöhen. Auch, um das auszugleichen, müssen wir unseren Naturverbrauch reduzieren. Und wir sollten dabei helfen, dass in diesen Regionen neue und wichtige Strukturen nachhaltig konzipiert werden. Indem wir unser Know-how zur Verfügung stellen und mit gutem Beispiel vorangehen, wenn wir dort eine Firmenniederlassung ansiedeln. Es kann nicht sein, dass etwa die Bekleidungsindustrie, die in China oder Bangladesch nähen lässt, immer nur darauf verweist, die Zustände seinen doch schließlich besser als vorher. Es liegt immer am Maßstab, den man anlegt. Und solange der Maßstab dieser Firmen Wachstum und Rendite ist, wird sich daran nicht viel ändern.

Da die Verteilungsunterschiede derzeit sowohl zwischen den Weltregionen und Nationen als auch in den Ländern selbst (die Schere zwischen Arm und Reich) immer größer werden, muss schnell gehandelt werden.

Es gibt drei Ansatzpunkte, die uns aus diesem Dilemma befreien können, ohne dass es uns deswegen schlechter gehen muss:

a) Die Stärkung der lokalen und regionalen Ökonomie: Es gibt inzwischen viele Beispiele für bewundernswerte Entwicklungen überall auf der Welt. Ein besonders erfolgreiches Projekt mit einer großen Ausstrahlung ist SEKEM, vor 47 Jahren von Ibrahim Abouleish gegründet. Der Chemiker (inzwischen wurde er mit dem Alternativen Nobelpreis ausgezeichnet) hat in Österreich studiert und war anschließend in seine ägyptische Heimat zurückgekehrt – mit dem Dung von sieben Almkühen im Gepäck. Damit wollte er 50 km nordwestlich von Kairo ein Stück Wüste in eine Oase verwandeln. Mit Erfolg. Heute leben, lernen und arbeiten dort über 2000 Menschen. Sie bauen Bio-Lebensmittel, Tees und medizinische Kräuter an und stellen Textilien aus ökologischen Materialien her. Inzwischen arbeitet die SEKEM-Stiftung daran, ihr Wissen im ganzen Land weiterzugeben; oberste Richtlinie für die Handelsgeschäfte mit Europa ist das Fair-Trade-Prinzip. Zu SEKEM gehören heute unter anderem ein Kindergarten mit heilpädagogischer Abteilung, eine Schule, ein Berufsbildungszentrum, eine Einrichtung für Erwachsenenbildung, ein Krankenhaus sowie ein Institut für angewandte Forschung.

b) Die Steigerung der Ressourcenproduktivität, um aus dem Kreislauf herauszukommen, dass wir immer mehr exportieren müssen, damit wir uns die Rohstoffe leisten können, die wir brauchen, um überhaupt exportieren zu können: In vielen europäischen Labors wird heute daran gearbeitet, seltene Erden und teure Rohstoffe zu ersetzen. Im flämischen Evergem arbeiten Ingenieure beim Technikspezialisten Inverto an einem Reluktanzmotor (ein Elektroantrieb für Hybridfahrzeuge und E-Autos), der ohne teure Dauermagneten auskommt, in denen viele Seltene Erden stecken. Der Rotor – das Herzstück des Elektromotors – besteht aus Eisen. Angetrieben wird er von Spulen, die nur magnetisch werden, wenn Strom durch sie fließt.

Und selbst so ein traditioneller Werkstoff wie Holz steckt heute noch immer voller Überraschungen für Ingenieure und Chemiker. Am allerwichtigsten aber ist der nachhaltige Umgang mit den in Europa bereits vorhandenen und genutzten Ressourcen, z.B. durch langlebige Produkte und konsequente Umsetzung der Kreislaufwirtschaft.

c) Entwicklungspartnerschaften, die dazu beitragen, ein ökonomisches Gleichgewicht herzustellen: Gerade weil Europa auch in Zukunft auf Importe von Rohstoffen angewiesen ist und sich darüber Gedanken macht, wie dies langfristig möglich ist, nimmt der Gedanke von strategischen Entwicklungspartnerschaften heute in der Politik einen wachsenden Raum ein. Je knapper und kostbarer Rohstoffe werden, desto mehr werden die Länder, die über diese Ressourcen verfügen, sich aussuchen können, mit wem sie in einen Austausch treten. Und sie werden die Länder bevorzugen, die ihnen tatsächlich dabei helfen, ihre eigenen Entwicklungsaufgaben zu lösen. Derzeit scheint vor allem China diese Herausforderung in Afrika erkannt zu haben und umzusetzen.

Kapitel 14

Noch mehr Staat? Auf die richtige Balance kommt es an!

Es war eine der unrühmlichen »Errungenschaften« des Neoliberalismus, dass er aus Prinzip private Aktivitäten den staatlichen vorzog und mit aller Macht den Staat zurückdrängen wollte. In den 1990er-Jahren wurde auf Teufel komm raus privatisiert. Städtische Wasserwerke, Krankenhäuser, die Abfallentsorgung und Schwimmbäder wurden an private Träger verkauft. Und was nicht verkauft wurde, sollte wenigstens an die Börse. In Großbritannien wurde die Eisenbahn privatisiert, in Italien verfielen viele Kulturdenkmäler, weil der Staat nicht mehr für sie verantwortlich war. Diese Privatisierungswelle war allerdings auch eine Reaktion auf eine sehr lange Phase, in der die staatlichen Aufgaben und Ausgaben immer umfangreicher und unfinanzierbarer wurden. Die Staatsschulden, die im Zentrum der heutigen Eurokrise stehen, sind Ergebnis einer Politik, die schuldenfinanziert Wachstum und Jobs erkaufen wollte und dabei die Balance von Einnahmen und Ausgaben aus den Augen verlor. Es war die Zeit, in der die Privatvermögen mit den öffentlichen Defiziten um die Wette wuchsen.

Wir haben bereits aufgezeigt, wie gefährlich der Wachstumstreiber Staatsschulden ist. Und auch, dass die privaten Vermögen in unseren Ländern schneller wachsen als die Staatsschulden. Die Herausforderung, vor der wir stehen, ist also komplex: Wir müssen die Aufgaben des Staates an eine Phase anpassen, in der das Wachstum langsamer ansteigt als die Zinsforderungen. Wir brauchen einen Staat, der in der Lage ist, die vielfältigen Aufgaben, die wir alle von ihm erwarten, zu finanzieren – z.B. Bildung, öffentlicher Nahverkehr, soziale Sicherungssysteme, Rentenzahlungen, Naturschutz, Energieinfrastruktur, Straßen u.v.m. Aber wir brauchen auch einen effizienten Staat, dessen Einnahmen in einem angemessenen Verhältnis zu den Ausgaben stehen und der seine BürgerInnen und vor allem die kleinen und mittleren Unternehmen nicht überfordert.

In Österreich zum Beispiel wird jeder zweite Euro, der erwirtschaftet wird, über den Staat umverteilt. Und die Politiker und Ministerialbeamten, die dieses Geld verteilen, wissen verdammt wenig darüber, wohin es wirklich geht, was damit bewirkt wird und ob es tatsächlich bei den Bürgern so ankommt, dass ihnen gedient ist oder die Lebensqualität wächst. Im Rahmen des »Wachstum-im-Wandel«-Projekts, an dem auch viele Ministerien mitarbeiten, haben sich verschiedene Experten mit den Folgen des ausbleibenden Wachstums auch auf die Staatsausgaben beschäftigt. Das Expertengremium konstatierte: »In den letzten Jahrzehnten gab es keinen echten Zwang zur Überprüfung des Sinns und Unsinns staatlicher Ausgaben.« Die Wähler haben letzten Endes die Parteien, die ihnen sogenannte »Wahlgeschenke« versprechen (also Ausgaben, die wir letztlich über die Steuern selber bezahlen), immer wieder belohnt. Dies gilt nicht nur für Österreich, sondern für nahezu alle europäischen Länder und viele andere weltweit. Die Ursache liegt im politischen System begründet. Der Erfolg von Politikern und Parteien war bisher eng mit den Erwartungshaltungen von Interessengruppen verbunden, von der Landwirtschaft über Universitäten und Forschungseinrichtungen bis zu Arbeitslosen und Pensionisten. Die Politik wollte es allen recht machen, kein

Wunder also, dass es einen »Automatismus« in Richtung steigende Staatsausgaben gab. Hieraus aber eine fiskalpolitische »Notwendigkeit« zu konstruieren, wäre falsch. Denn erstens wissen wir nicht, ob alle Ausgabensteigerungen das Gemeinwohl tatsächlich fördern. Und zweitens hat uns diese Entwicklung in eine schwierige Lage gebracht: Mit den Staatsausgaben sind vor allem auch die Schulden immer weiter gestiegen, und damit der Zinsanteil, der von den Bürgern und den Unternehmen erarbeitet werden muss, damit das System stabil bleibt. Eine Politik, die den Schuldenberg weiter wachsen lässt, ist nicht nachhaltig, weil sie unseren Kindern und Enkeln keinen Spielraum mehr lässt. Außerdem bedeutet Schuldenfinanzierung auch: Umverteilung von unten nach oben. Werden Schulden abgebaut, muss also vorallem darauf geachtet werden, welche Ausgaben reduziert werden.

Man muss kein Neoliberaler sein, um die Ansicht zu teilen, dass *mehr* Staat nicht immer sinnvoll ist oder gar notwendig. Gerade kleine Unternehmen leiden überproportional unter den Bürden, die ihnen die staatliche Bürokratie aufhalst.

Staatliche Bürokratien haben den Hang dazu, sich vor allem mit sich zu beschäftigen, ihren aufgeblähten Apparat abzusichern. Hinzu kommt, dass in manchen Abteilungen keineswegs nur Experten sitzen, sondern verdiente Parteigenossen, die es zu versorgen gilt. Das gilt vor allem für die EU. Die meisten Bürger haben längst den Überblick verloren, wofür ihre Steuern ausgegeben werden. Das »Schwarzbuch« des Bundes der Steuerzahler listet Jahr für Jahr die eklatantesten Beispiele für die Verschwendung von Steuergeldern auf. Wer dieses Werk durchblättert, wird sofort nach dem Rotstift rufen. Geht es uns aber an den eigenen Geldbeutel (mehr oder weniger Inhalt), werden wir doch in der Regel für ein Mehr plädieren.

Eine Budgetkonsolidierung kann nur dann ernsthaft angegangen werden, wenn zum einen wir nicht ständig neue Leistungen einfordern und wenn der Staat zum anderen tatsächlich auf der Ausgabenseite spart. Und nicht nur von einem Topf in den nächsten umschichtet oder gar versucht, das Schuldenproblem über Steuererhöhungen oder weitere Kreditaufnahmen zu lösen.

Nun mögen Sie sich fragen, wie wir als BürgerInnen darauf Einfluss nehmen können. Das Kreuzchen auf dem Wahlzettel allein reicht hier jedenfalls nicht aus, zu ähnlich sind sich die Parteien, wenn es ums Geldausgeben geht. Einige Experten fordern daher seit geraumer Zeit, man solle sich in Deutschland und Österreich die Schweiz zum Vorbild nehmen und durch Bürgerentscheide über gewisse Investitionen abstimmen lassen. Möglicherweise wären uns dann Projekte wie die Elbphilharmonie in Hamburg ebenso erspart geblieben wie die Schlachten um Großbaustellen wie Stuttgart 21.

»Die Renten sind sicher«

Die meistgenannten Gründe, die Politiker als Rechtfertigung aufführen, warum wir immer weiter wachsen und dieses Wachstum notfalls auch mit Schulden finanzieren müssen sind: Sicherung/Schaffung von Arbeitsplätzen sowie die Sicherung der sozialen Systeme und der Renten. Haben Sie damit recht?

Der Löwenanteil der Ausgaben für Kranken-, Pflege- und Rentenkassen wird durch die Lohnarbeit finanziert. Durch Abgaben, die die Beschäftigten Monat für Monat von ihrem Gehalt abgezogen bekommen. Wer mehr verdient, zahlt mehr. Tatsächlich zahlen heute manche auch gar nichts oder wenig: Beamte und viele Selbstständige sind in Deutschland von diesem System ausgenommen. Hinzu kommt, dass ein Rentensystem, das auf einer Umlage wie unserem Generationenvertrag basiert, nur dann funktioniert, wenn sich die Zahl der Geber und Nehmer die Waage hält und wenn mit Augenmaß »ausgezahlt« wird. In Deutschland wird es allein wegen des demografischen Wandels immer schwerer, diesen Generationenvertrag einzuhalten, weil einer schrumpfenden Zahl an Erwerbstätigen (genau genommen einem schrumpfenden Arbeitsvolumen) immer mehr Ruheständler gegenüberstehen. Das Deutsche Institut für Altersvorsorge hat errechnet, dass im Jahr 2030 auf 100 Erwerbstätige 78 Rentner kommen werden. 2000 waren es noch 52 gewesen, 2010 56. 2020 werden 65 Rentner auf 100 Erwerbstätige kommen.

Norbert Blüms legendärer Satz »Die Renten sind sicher« wurde von dieser demografischen Entwicklung infrage gestellt. Um die nachkommende Generation und die Unternehmen nicht zu überfordern, hat Deutschland mit mehreren Rentenreformen hart gegengesteuert: Das Rentenalter wurde hochgesetzt und die Rentenhöhe durch eine Koppelung an den »demografischen Faktor« deutlich gekürzt. Sie soll langfristig auf 43 Prozent des letzten Bruttoeinkommens sinken. Die rot-grüne Regierung empfahl in den 1990er-Jahren allen Bürgern, privat vorzusorgen. Die gekürzte umlagefinanzierte Rente sollte durch eine zweite Säule – die kapitalgedeckte Rente – ergänzt werden. Was aber erstens voraussetzt, dass die privaten Haushalte genügend Geld dafür übrig haben, und dass zweitens die Kapitalmärkte auf das Gesparte vernünftige Zinsen zahlen. Für Beschäftigte mit niedrigem Einkommen wurde die Riester-Rente erfunden, für Selbstständige und Besserverdienende die Rürup-Rente. Der Staat gewährt allen, die solchermaßen vorsorgen, einen Zuschuss. Parallel dazu wurde die sukzessive Besteuerung der Altersrente beschlossen.

Heute wissen wir: Diese Reformen waren nicht nur ein Zuschussgeschäft für den Staat, sondern auch eine Milchmädchenrechnung für die BürgerInnen. Denn in Verbindung mit anderen negativen Entwicklungen am Arbeitsmarkt führten sie eine ganze Generation in die Altersarmut. Und das hat folgende Gründe: Jede kapitalgedeckte Rente ist naturgemäß nur so sicher und ertragreich wie das Finanzsystem. Die vielen Finanzblasen, die in den letzten Jahren geplatzt sind, und unseriöse Anbieter von Finanzprodukten haben viele Menschen um ihr Erspartes gebracht. In Europa und weltweit. Auch diejenigen, die in vermeintlich sichere Riester-Renten oder Lebensversicherungen investiert haben, wurden mehr als nur ihrer Hoffnungen beraubt. Inzwischen warnt sogar das arbeitgebernahe Institut der Deutschen Wirtschaft vor der Riester-Rente und konstatiert: Man muss mindestens 93 Jahre alt werden, um auf das angesparte Geld eine Rendite von über 2 Prozent zu erhalten. Experten, die schon früher auf die Risiken dieser Reformen hingewiesen haben, wurden lange nicht gehört. Erst Mitte 2012 fand, ausgelöst auch durch die Folgen der Finanzkrise, ein Umdenken statt, denn die Zahl derer, die von Altersarmut bedroht sind, ist in den letzten Jahren massiv gestiegen und wird weiter steigen. Erst kürzlich räumte das Bundesministerium für Arbeit und Soziales ein, dass das Armutsrisiko noch viel höher ist als bisher vermutet. Ab 2030 wird ein Rentner, der im Durchschnitt 2.500 Euro brutto im Monat verdient und 35 Jahre Vollzeit gearbeitet hat, nur noch eine Rente von 688 Euro im Monat erhalten. Diese Zahl wurde von den Rentenexperten in den deutschen Ministerien höchstselbst errechnet. Weil bis dahin die geplante Absenkung des Rentenniveaus von derzeit 51 auf dann 43 Prozent Realität sein wird. Nicht nur Frauen sind von Altersarmut überproportional stark betroffen, auch Geringverdiener und Menschen, die nicht durchgängig eingezahlt haben, dazu viele Selbstständige. Die deutsche Politik hat sich hier in eine massive Wachstumsfalle manövriert. Eine weitere Reduzierung der Renten kommt nicht infrage, die Zahl der Erwerbstätigen wird weiter sinken, die der Rentner steigen. Und die Option, dieses Problem durch schuldenfinanziertes Wachstum zu erkaufen, steht nicht mehr zu Verfügung.

Die Pflegekosten explodieren

Eng verbunden mit dem Thema Rente sind die Pflegekosten. Wir werden im Schnitt immer älter, der medizinische Fortschritt ist hier Fluch und Segen zugleich, weil oft das Prinzip »Alles ist möglich« stärker ausgereizt wird, als es manchem Senioren guttut. Die Ausgaben im Bereich Gesundheit und Pflege haben sich in den letzten Jahren deutlich erhöht. Ein Platz in einem Pflegeheim kostet heute zwischen 2800 und 4000 Euro – je nach Pflegestufe und Heim. 2013 hat die Barmer Ersatzkasse einen Pflegebericht mit Zahlen vorgelegt, die selbst die Experten erstaunten und beunruhigten. Im Durchschnitt liegen die Kosten der Pflege, die pro Kopf bis zum Ableben in Anspruch genommen wird, bei Männern bei etwa 42.000 Euro und bei Frauen wegen der höheren Lebenserwartung bei nahezu dem Doppelten.

Die Pflegekassen übernehmen davon im Schnitt 33.000 Euro, pro Monat also zwischen 1000 und 1600 Euro. Den Rest müssen die Pflegebedürftigen bzw. deren Angehörige selbst aufbringen. Wenn auch da »nichts mehr zu holen ist«, müssen die Sozialämter zahlen. Und damit indirekt die Erwerbstätigen.

C.A.

Mein Vater wurde mit 83 Jahren zu dem, was man einen »Pflegefall« nennt. Seine vaskulär bedingte Altersdemenz war so schlimm geworden, dass er nicht mehr alleine in seinem Haus bleiben konnte. Zunächst haben wir versucht, die Pflege, so gut es ging, innerhalb der Familie zu leisten. Die letzten anderthalb Jahre bis zu seinem Tod mit 88 war er dann aber doch in einem Pflegheim untergebracht. Der Markt für Pflegedienstleistungen wird in allen Zukunftsszenarien als riesiger Wachstumsmarkt beschrieben. Nirgendwo sollen so viele neue Jobs entstehen wie hier. Die finanziellen Belastungen für die Sozialkassen sind gleichermaßen enorm. Mein Vater bekam eine sehr hohe Rente. Wenn man die 1300 Euro dazuzählt, die die Pflegekasse für seine Heimunterbringung übernahm, »kostete« er die Gemeinschaft der Sozialversicherungsbeitragszahler in dieser Zeit Monat für Monat ungefähr 4500 Euro. Man kann bei diesem Betrag davon ausgehen, dass die Sozialabgaben von sechs Normalverdienern erforderlich waren, um diese Last zu tragen.

Wir wissen, dass die Zahl der Demenzkranken – und damit die Kosten für deren Betreuung und Pflege – bis 2050 deutlich ansteigen wird. Die meisten Prognosen gehen davon aus, dass sich beides verdoppeln wird. Wobei das noch die optimistische Variante ist, denn sie setzt voraus, dass die Wahrscheinlichkeit, an Demenz zu erkranken, sinkt und/oder der Zeitpunkt der Erkrankung sich parallel zur Lebenserwartung nach hinten verschiebt.

Hat der Generationenvertrag ausgedient?

Der Begriff Generationenvertrag impliziert, dass das Schicksal und Wohlergehen der einen Generation von der anderen abhängt: Geht es denjenigen, die das Sozialprodukt erarbeiten, schlechter, müssen die Ruheständler ihre Erwartungen herunterschrauben, und auch für die Kinder und die Jungen ist weniger da. Geht es der arbeitenden Generation besser, darf es auch »den Alten« und »den Jungen« besser gehen. Kann dieses Prinzip angesichts der oben genannten Entwicklungen und Belastungen noch funktionieren? Zumal mit den Sozialabgaben und Steuereinnahmen nicht nur der Lebensabend der Senioren zu finanzieren ist, sondern auch die Krippen- und Kindergartenplätze, die Schulen und Hochschulen.

Wir meinen: Ja! Trotz des demografischen Wandels, der laut Meinung vieler Experten den Generationenvertrag angeblich zum Platzen bringen wird.

Die Antwort auf diese Entwicklung kann nur ein neuer Generationenvertrag sein, den es fair zu gestalten gilt. Verteilt werden kann Jahr um Jahr immer nur das, was diejenigen erarbeiten, die aktiv im (Arbeits-)Leben stehen: Güter und Dienstleistungen, aber auch Fürsorge und all die Leistungen, die Menschen innerhalb ihrer Familien, ihres Umfelds, ihrer Nachbarschaft ohne finanzielle Vergütung erbringen. Wegen des demografischen Wandels und des Wachstumsrückgangs kann die ältere Generation nicht erwarten, dass die Wahrung ihres Status zulasten ausschließlich der Jüngeren geht. Arbeit, Einkommen und Renten müssen generationengerecht verteilt werden. Wir brauchen schnellstmöglich Rahmenbedingungen, die Kinder bezahlbar machen und Familien ein gutes Leben ermöglichen, zum Beispiel, weil die Arbeitswelt familiengerechter gestaltet wird. Und wir brauchen eine Arbeitswelt, in der wir gesund alt werden dürfen und die es uns ermöglicht, die vielen Lebensjahre jenseits der magischen »65« aktiv zu nutzen – zum eigenen Wohl und zum Wohl aller. Womit wir auch schon bei unserem nächsten Thema wären.

Kapitel 15

Immer mehr für einige wenige?
Arbeit und Einkommen fair verteilen!

Die Frage der Verteilung von Arbeit und Einkommen ist vielleicht der wichtigste Schlüssel für eine nachhaltige Zukunft und ein gutes Leben für alle. Was, wie viel und wo wir arbeiten und was wir dabei verdienen, hat immense Auswirkungen auf unser Leben und das unserer Familien, auf unsere Gesundheit und unsere Zufriedenheit.

Wir sind bereits ausführlich darauf eingegangen, dass die großen Treiber, die das Wachstum der letzten Jahrzehnte angetrieben haben, bei uns und weltweit nicht mehr in gleichem Umfang zur Verfügung stehen wie in der Vergangenheit. Was aber bedeutet diese Entwicklung für die Arbeitswelt und die Arbeitsplätze? Wo liegen die Chancen? Wie können wir die Arbeitswelt so umgestalten, dass am Ende mehr Lebensqualität und mehr Gerechtigkeit herauskommen?

Wir haben in Teil eins beschrieben, dass vor allem das wachsende Arbeitsangebot und der technische Fortschritt seit dem Zweiten Weltkrieg die Vervielfachung unseres Sozialprodukts ermöglicht haben. In Landwirtschaft, Industrie und Handwerk können wir je Arbeitsstunde heute ein Vielfaches dessen herstellen, was in den 1950er-Jahren möglich war. Inzwischen wissen wir aber auch: Unsere ungeheure Produktivität ist Fluch und Segen zugleich.

Seit den Fünfzigern wuchs nicht nur die Zahl der gearbeiteten Stunden stetig an, sondern auch die der Erwerbstätigen. Das bedeutet, dass nicht nur die Arbeit, sondern auch die Einkommen auf immer mehr Menschen verteilt wurden. Und: Ein immer größerer Anteil des Volkseinkommens ging – wegen der ständig steigenden Schulden – direkt (als Preisanteil) oder indirekt (über die Steuern) an die Banken, was wiederum direkt und indirekt einen großen Wachstumsdruck erzeugte. Was den Wachstumstreiber »Arbeitsproduktivität« angeht, hat uns das Wachstum aber in eine Sackgasse geführt.

Wir wollen die Herausforderungen, die mit einem Absinken oder einer Stagnation von Wachstum für die Arbeitswelt verbunden sind, nicht kleinreden: Was geschieht, wenn Volkswirtschaften schnell schrumpfen, weil die Löhne und Renten sinken und die fehlende Nachfrage kleine Unternehmen in den Ruin treibt, können wir derzeit in Griechenland und teilweise auch in Spanien sehen. In Italien und Frankreich sind die Vorboten dieser Entwicklung deutlich zu erkennen. Was tun wir also, wenn das Wachstum sich auch in Deutschland und Österreich dauerhaft auf einem sehr niedrigen Niveau einpendelt oder wenn das BIP schrumpft? Brechen dann tatsächlich unsere sozialen Sicherungssysteme zusammen, kollabiert die Wirtschaft? Oder lassen sich zwei Dinge miteinander verbinden, die sich auf den ersten Blick auszuschließen scheinen? Nämlich niedriges Wachstum und steigende Lebensqualität.

Was in unserer Kindheit noch normal war – der sozialversicherungspflichtige Ganztagsjob (zumeist des Vaters), der die Familie ernährte und nach 45 Jahren eine gute Rente sicherte –, ist heute alles andere als normal, um nicht zu sagen die Ausnahme. Die wenigsten Familien kommen mit einem Gehalt über die

Runden, die Zahl derjenigen, die (oft ungewollt) in Teilzeit arbeiten, steigt nach wie vor an. Auch der Niedriglohnsektor wächst. Arbeit ist nicht mehr gleichbedeutend mit einem guten Auskommen. Im Gegenteil: Die Präkarisierung der Arbeitswelt hat in Deutschland dramatische Züge angenommen. Wer einen Normalarbeitsplatz hat, muss oft Überstunden leisten, jederzeit erreichbar sein und hat kaum mehr Zeit und Kraft für die Familie, für die Gesundheit, Hobbys oder gesellschaftliches Engagement.

2001 wurden in Deutschland 56 Milliarden Stunden bezahlt gearbeitet und fast doppelt so viele, nämlich 96 Milliarden Stunden, »unbezahlt«. Auf eine bezahlte Stunde kamen also 1,7 unbezahlte Stunden. Männer arbeiteten wöchentlich im Schnitt 22,5 Stunden bezahlt, 19,5 unbezahlt. Bei Frauen waren es pro Woche im Durchschnitt nur 12 bezahlte Stunden, aber 30 unbezahlte[4]. Bleibt abzuwarten, ob die für dieses Jahr erwarteten neuen Daten ein anderes Bild zeichnen.

Ohne diese ver- und vorsorgenden Tätigkeiten ist weder unsere Gesellschaft noch die Wirtschaft lebens- und zukunftsfähig. Vor allem Frauen bezahlen ihren unentgeltlichen Einsatz mit Einkommenseinbußen und Altersarmut. Dass viele gerade gut ausgebildete Frauen sich gegen Kinder entscheiden, ist nur verständlich. Das muss anders werden. Und es ist auch – wie oben angesprochen – keineswegs ein Wohlstandsgewinn, wenn all diese Tätigkeiten in bezahlte Dienstleistungen umgewandelt werden, nur damit das BIP wächst.

Der erste Schritt, den wir gemeinsam vollziehen müssen, ist, uns zu fragen, welche Tätigkeiten wirklich wichtig sind, damit

---

4 Stiegler, 2004, S. 20

wir einerseits eine funktionierende Wirtschaft und die sozialen Sicherungssysteme behalten, sich andererseits aber auch Chancen für die nachfolgende Generation eröffnen – die gut ausgebildet ist und in einem lebenswerten Umfeld heranwächst.

Wenn wir uns einen »normalen« Arbeitstag ansehen, kann man folgende Unterteilung vornehmen: acht bis zehn Stunden Erwerbstätigkeit, davor und danach folgen Tätigkeiten wie essen, schlafen, trinken, einkaufen, putzen, kochen, Wäsche waschen, Kinder versorgen, Sport treiben, lesen und am kulturellen Leben teilnehmen, Freundschaften pflegen, uns weiterbilden, am Gemeinwohl mitwirken, die pflegebedürftigen Eltern versorgen ... Die Liste ließe sich beliebig fortsetzen.

Dies alles sind tatsächlich *notwendige* »Arbeitsstunden« bzw. Tätigkeiten, die eine Gesellschaft, eine Gemeinschaft am Laufen halten. Bezahlt und anerkannt werden jedoch nur die Stunden, in denen wir einer *Erwerbsarbeit* nachgehen. Alle anderen Tätigkeiten werden nicht nur nicht bezahlt, sie werden letztlich auch nicht wirklich respektiert und für voll genommen. Dabei sind die Konsequenzen dieser »Missachtung« dramatisch: Kinder, die keine Aufmerksamkeit bekommen und vernachlässigt werden, erfahren in der Regel eine schlechte oder keine Ausbildung und kommen uns alle letztlich teuer zu stehen. Weil sie dem Arbeitsmarkt nicht zur Verfügung stehen und die Sozialkassen belasten. Das Ifo-Institut hat 2009 im Auftrag der Bertelsmann-Stiftung die Kosten unzureichender Bildung berechnet. Es kam zu dem Ergebnis, dass die Bildungsdefizite unserer Kinder und Jugendlichen Deutschland in den nächsten achtzig Jahren 2,8 Billionen Euro kosten werden – ein enormer Betrag, der höher liegt als das BIP zum Zeitpunkt der Studie. Pro Kopf wären das 34.000 Euro.

Bei Erwachsenen sind psychische Erkrankungen heute der häufigste Grund für Frühverrentungen. Die Kosten unseres Gesundheitswesens könnten deutlich gesenkt werden, wenn wir alle weniger Stress hätten und mehr Zeit für sportlichen oder geistigen Ausgleich. Die Zeit dafür ist so knapp bemessen, dass kaum jemand Muße oder Energie dafür hat, sich auch noch gesellschaftlich oder politisch zu engagieren. Eine Demokratie braucht aber Bürger, die sagen, was sie wollen, und die Dinge selbst in die Hand nehmen.

Hinzu kommt, dass es Bereiche des Arbeitslebens gibt, in dem eine weitere Verdichtung und Effizienzsteigerung schlicht kontraproduktiv ist. Man denke nur an die Bereiche Alten- und Gesundheitspflege. Wozu es führt, wenn nach der Stechuhr gearbeitet wird, kann jeder nachempfinden, der schon einmal für längere Zeit im Krankenhaus war oder Verwandte in einem Pflegeheim hat. Hier geht Effizienz zulasten der Betroffenen und des Personals, die unter einem immer höheren psychischen wie physischen Druck stehen.

Arbeit anders und gerechter verteilen

Das Wissenschaftszentrum Berlin hat ein Konzept der »Mischarbeit« entwickelt, das die klassische Erwerbsarbeit mit allen anderen für eine Volkswirtschaft relevanten unbezahlten Arbeitsformen verbindet. Ein Konzept, das also auch Eigenarbeit (z.B. Haus- und Gartenarbeit), Versorgungsarbeit (z.B. Kinderbetreuung, Kranken- und Altenpflege) und Gemeinschaftsarbeit (z.B. unbezahlte Tätigkeiten in Selbsthilfegruppen, informellen Organisationen, gemeinnützigen Vereinen) berücksichtigt – Tätigkeiten, die für das Funktionieren einer Gesellschaft notwendig sind und sie auch zukunftsfähig machen. Während die Mainstream-Ökonomie diese Dinge schlicht als selbstverständlich voraussetzt und sich nicht fragt, wer sie verrichten soll und wie sie finanziert werden können, erhalten sie im Konzept der Mischarbeit explizit einen höheren Stellenwert.

Aber es geht nicht nur um die Verteilung der Arbeit auf die verschiedenen produktiven Formen: Es geht letztlich auch um mehr Freizeit, Muße, einfach einmal nichts tun! Zeit für uns und unsere Lieben. Einen Tag arbeiten, einen Tag lieben, könnte man in Anlehnung an Bernhard Ludwigs Abnehmprogramm sagen. »Work-Love-Balance« sozusagen.

Dass der Begriff der »Workl-Life-Balance« Eingang in den allgemeinen Sprachgebrauch gefunden hat, belegt, wie sehr es uns daran mangelt. Nicht nur die Erwerbsarbeit frisst uns auf. Immer mehr Ansprüche werden an uns gestellt, oder wir selbst glauben, dass wir immer mehr und immer höheren Ansprüchen genügen müssen. Selbst die Freizeit wird zum Stress, weil wir vor lauter Angeboten nicht mehr wissen, was wir zuerst tun, ausprobieren oder konsumieren sollen. Wir stehen ständig unter Entscheidungsstress, und kaum haben wir uns für etwas entschieden, nagt im Hinterkopf der Zweifel, ob wir uns richtig entschieden haben. Es bleibt kein Raum für Stille, keine Zeit dafür, die Dinge einfach »sein zu lassen«.

Gleichzeitig wächst in uns der Wunsch, alles zu kontrollieren und im Griff zu haben. Angesichts der fortschreitenden Technisierung unseres Alltags ein frommer Wunsch. Aber auch das Leben selbst lehrt uns immer wieder, dass es Dinge gibt, die sich unserem Einfluss entziehen.

F.H.

Anfang März 2002 wurde unsere Tochter Lisa Marie geboren. Wir hatten uns für eine Hausgeburt entschieden, ein eher ungewöhnlicher Entschluss in Zeiten der hoch technisierten Medizin. Hebammen, die jahrhundertelang Kinder daheim auf die Welt brachten, haben weitgehend ausgedient. Wir waren verblüfft, als unsere Krankenkasse uns mitteilte, dass die Kosten für die weit günstigere Hausgeburt nicht übernommen würden, wohl aber der teure Klinikaufenthalt. Sei's drum.

Schwangerschaft und Geburt verliefen problemlos, wir hatten alles im Griff. Als unsere Kleine dann auf der Welt war, war klar, dass sie anders war. Lisa hat das Downsyndrom. Und sie »leidet« nicht darunter, wie es oft so politisch wie persönlich unkorrekt heißt. Sie ist jetzt elf Jahre alt und in der sechsten Klasse. Wenn man sie sieht, würde man sie vielleicht für halb so alt halten. Sie spricht viel, aber undeutlich, kann ihren Namen schreiben, ihre Vorstellungen von Zahlen umfassen die Ziffern eins bis vier. Danach wird sie unsicher. Demgegenüber steht aber eine unglaubliche intuitive und emotionale Exzellenz. Es gibt heute Schulen für intellektuell Hochbegabte; manchmal denke ich, es bräuchte auch Schulen für emotionale Intelligenz. Auch das ist eine Begabung, die gefördert gehört, aber in unserer Leistungsgesellschaft nicht genügend Raum erhält.

Lisa ist anders, als wir uns das vor ihrer Geburt vorgestellt haben. Heute können wir uns eine andere Lisa überhaupt nicht mehr vorstellen. »Wieso behindert?«, meinte ihr Bruder, als sie drei Jahre alt war und er neun. Menschen mit Downsyndrom seien eigentlich genauso wie andere Menschen – nur süßer.

Für mich und auch für ihren Bruder, ein Intellektueller wie ich, ist sie eine unglaubliche Bereicherung, auch wenn – oder gerade weil – sie etwas mehr Aufmerksamkeit auf sich zieht als andere Kinder. Da fällt es mir leicht, aus tiefgründigen Gedanken über das Wachstum oder finanzielle Sorgen mit dem Institut ins Private zu »kippen«. Lisa fordert das einfach ein. Und hält mich davon ab, zu viel zu arbeiten.

So, wie wir heute arbeiten, gleicht die Vereinbarkeit von Familie und Beruf der Quadratur des Kreises. Die deutsche Familienministerin Kristina Schröder beklagte sich kürzlich in einer Rede vor UnternehmerInnen darüber, dass Frauen viel zu häufig »Karriere nach Feierabend« machen müssten. Wenn sie nicht von KollegInnen abgehängt werden wollten, die auf Kinder verzichten, müssten sie sich auf einen kaum zu schaffenden Spagat einlassen. Dieser Spagat, den wir Müttern und (zunehmend auch) Vätern in unserer Gesellschaft abverlangen, erzeugt enormen Druck. Denn durch die Lücke in der Kinderbetreuung ist es kaum möglich, ein Gleichgewicht zwischen Erwerbs- und »Familienarbeit« herzustellen.

Weitere Hemmnisse für Familien sind: lange Ausbildungszeiten und die allgemeine Präkarisierung der Arbeit. Der hohe Anteil an Leiharbeit (Experten gehen davon aus, dass er noch wachsen wird) und die Befristung von Arbeitsverhältnissen sind keine guten Voraussetzungen für die Gründung einer Familie. Und für alleinerziehende Frauen sowie Familien mit drei Kindern und mehr sind Kinder nach wie vor das Armutsrisiko Nummer eins. Wir leben in einer Gesellschaft, die dringend auf Nachwuchs angewiesen ist – und dennoch viel zu wenig dafür tut, um diesen zu fördern. Ausgerechnet in der dafür wichtigen Lebensphase zwischen 25 und 40 müssen sich Frauen und Männer in diesem Land täglich fragen, was ihnen wichtiger ist: Karriere oder Kinder. Das ist angesichts der Verzahnung von Arbeitswelt und sozialen Sicherungssystemen eine fatale und folgenreiche Entwicklung.

Halten wir fest: Wenn »private Arbeitsleistung« im oben genannten Sinne als ebenso wichtig für das Funktionieren einer Gesellschaft betrachtet wird wie Erwerbsarbeit, muss die Gewichtung Letzterer reduziert werden. Es geht konkret darum, dass wir die Arbeitswelt so organisieren, dass der Beitrag, den jeder von uns an Erwerbsarbeit in seinem Leben leisten sollte, anders auf unsere Lebenszeit verteilt wird, als das bisher der Fall ist. Das könnte zum Beispiel mithilfe von Lebensarbeitszeit- oder Jahresarbeitszeitkonten gelingen. In Phasen, in denen wir etwa eine Familie gründen oder uns um einen Angehörigen kümmern wollen, könnten wir die Erwerbstätigkeit zurückfahren, in anderen Zeiten dann den Rückstand auf unserem Konto wieder aufholen. Das setzt eine enorme Flexibilität voraus, von der aber letztlich alle profitieren: der Unternehmer, weil er einen zufriedeneren Angestellten hat, der sich lebenslang fortbilden kann, wovon beide Seiten profitieren (in Österreich gibt es zum Beispiel das Modell einer »Bildungskarenz«: eine unbezahlte, vom Arbeitsamt unterstützte Auszeit für selbstbestimmte Weiterbildung), das Gesundheitswesen, weil wir weniger häufig krank sind, und die Gesellschaft, weil mehr Kinder geboren und mit der Zeit und der Liebe groß werden können, die sie brauchen.

Es wäre auch gut, wenn wir – so lange, wie es uns guttut – berufstätig bleiben. Die Siebzigjährigen von heute sind die Sechzigjährigen von gestern. Und sie sterben – wenn man die derzeitige Entwicklung beim Lebensalter weiterdenkt – eines Tages erst im Schnitt mit neunzig Jahren. Was um alles in der Welt machen wir zwischen siebzig und neunzig? Welchen Beitrag können wir in dieser Phase leisten, damit es allen gut geht, und nicht nur uns?

Wir haben in der Vergangenheit an Rente immer nur im Zusammenhang mit unserem Ausscheiden aus dem Berufsleben gedacht. Wenn wir aber davon ausgingen, dass uns allen über unsere gesamte Lebenszeit hinweg und nicht erst nach dem Ausscheiden aus dem Berufsleben grundfinanzierte arbeitsfreie Phasen zustünden, könnten wir – bei gleichbleibender Einzahlung in das Rentensystem – unsere *Lebensarbeitszeit* so verteilen, dass sie besser im Einklang mit unserer persönlichen Entwicklung, unseren Bedürfnissen und Wünschen stünde. Zum Nutzen aller: Wir hätten Zeit, unsere Kinder aufwachsen zu sehen. Wir könnten gezielt Phasen für eine berufliche Weiterentwicklung einplanen und lebenslang lernen. Wir könnten besser auf unsere Gesundheit achten und sehr viel länger aktiv am gesellschaftlichen Leben in all seiner Vielfalt teilhaben. Konzepte wie eine Vorverlegung des Rentenalters erfüllen dagegen weder das Kriterium der Generationengerechtigkeit, noch sind sie letztlich gut für diejenigen, die sich »gezwungenermaßen« in den Ruhestand verabschieden müssen. Und für diejenigen, die noch im Erwerbsleben stehen, heißt das eine weitere Arbeitsverdichtung – mit den bereits erwähnten Folgen. Wenn wir also ein anderes Modell verfolgen, heißt das auch, dass wir den »Wert« der Erwerbstätigkeit neu definieren müssen. Vollzeitbeschäftigt waren im Jahr 2000 von den 63-Jährigen 4,3 Prozent und von den 64-Jährigen 2,7 Prozent. – Elf Jahre später, im Jahr 2011, waren es trotz der Heraufsetzung der vorgezogenen Altersgrenzen gerade einmal 12,5 Prozent und 9,9 Prozent.

Es kann nicht sein, dass erfahrene Mitarbeiter aussortiert, ältere Menschen vermeintlich nicht mehr gebraucht werden. Auch hier kann gegengesteuert werden, wenn Arbeit anders verteilt und die tägliche Arbeitszeit reduziert würde – denn dann könnte man auf diese Menschen nicht verzichten.

Die Wirtschaft forderte allerdings bisher immer nur längere Arbeitszeiten bei gleichzeitig steigender Belastung, kürzere sind seit Langem kein Thema mehr. Weniger Erwerbsarbeit (im Sinne von kürzerer) bedeutet allerdings auch weniger Einkommen und infolgedessen weniger Konsum. Und damit letzten Endes weniger Naturverbrauch. Ein positiver Nebeneffekt, den wir sicher alle mittragen würden. Aber würden wir uns auch mit weniger Geld zufriedengeben?

Dazu gleich mehr. Für den Moment sei nur noch einmal in Erinnerung gerufen: All das, was wir nicht konsumieren oder nachhaltiger nutzen, müssen wir auch nicht verdienen. Und je weniger wir uns für einen Job abstrampeln müssen, umso stärker reduziert sich die psychische und physische Belastung. Die Faktenlage macht es notwendig, dass wir umdenken. Wenn wir die Probleme, vor denen wir heute stehen, sozialverträglich lösen wollen, müssen wir Arbeit und Einkommen zwischen den Geschlechtern und über alle Generationen hinweg fair verteilen.

Dieser Wandel ist durchaus anspruchsvoll und geht nicht von heute auf morgen. Andererseits hat die Reduzierung der Wochenarbeitszeit in den 1960er- und 1970er-Jahren von 48 auf 40 bzw. in Teilbereichen auf 35 Stunden pro Woche keineswegs dazu geführt, dass die deutsche Wirtschaft kollabiert wäre. Im Gegenteil.

Sicher: Arbeitsangebot und -nachfrage müssen zusammenpassen. Dies sicherzustellen ist vor allem eine Aufgabe der Wirtschaft selbst, die jedoch einen Anreiz braucht, um in ihre derzeitigen und zukünftigen Beschäftigten zu investieren. Der Staat muss ein gutes Angebot an Allgemeinbildung bereitstellen und für Chancengleichheit sorgen. Und er kann Unternehmen fördern, die neue Arbeitszeitmodelle anpacken.

Anlass zur Hoffnung gibt hier die Entwicklung der letzten Jahre. Seitdem die Unternehmen die Vorboten des drohenden

Fachkräftemangels spüren und die Zahl der Schulabgänger rückläufig ist, hat ein (zwar nicht ganz freiwilliges – aber sehr effektives) Umdenken stattgefunden. Jugendliche, die bis vor Kurzem gar nicht erst zu Vorstellungsgesprächen eingeladen worden wären, kommen heute für eine Ausbildung infrage; sie werden gezielt in firmeninternen Förderprogrammen fit gemacht und beim Erwerb jenes Wissens unterstützt, das sie benötigen. Mit dem Programm XENOS geht beispielsweise das Metallhandwerk neue Wege. Gezielt werden UnternehmerInnen darin geschult, auch junge Menschen mit Startschwierigkeiten anzusprechen und für sich und ihre Firma zu gewinnen; sie erhalten »interkulturelles Training« oder werden dabei gecoacht, mit Migrantenorganisationen vor Ort zusammenzuarbeiten. Angesichts von 20.000 unbesetzten Lehrstellen im Handwerk (Sommer 2013) eine gute Idee.

Einkommen anders und gerechter verteilen

Viele (gut bezahlte) Menschen klagen über Arbeitsüberlastung, Stress und Überstunden. Dennoch lehnen sie den Vorschlag einer Arbeitszeitverkürzung ohne Lohnausgleich ab. Warum eigentlich? Weniger arbeiten schenkt uns Zeit für viele Dinge, die uns guttun, die wir aber nicht kaufen können. Für Freundschaften, Stille, Wandern, Familie, Hobbys, für die Liebe oder fürs Ehrenamt bzw. politische Engagement. Unsere Lebenszeit ist nun einmal begrenzt und damit eigentlich unendlich kostbar. Sollten wir sie also nicht dafür einsetzen, wofür sie uns gegeben wurde? Nämlich dafür, zu *leben*?

Um vorab eines klarzustellen, wir haben sehr viel Verständnis für alle, die zu Recht sagen, wir können uns kein geringeres Arbeitseinkommen leisten. Wer heute in unseren reichen Ländern schon an der Armutsgrenze lebt, dem muss unser Plädoyer für Arbeitszeitverkürzung ohne Lohnausgleich wie blanker Hohn vorkommen. Ein unerreichbarer Luxus für Reiche und Akademiker. Dieses Argument nehmen wir sehr ernst. Aber wir bleiben dabei: Wachstum ist keine Lösung. Es kann nur über den Weg des Teilens und Umverteilens gehen. Das Ausmaß an sozialer Ungleichheit, das in den letzten zwanzig Jahren bei uns und andernorts in der Welt entstanden ist, hat sich zu einer ernsthaften Bedrohung für die Stabilität unserer Gesellschaften entwickelt. Eine Form der Armut (auch der an Bildung), die nicht durch ein Festhalten am Wachstumscredo gemildert werden kann. Das Gegenteil ist der Fall: Gerade in den Jahren des Wachstums haben sich die Einkommen weiter auseinanderentwickelt, nur eine kleine Schicht hat davon profitiert. Ein weiteres Auseinanderdriften würde auch unsere Demokratie nicht verkraften.

Zum Jahreswechsel 2012/2013 hat Ulrich Schneider, Hauptgeschäftsführer des Paritätischen Wohlfahrtsverbands, unter dessen Dach über 10.000 rechtlich selbstständige Mitgliedsorganisationen mit rund 500.000 MitarbeiterInnen (vom Pflegeheim über den Kindergarten bis zur Schuldnerberatung) zusammengefasst sind, auf den Skandal der wachsenden Armut in Deutschland hingewiesen und Umverteilungen gefordert. Deutschland als fünftreichstes Land der Erde könne nicht zulassen, dass bereits heute 15 Prozent aller BürgerInnen als arm gelten oder von Armut bedroht sind. Er wies in diesem Zusammenhang darauf hin, dass die privaten Haushalte in Deutschland über ein Barvermögen von 4,8 Billionen Euro verfügen, das immer schneller wächst – über alle Krisen hinweg.

Wir haben bereits mehrfach darauf hingewiesen, dass die Kehrseite unseres Armutsproblems das Reichtumsproblem ist. Schneller als die öffentlichen Schulden wachsen die privaten

Vermögen und die Geldmengen, die in den letzten Jahrzehnten vor allem durch Banken und Staaten geschöpft wurden.

Es gibt viele gute Gründe für mehr Gleichverteilung bei Einkommen und Vermögen. Einer der wichtigsten: Je mehr sich die Einkommensverteilung dem schönen Bild des »Mittelstandsbauches« annähert, desto eher sind wir in der Lage, uns gegenseitig für gute Arbeit einen guten Preis zu bezahlen. Genauso wichtig: Die großen Vermögen wollen sich – wie jedes Kapital – immer weiter vermehren. In Verbindung mit dem Zinseszinsprinzip entsteht hieraus nicht nur ein Wachstumszwang, sondern auch eine Umverteilungsmechanik, die gar nicht mehr anders kann, als die Reichen reicher und die Armen immer ärmer zu machen.

Was man nicht kaufen muss, muss man auch nicht erarbeiten

Ivan Illich – Autor, Philosoph und Theologe und seines Zeichens einer der großen Vor- und Nachdenker unserer Zeit – hat uns mit seinen Schriften so manchen Ansatz dazu geliefert, Dinge gegen den Strich zu denken, um einen neuen Blick auf das Ganze zu erhalten. 1978 rechnete er in seinem Buch *Energy and Equity* vor, dass das Auto ein Lebenszeitfresser ist und wir mit ihm keineswegs Lebenszeit sparen, wie man annehmen würde. Denn er bezog die Zeit, die wir aufwenden müssen, um das Auto mithilfe unseres Einkommens finanzieren zu können, ebenso mit ein wie die, die anschließend für den Treibstoff, die Reparaturkosten, die Versicherung usw. notwendig ist. Arbeitszeit ist gleich Lebenszeit.

So um die Ecke zu denken, hilft nicht nur beim Autokauf, sondern auch, wenn es um Konsum im Allgemeinen geht. Kaum haben wir etwas gekauft, sind wir schon wieder auf der Suche nach dem nächsten Schnäppchen. Weil es Spaß macht, weil wir uns einreden, wir bräuchten dieses und jenes unbedingt, oder schlicht, weil wir es uns finanziell leisten können. Wenn wir nun Einkommen anders verteilen würden, hieße das noch lange nicht, dass wir den Gürtel automatisch enger schnallen müssten. Sofern wir den Dingen einen anderen Wert zumessen. Einen höheren Nutzwert, einen Wert, der wieder etwas mit Gebrauch und weniger mit Überhöhung zu tun hat.

Anzeichen für eine positive Entwicklung in diesem Sinne gibt es bereits. Kaum noch eine Stadt, in der es nicht bereits Secondhandläden für Möbel gäbe, auch Tauschbörsen sprießen überall aus dem Boden. Immer mehr Menschen wollen ihren Bestand an Dingen reduzieren, und zwar auf sinnvolle Weise. Den Käufern kommt das zugute, sie können ihren Bedarf an Anschaffungen preiswert decken. In manchen Städten finden sogar Reparatur-Happenings statt. Handwerker, Techniker und Hobbybastler helfen Menschen, die ein defektes Gerät nicht wegwerfen wollen oder denen das Geld für einen teuren Neukauf fehlt. Und auch das Selbermachen kommt langsam wieder in Mode: Stricken, Kochen, Gärtnern, Schneidern. Spannend ist auch die wachsende Zahl an Produzenten und Designern, die sich darauf spezialisieren, aus »überflüssigen« Dingen oder Abfall etwas anderes oder Neues herzustellen. Schmuck aus den Aluringen von Getränkedosen oder aus Nespressokapseln; Kleider, die zu Hosen umgearbeitet werden; alte Bücher, aus denen »Schlüsselromane« werden (Schlüsselanhänger); alte Schaltplatten, die zu Schalen oder Lampen werden; Möbel, die modernisiert und umgearbeitet werden, und vieles andere mehr.

C.A.

Ein interessantes Beispiel dafür, wie kreativ wir mit unseren Ressourcen umgehen können, lieferte mir kürzlich eine Berlinerin, die auf einer Konferenz neben mir saß. Ich strickte den ganzen Tag, weil ich erstens gerne stricke und weil ich zweitens sehr konzentriert zuhören kann, während ist stricke. Eine Art produktive Trance. Sie erzählte mir, dass ihr Schrank voll mit selbst gestrickten Pullovern sei, aber viele davon inzwischen nicht mehr ihrem Geschmack entsprächen oder einfach nicht mehr passten. Da sie immer viel Wert auf hochwertige Wolle gelegt habe, hätte es sie gereut, die Pullis wegzugeben. Sie im Schrank liegen zu lassen sei auch keine Lösung gewesen, also habe sie die Stücke kurzerhand aufgetrennt. Die Wolle wurde gewaschen, aufgespannt, getrocknet und zu Knäulen zusammengerollt. Aus dieser Wolle fertigte sie sich neue und passende Pullover. Eine perfekte Verwertungskette, die früher alltäglich war. Ich musste daran denken, dass bei geschneiderten Kleidern immer automatisch eine Stoffzugabe vorgesehen war; nahm man an Körperfülle zu, wurde das Kleid, die Hose, der Rock einfach weiter gemacht. Und bei Kindern in der Wachstumsphase wurde der Saum herausgelassen oder auch etwas angesetzt.

Nun mögen Sie sich fragen, warum diese Geschichte nicht beim Thema Suffizienz steht, sondern beim Thema Einkommen. Es gibt Untersuchungen, die belegen, dass vor allem Menschen mit geringerem Einkommen eine Abneigung gegen Gebrauchtes und eine Vorliebe für Neues haben. Für sie kommt es einer Demütigung gleich, einem Gefühl, nicht mithalten zu können mit denen, die vermeintlich alles besitzen und kaufen können. Und es hat auch etwas mit der Dialektik von Freiheit und Notwendigkeit zu tun. Es ist einfach, sich freiwillig gegen den Kauf von etwas zu entscheiden, das man sich leisten könnte. Denn dann ist der Verzicht unser freier Wille. Wenn wir gar keine Wahl haben und gefangen sind im Käfig der Notwendigkeit, fällt es schwer, den Nichtkonsum als einen Akt der Befreiung zu sehen. Vor allem die richtigen Signale »von oben«, also von unseren Meinungsführern sowie den Medien, wären dringend geboten, um den Wertewandel zu vollziehen, der uns im Hamsterrad des Konsumismus gefangen hält. Solange Statuskonsum eine so bedeutende Rolle bei dieser hedonistischen Tretmühle spielt, haben die Meinungsführer, Eliten und Medien eine besonders große Verantwortung.

Die Frage der Verteilung ist aber nicht nur eine Gerechtigkeitsfrage; sie ist auch deshalb so wichtig, weil die Wissenschaft inzwischen belegt hat, dass Gesellschaften, in denen die Ungleichheit groß ist, unglücklicher sind und auch »kränker«. Die »hedonistische Tretmühle«, von der schon öfter die Rede war, hat sehr viel mit »Statuskonsum« zu tun. Wer viel hat, hat deshalb nie genug, weil es immer noch einen gibt, der noch mehr hat, und sich alle »nach oben« orientieren. Wenn wir von morgens bis abends ständig mit Informationen darüber gefüttert werden, was andere haben, was sie mehr als wir haben und was wir noch alles haben könnten, macht das die ganze Gesellschaft krank. Es ist allein schon aus diesem Grund weise, bei den Einkommen dafür zu sorgen, dass die Unterschiede auf ein vernünftiges Maß begrenzt werden.

Das alles sind keineswegs Utopien. Wir haben am SERI im Rahmen des bereits erwähnten »Wachstum-im-Wandel«-Prozesses mithilfe ökonomischer Modelle berechnen können, dass mit einem klugen Mix aus Maßnahmen die negativen Auswirkungen einer anhaltenden Wachstumsschwäche auf den Arbeitsmarkt, die Staatsverschuldung und den Konsum tatsächlich deutlich abgefedert werden können. Dazu gehören:

- die oben erwähnte Arbeitszeitverkürzung,
- eine ökosoziale Steuer- und Subventionsreform, die Arbeit entlastet und Ressourcen stärker besteuert,
- und veränderte Konsummuster der Bürgerinnen und Bürger.

Zusammenfassung: die Zukunft des Wachstums

- Mehr Lebensqualität geht auch ohne immer mehr Konsum: mehr Qualität, mehr Freude, »ausgesuchtere« und an unseren wahren Bedürfnissen ausgerichtete Produkte.
- In die Zukunft investieren heißt: Werte schaffen, die ihren Wert auch langfristig behalten, bereits Vorhandenes erhalten und verbessern.
- Exportüberschüsse können langfristig nicht das Ziel sein: Ein fairer Handel bedeutet auch, dass alle Länder ihre Beiträge leisten; Kapitalerhaltung ist wichtiger als Kapitalbildung.
- Staatliche Aufgaben und Ausgaben sind gut und wichtig, aber kein Selbstzweck: Auch hier ist Qualität wichtiger als Quantität.
- Arbeit ist viel mehr als nur Erwerbsarbeit: Selbstverwirklichung, Beitrag zum Wohl der Gesellschaft *und* zur Sicherung des eigenen Lebensunterhalts. Dies gilt es fair unter allen zu verteilen.

- Eine deutliche Dematerialisierung um den »Faktor X« ist absolut entscheidend für die Erhaltung der natürlichen Grundlagen unseres Lebens.
- Auch technischer Fortschritt ist kein Wert an sich: Er soll dem Gemeinwohl dienen und weniger der Schaffung immer neuer »Bedürfnisse«.

Sicher ist: Die alten Konzepte von wirtschaftlichem Wachstum, intensiver Ressourcennutzung und sozialer Rundumversorgung werden in Zukunft nicht mehr funktionieren. Sie verteilen die ökologischen und sozialen Schäden des auf kurzfristige Gewinnmaximierung ausgerichteten Wirtschaftssystems nur um – von denen, die dafür verantwortlich sind, auf die Allgemeinheit. Wir brauchen also neue Bewertungsmaßstäbe. Ohne ein Umdenken und klare Signale und Rahmenbedingungen für uns alle und die Märkte geht es nicht. Noch sind alle Zeichen auf Wachstum gesetzt. Die Staatsausgaben, die Preise, die Arbeitswelt und die sozialen Sicherungssysteme. Dieses Wachstum kommt aber definitiv nicht wieder. Wenn der Kuchen nicht mehr größer wird, kann es nur noch darum gehen, mit dem vorhandenen Kuchen anders zu wirtschaften – ihn anders zu verwenden und anders aufzuteilen. Der Übergang in die Zeit nach dem Wachstum muss daher von der Politik endlich auf allen Ebenen (Kommunen, Länder und die Bundespolitik) in Angriff genommen werden. Wir brauchen Strukturreformen und deutlichere Signale an die Märkte und die Konsumenten. Und das geht nur mit einem gewissen Druck. Wir wissen selbst alle ganz genau, dass der innere Schweinehund überwunden werden muss. Aber die Vergangenheit hat gezeigt, dass selbst Unternehmen schnell lernen können, wenn sie müssen.

C.A.

Als ich 1984 in der Umweltbehörde in Hamburg den ersten Umweltatlas schrieb, war halb Deutschland auf der Suche nach den Dioxinfäs-
sern aus Seveso, die andere Hälfte beschäftigte sich mit dem Thema
Katalysator – heute längst Standard. Damals aber mobilisierten die
Automobilkonzerne die Medien und ihre politischen Freunde für ihre
Zwecke. Sie taten so, als ob die deutsche Automobilindustrie zusam-
menbrechen würde, wenn die Politik sie dazu verpflichten würde, den
»Kat« fortan in alle Modelle einzubauen. Der Untergang des Abend-
landes schien vorprogrammiert – obwohl Japan damals schon Neu-
wagen mit Katalysatoren auslieferte. Als die Politik hart blieb, war die
Industrie mit einem Mal doch in der Lage, die Maßgaben technisch
umzusetzen. Und zwar sehr schnell. Tatsächlich hatten die Konzerne
die Konstruktionspläne längst in der Schublade liegen. Doch sie wollten so lange wie möglich die alten Modelle verkaufen, damit die hohen
Entwicklungskosten auch einen möglichst hohen Ertrag brächten.

Ein Spielchen, das sich in anderen Bereichen wiederholte. Die Industrie war letztlich der Politik technologisch stets ein Stück voraus
und stand trotzdem auf der Bremse.

Es war zum Beispiel auch ein großer Fehler von der EU und der
Bundesregierung, die Grenzwerte für die Freisetzung von CO_2 durch
Pkw so zu gestalten, dass heute immer noch riesige Vans und halbe
Panzer (verkleidet als Limousinen) verkauft werden dürfen. Erst jüngst
machte die Bundesregierung mal wieder einen Kniefall vor der heimischen Autoindustrie. Eine Herabsetzung der Grenzwerte hätte die
Flaggschiffe BMW, Mercedes, Porsche und Audi getroffen – die im Gegensatz zu den Herstellern von kleineren Fahrzeugen selbst jetzt
noch satte Wachstumsraten verzeichnen. Das Nachholbedürfnis an
Luxus in Asien und Osteuropa macht's möglich. Sofort wurden Be-
fürchtungen laut, das würde den deutschen Produzenten das Genick
brechen. Man hätte es aber auch anderes sehen und standhaft bleiben

können: »Vorsprung durch Technik« war mal ein geflügeltes Wort. Was wäre passiert, hätte man die Vorgaben weiter verschärft? Ganz sicher hätte man so den Weg bereitet, dass heimische Autos technisch-nachhaltig die Nase vorn haben … Aber einmal mehr wurde hier eine gute Chance vertan.

Es macht allerdings wenig Sinn, immer nur mit dem Finger auf »die Politik« zu zeigen. Die Misere, in der wir uns befinden, hat nämlich auch etwas mit dem Reflex zu tun, Verantwortung zu delegieren. Alle warten darauf, dass sich endlich die anderen bewegen, oder behaupten, alleine könne man diese Probleme nicht angehen. Das Wahlvolk muss sich also auch an die eigene Nase fassen. Wir können und wir dürfen nicht darauf warten, dass die anderen oder »die da oben« handeln. Es geht schließlich um uns und um unsere Kinder.

Teil IV

GESAGT – GETAN!

»Engagiert Euch!« So lautete nach »Empört Euch!« der Titel eines viel gekauften Buches des kürzlich verstorbenen deutsch-französischen Aktivisten und Essayisten Stéphane Hessel. Mit beiden Aufrufen könnte man auch Teile dieses Buches überschreiben. Denn auf die berechtigte Empörung über die Auswüchse dessen, was uns die Forderung nach immer noch mehr Wachstum in der jüngsten Vergangenheit beschert hat, sollte nun das entsprechend leidenschaftliche Engagement folgen. Vieles können wir hier und jetzt selbst tun, wir müssen nicht untätig verharren und auf die große Transformation warten. Wir können sie mitgestalten, mit unserem Tun beeinflussen. Jeder Einzelne ist aufgerufen, sich zu beteiligen, es reicht nicht, auf »die anderen«, »die Wirtschaft«, »die Politik« zu verweisen. Natürlich brauchen wir eine Politik, die endlich ernst macht und sich den Herausforderungen der Zukunft stellt. Aber wir müssen selbst auch endlich wieder als Bürger in Erscheinung treten und Verantwortung übernehmen.

Kapitel 16

»Wir« haben es in der Hand

Wir sitzen über einen Zettelkasten gebeugt in einem Büro des SERI. Der Kasten ist prall gefüllt mit konkreten Handlungsvorschlägen, die wir Ihnen in diesem Teil unseres Buches präsentieren wollen. In einem Monat sind Wahlen – sowohl in Österreich als auch in Deutschland (wenn Sie diese Zeilen lesen, werden Sie wissen, wie sie ausgegangen sind) –, und uns beschäftigt die Frage, ob diese Wahlen etwas ändern werden. Ob es ausreicht, alle paar Jahre ein Kreuzchen zu machen und dann die Hände in den Schoß zu legen? Ob wir nicht mehr tun könnten oder ob uns als Einzelnem die Hände gebunden sind, solange sich die Politik nicht bewegt?

Wenn wir bei Vorträgen diese Fragen in den Raum stellen, meldet sich immer jemand zu Wort, der überzeugt davon ist, die Einflussmöglichkeiten der Bürger seien äußerst begrenzt. Dabei ist eigentlich das Gegenteil der Fall. Wir können sehr viel mehr tun, als uns in der Regel bewusst ist. Und mit unserem Tun auch die Politik beeinflussen, damit sie die Rahmenbedingungen schafft für eine Gesellschaft, eine Welt, in der wir auch ohne Wachstum gut leben können.

Beginnen wir mit den Ideen für unser eigenes Leben, bevor wir zu konkreten Vorschlägen für »die anderen« (»die Politik«, »die Wirtschaft« …) kommen – wobei klar ist, dass das eine ohne das andere nicht geht. Wenn wir den Wandel wirklich bewältigen wollen, müssen alle Bereiche ineinandergreifen. Damit diejenigen, die sich in ihrem Zuständigkeitsbereich »richtig« verhalten, nicht das Gefühl bekommen, sie seien »die Blöden«. Wer das Richtige tut, muss von einer Politik unterstützt werden, die das Richtige will und dementsprechend klare Signale setzt. Für die heimische Wirtschaft ebenso wie für den globalen Handel. Umgekehrt können wir uns auch nicht länger zurücklehnen und sagen: Die Politik, die Wirtschaft wird's schon richten. Jeder muss und kann seinen Beitrag zu dieser »Wende« leisten. Also runter vom Sofa!

Wie wir gesehen haben, geht es dabei gar nicht so sehr um Askese und Suffizienz. Sondern eher darum, unserer eigenen Stimme zu folgen. Nehmen wir doch zur Abwechslung einmal unsere wirklichen Bedürfnisse ernst. Statt die zu erfüllen, die uns von außen diktiert werden. Wenn wir auf unsere innere Stimme hören, werden wir feststellen, dass dies in den meisten Fällen nicht nur uns selbst weiterbringt, sondern auch von Nutzen für unser Umfeld sein kann.

Natürlich: So etwas ist schneller aufgeschrieben als getan. Selbst für uns, die wir uns seit vielen Jahren mit diesen Themen auseinandersetzen, ist es nicht immer leicht, unser Denken in Handeln umzusetzen. Wenn wir ehrlich sind – wirklich nachhaltig-krisenfest und post Wachstum leben selbst wir (noch) nicht. Auch wir verweisen noch auf »Sachzwänge« oder geraten in Situationen, in denen wir Dinge tun, die wir eigentlich nicht gut finden. Aber wir sind hoch motiviert losmarschiert, getreu dem Motto: Der Weg entsteht beim Gehen. Jeder von uns kann sich im Rahmen seiner Möglichkeiten für eine nachhaltigere Wirtschafts- und Lebensweise engagieren. Das ist ganz oft keine Kosten-, sondern eine Zeitfrage und eine der Prioritätensetzung.

C.A.

Ich besitze einen SMART, der öfter »bewegt« wird, als es gut ist, aber sehr wenig Benzin verbraucht. Ich habe mich außerdem entschieden, ab meinem sechzigsten Geburtstag das Fahrrad zu bevorzugen. Ich möchte nicht, dass es mir wie meinem Vater geht, der am Ende seines Lebens so unglaublich gerne noch einmal Fahrrad gefahren wäre, es aber nicht mehr konnte. Fahrradfahren ist zudem gut für den Kreislauf, mein Gewicht, und es versorgt das Gehirn üppig mit Sauerstoff. Ich habe begriffen, wie wichtig es ist, gesund zu altern. Für mich, für meine Kinder und das Gesundheitswesen. Das Auto könnte ich dann verkaufen, und wenn ich doch mal eines brauche für größere Einkäufe, kann ich auf Carsharing zurückgreifen oder auch mal ein Taxi in Anspruch nehmen. Ich mache schon jetzt fast alle Reisen mit der Bahn und teile mir mit meiner Tochter eine 70-m²-Wohnung. Die Wohnungsbaugenossenschaft lässt das Haus endlich energetisch sanieren. Ich wohne direkt an einem Naturschutzgebiet, und jedes Mal, wenn ich nach Hause komme, weiß ich: Was ich wirklich, wirklich brauche, ist Natur.

Weniger ist mehr!

Fangen wir beim Essen an. Weniger Fleisch ist nicht nur gut für die Nachhaltigkeit, sondern auch gesünder und spart Geld. Wenn Fleischgerichte nicht mehr jeden Tag auf den Tisch kommen, ist die Freude über den Sonntagsbraten umso größer. Produkte aus der Region – am besten frisch vom Acker und der Saison entsprechend – sind frischer, und sie haben mehr Aroma und Vitalstoffe. Wir brauchen keine Erdbeeren im Winter, beim Spargel kriegen wir das doch auch hin. Und selber kochen, mit Freunden oder der Familie, ist vergnüglicher und nachhaltiger,

als auf dem Sofa sitzend Kochsendungen anzusehen und nebenbei eine aufgebackene Tiefkühlpizza zu essen.

C.A.

Meine Leidenschaft für deutsches Wintergemüse ist noch nicht sehr
alt, aber sie hat sich seit drei Jahren stetig weiterentwickelt. Mag
sein, dass meine Mutter noch wusste, wie eine Pastinake oder eine
Steckrübe aussieht und schmeckt. Als ich noch Kind war, kam so etwas nicht auf den Tisch, das erinnerte an die Mangelzeiten während
des Krieges, an »Arme-Leute-Essen«. Als ich vor drei Jahren zum
ersten Mal die regionale Gemüsekiste (in anderen Regionen heißt
das »Biokiste« oder »Grüne Kiste«) bei einem Hamburger Bauern
bestellte, wusste ich nicht, was mir ins Haus geliefert werden würde. Ratlos blickte ich eine lange, schrumpelige, hellbraune Wurzel an.
Ein beiliegender Zettel informierte mich darüber, dass es sich um eine
Petersilienwurzel handeln musste. Aha. Und was nun? Wie gut, dass
ich beim Kramen in der Gemüsekiste auch auf Rezeptvorschläge
stieß. Ich kochte also die erste Petersilienwurzelsuppe meines Lebens. Unfassbar köstlich. Übertroffen nur noch von dem Pastinaken-
Möhren-Kartoffel-Stampf und der Rote-Bete-Suppe mit Meerrettich,
die in den darauffolgenden Wochen auf meinen Tisch kamen. Auch
die Steckrüben-Kartoffel-Pfanne mit Spiegeleiern erwies sich als Ren-
ner.
Inzwischen bin ich ein richtiger Fan der »solidarischen Landwirtschaft«. Einmal die Woche hole ich aus einem nahe gelegenen Lager
meinen Anteil der Ernte, die die Landwirte auf dem Kattendorfer Hof
erzeugen. Milch, Joghurt, Quark und Käse, 800 g Fleisch und 2 bis 3 kg
Gemüse – immer das, was da ist. Der Bauer und ich, wir tragen gemeinsam das Ernterisiko. Sind die Kartoffeln klein, muss ich mich eben
mit kleinen Kartoffeln zufriedengeben. Gibt es dafür besonders viele

Kürbisse, begebe ich mich einfach auf die Suche nach neuen Rezepten. Unglaublich, was man aus Kürbissen alles machen kann.

Der Bauer verkauft ohne Zwischenhandel direkt an mich. Ich erhalte ganz frische Bio-Lebensmittel, von denen ich genau weiß, wie sie hergestellt wurden und von wem. Und das alles zu einem sehr guten Preis.

Projekte wie dieses gibt es inzwischen vielerorts in Deutschland und Österreich. Gute Alternativen sind Wochenmärkte, Bioläden oder auch entsprechende Angebote aus dem regionalen oder bio-zertifizierten Sortiment der Supermärkte. Aber, wie gesagt: Bio allein reißt es nicht raus, Bio-Erdbeeren im Winter sind ökologisch gesehen ebenso unsinnig wie konventionell angebaute.

Weniger ist mehr und vieles geht auch anders: Wir können seltener Neues kaufen und dafür umso überlegter auswählen. Statt billiger und schnelllebiger Massenware können wir langlebige und reparaturfähige Produkte bevorzugen, zeitlose Dinge, die uns auch im nächsten Jahr noch gefallen oder vielleicht sogar an Wert gewinnen. Selbst wenn es uns manchmal schwerfallen mag, dem Kaufimpuls zu widerstehen: Shopping ist kein wirklich wirksames (oder zumindest nur ein sehr flüchtiges) Mittel gegen Frust und als Zeitvertreib ein Armutszeugnis. Weniger Konsum spart (Lebens-) Zeit, Geld und Kraft. Vor allem: Wir müssen uns um weniger Dinge kümmern. Lassen wir uns von diesen Dingen nicht mehr in Besitz nehmen! Reich ist, wer wenig braucht. Haben wir erst einmal herausgefunden, was für uns persönlich genug ist, sind wir frei für andere Aspekte des Lebens.

Den ökologischen Rucksack unserer Einkäufe können wir auch dadurch reduzieren, dass wir auf Flugwaren verzichten und möglichst oft »um die Ecke« einkaufen gehen. Damit unterstützen wir Händler aus der Region, sichern Arbeitsplätze und ein Stück Lebensqualität. Uns selbst ist am allerwenigsten damit gedient, wenn wir in Zukunft zwanzig Kilometer weit fahren müssen, bis wir das nächste Geschäft finden – weil die kleinen Traditionsläden vor Ort inzwischen eingegangen sind. Das werden wir spätestens dann merken, wenn wir alt sind und weniger mobil. Bestellen wir also zum Beispiel unsere Bücher wieder beim Buchhändler in der Nachbarschaft und nicht im Internet. Das geht in der Regel sogar schneller, reduziert den ökologischen Rucksack und wirkt der drohenden Verödung von Innenstädten entgegen.

Auch Teilen und Tauschen schont den Geldbeutel und die Umwelt und kann sehr viel Spaß machen. Lieber etwas mit netten Menschen teilen, als alles selbst besitzen und verwalten. Man lernt so nicht nur sein Umfeld besser kennen, man kann auch vom Können und Wissen der anderen profitieren – denn etwas selbst herzustellen, ist fast immer lustvoller und befriedigender, als etwas zu kaufen.

Do it now!

- Fleischkonsum senken
- Regional, saisonal und fair einkaufen
- Weniger kaufen, mehr teilen, tauschen und selber machen
- Langlebige Produkte wählen, die sich auch reparieren lassen
- Dinge, die ausgedient haben, nicht einfach wegschmeißen, sondern einem neuen Verwertungskreislauf zuführen (Stichwort Secondhandläden)

Das liebe Geld

Nicht nur mit unserem Konsumverhalten, auch mit dem Geld, das wir auf der hohen Kante haben, können wir nachhaltig umgehen. Für diejenigen von uns, die es sich leisten können, bedeutet das: Investieren wir in Bildung, in Kinder und in Unternehmen, die in der Region tätig sind, gute Dinge herstellen und sich um diese auch nach dem Verkauf kümmern können und wollen (reparieren statt wegwerfen). Solche Investitionen kommen letztlich vor allem uns selbst zugute: Wir brauchen eine gut funktionierende Infrastruktur in der Nachbarschaft, Landwirte, Handwerker und mittelständische Betriebe in der Region, eine Kommune, die funktioniert, mit Ärzten, Krankenhäusern, Schulen und einer möglichst dezentralen Energieversorgung. Es gibt hier inzwischen eine ganze Reihe von »Bürgerbeteiligungen« im Sinne von Projekten, in die man finanziell investieren kann. Es muss nicht die Aktie eines Unternehmens in Übersee sein, nicht die einer Firma, die ihre Rendite auf Kosten der Umwelt oder ihrer Mitarbeiter nach oben treibt und deren Geschäftsgebaren man ohnehin als Laie kaum durchschauen kann.

In Österreich macht zurzeit ein interessanter Fall Schlagzeilen. Es geht um einen innovativen Unternehmer, der im Waldviertel eine Manufaktur aufgebaut hat, in der vor allem Schuhe und andere Lederprodukte hergestellt werden, aber auch Möbel. Alle Waren sind zu 100 Prozent Naturprodukte, langlebig, gut designt und von Hand gearbeitet. Und weil immer mehr Menschen so etwas attraktiv finden, wächst nicht nur die Fabrikation, es werden auch immer neue Geschäfte eröffnet, in denen die Waren angeboten werden. Heini Staudinger ist nicht nur ein grüner Unternehmer der ersten Stunde, sondern auch ein *social entrepreneur*, also einer, der immer auf der Suche ist nach einer ökologisch und sozial verträglichen Wirtschaftsweise. Weil Wachsen für jedes Unternehmen teuer ist (Stichwort Vorfinanzierung), hat Staudinger für seine Firma eine nicht weniger interessante Form der Finanzierung entwickelt: Er gibt Menschen aus dem Umland die Möglichkeit, in sein Unternehmen zu investieren. Sie gewähren ihm Kredite, das Unternehmen bezahlt Zinsen dafür. Weil dadurch das Geld nicht mehr auf der Bank liegt und damit auch nicht dort verwaltet wird und weil es ein Gesetz gibt, das jedem verbietet, sich wie eine Bank zu verhalten (Geld einsammeln und verzinsen), gibt es nun einen interessanten Rechtsstreit: Die Bankenaufsicht und manche Politiker wollen dieses Modell der etwas anderen »Bürgerbeteiligung« verbieten. Inzwischen gab es sogar Demonstrationen in Wien, um das Bankenmonopol bei der Finanzierung von Unternehmen zu brechen. Ein weiteres gutes Beispiel ist die Regionalwert AG in Freiburg. Sie wurde 2009 von Christian Hiß gegründet und hat inzwischen 500 Aktionäre und eine Einlage von 2 Millionen Euro. Die AG investierte dieses Geld in Grund und Boden und in Unternehmen rund um Freiburg, die alle mit ökologischem Landbau oder der Weiterverarbeitung und Vermarktung von Bioprodukten zu tun haben. So werden zwei junge Landwirte dabei unterstützt, einen Biohof zu gründen und zu betreiben, das Unternehmen troki Manufaktur, das Trockenobst und -gemüse herstellt, wird gefördert, ebenso ein Lieferant der »Grünen Kiste«. Das Gemüse dafür stammt aus einer Gärtnerei, die der Regionalwert AG gehört, das Obst kommt von einem Biobauern, in den die AG investiert hat. Als zweiten Absatzweg nutzen diese noch einen Bioladen, der ebenfalls den Freiburger Investoren gehört.

In Hessen entstand im Oktober 2011 die »Bürger AG für nachhaltiges Wirtschaften Frankfurt-Rhein-Main«. Auch sie will einen Beitrag in der Region und für die Region leisten. Das Hofgut Fleckenbühl in Cölbe bei Marburg ist eines der beiden großen Projekte, die von der Bürger AG inzwischen finanziert und mitbetrieben werden. Auf dem 260 Hektar großen Demeter-Hof leben und arbeiten mehr als 200 Menschen. Fleckenbühl produziert Brotspezialitäten, Käse in unzähligen Variationen sowie Fleisch und Wurst. Mit dem Kapital der Bürger AG soll eine Mutterkuhherde mit dreißig Tieren gekauft werden, außerdem soll die Fleischverarbeitung sowie die Bäckerei ausgebaut werden. Das zweite Regionalwertprojekt ist der Familienbetrieb Ackerlei in der Nähe von Frankfurt. Er betreibt auf 35 Hektar biologischen Gemüseanbau. Weitere 40 Hektar sollen dort in den nächsten Jahren hinzukommen und von bisher konventioneller Nutzung auf Biolandrichtlinien umgestellt werden. Mit dieser angestrebten Gesamtfläche kann nicht nur der ökologische Landbau in der Region wachsen, auch der Fortbestand des Familienbetriebs kann so langfristig gesichert werden. Zwanzig neue Arbeitsplätze konnten so bereits geschaffen werden, weitere werden folgen.

Der »KlimaBrief« der Bochumer Stadtwerke und der örtlichen Sparkasse ist ein weiteres Erfolgsbeispiel. Konzepte dafür gab es schon vor der Reaktorkatastrophe von Fukushima. Als der Beteiligungsfonds im April 2011 erschien, war er innerhalb von drei Stunden ausverkauft, berichtet Thomas Schönberg, Pressesprecher der Stadtwerke Bochum. Mit mindestens 1500 und maximal 10.000 Euro Einlage pro Anteilseigner stehen so 4 Millionen Euro über fünf Jahre für Investitionen zur Verfügung. Ein erstes Projekt ist bereits realisiert: 309 Solarmodule auf Wohngebäuden der städtischen Wohnungsgesellschaft erzeugen pro Jahr mehr als 60.000 Kilowattstunden sauberen Strom. Die Kunden bekommen ihre Einlagen mit 3,7 Prozent verzinst.

Do it now!

- Wenn Sie Geld anlegen und investieren wollen, fragen Sie bei Ihrer Bank nach nachhaltigen Anlagemöglichkeiten.
- Überprüfen Sie bisherige Geldanlagen, lassen Sie sich Auskunft darüber geben, was mit Ihrem Gesparten wirklich geschieht.
- Kündigen Sie Fonds und verkaufen Sie Aktien von Firmen, die Mitarbeiter ausbeuten, mit Nahrungsmitteln spekulieren und so mit dem Hunger in der Welt Geschäfte machen oder andere Aktivitäten finanzieren, die Sie nicht verantworten können.
- Erkundigen Sie sich, ob es in Ihrer Region nachhaltige Unternehmen gibt, an denen Sie sich beteiligen können.
- Investieren Sie in wahre Werte.

Der Staat sind wir!

Wir alle können einen Beitrag dazu leisten, die Staatsausgaben zu senken und in der Balance zu halten. Tun wir nicht länger so, als ob die Taschen des Staates unerschöpflich wären. Fragen wir uns nicht länger, was der Staat für uns tun kann, sondern was *wir* für den Staat tun können. Denn der Staat ist kein abstraktes Gebilde, der Staat ist das Volk. Die Demokratie und der Sozialstaat wurden uns nicht geschenkt. Mehrere Revolutionen waren notwendig. Die sozialen Errungenschaften, auf die wir heute glauben Anspruch zu haben, wurden von Generationen unter großen Opfern erkämpft. Und es gab in Europa noch keine Generation, die so lange in Frieden leben konnte und in solchem Wohlstand und Überfluss wie wir. Allein eingedenk dessen ist es unsere Pflicht, uns als BürgerInnen zu engagieren: Die notwendigen Staatsreformen werden ohne eine kritische Überprüfung der Aufgaben des Staates nicht in Gang kommen. Machen wir es wie in der Schweiz: Holen wir die Verantwortung für die Ausgaben vor Ort dorthin zurück, wo sie hingehört – in unsere Verantwortung.

Do it now!

- Seien Sie bei der Steuer ehrlich und holen Sie Ihr Schwarzgeld aus der Schweiz und der Karibik zurück.
- Engagieren Sie sich in Ihrer Kommune – reden Sie mit, wenn über Ausgaben diskutiert und entschieden wird.
- Gründen Sie Initiativen oder werden Sie Teil von Initiativen, die öffentliche Ausgaben überflüssig machen.
- Nehmen Sie den Sozialstaat nur dann in Anspruch, wenn Sie ihn wirklich brauchen.

Wert und Würde von Arbeit achten

Das Wichtigste in diesem Bereich ist: Finden wir heraus, was wir wirklich gut können, welche Tätigkeiten uns so viel Freude machen, dass der Lohn auch in der Arbeit selbst liegt. Jeder von uns muss manchmal im Job und zu Hause Dinge tun, die er/sie nicht liebt, die aber dennoch notwendig sind. Sind die Tätigkeiten, mit denen wir unseren Lebensunterhalt verdienen und die wir Tag um Tag leisten, sehr weit von dem entfernt, was wir gerne tun und gut können, ist das Unglück vorprogrammiert. Wenn wir in eine solche Lage geraten, müssen wir möglichst schnell einen Schlussstrich ziehen. Denn das Glück, einer sinnvollen (im Sinne von uns befriedigenden) Tätigkeit nachzugehen, ist eine der nachhaltigsten Quellen für dauerhafte Zufriedenheit. Überprüfen wir, ob die fünfte Überstunde in dieser Woche wirklich etwas gebracht hat oder ob wir nicht mit mehr Kraft in den nächsten Tag starten würden, wenn wir nach Hause gegangen wären. Das kann durchaus im Sinne des Projekts sein, an dem wir gerade arbeiten; für uns, unsere Beziehungen und Freundschaften ist es das ohnehin. Jede Tätigkeit ist Kunst, meinte Joseph Beuys. Jede Tätigkeit ist Arbeit, meint Carsten Stahmer. Jede Tätigkeit ist Leben, meinen wir. Und fragen wir uns, ob wir tatsächlich immer mehr verdienen müssen. Was man nicht kaufen muss, muss man auch nicht erarbeiten.

Den Wert und die Würde von Arbeit sollten wir nicht nur bei uns selbst als Maßstab anlegen. Sondern auch bei jedem Kauf, bei jeder Investition: Denn mit jedem Euro, den wir ausgeben, entscheiden wir mit darüber, ob die Würde derer, die dieses Produkt hergestellt haben, gewahrt wurde oder nicht. Erinnern wir uns an das Schaubild über den Preis eines Sportschuhs. Ein relativ teures Produkt, bei dem aber nur wenige Cent auf diejenigen entfallen, die diesen Schuh hergestellt haben. Die Rechnung, wie das bei einem Billigprodukt aussieht, kann jeder für sich selbst aufmachen.

F.H.

Seit einigen Jahren verbringe ich im Sommer regelmäßig ein paar Tage bei den Musikantenwochen in Johnsbach im Gesäuse. Musik ist mein Hobby, obwohl sie meist nur nebenherläuft – während des Kochens (Eigen- und Versorgungsarbeit), beim Spielen mit meiner Tochter, manchmal auch beim »Arbeiten« (im Sinne von E-Mails oder weblog schreiben). In meinem Elternhaus gab es leider keine Musikinstrumente. Als es dann am Anfang des Studiums in meinem Freundeskreis viele Hobbygitarristen gab, besorgte ich mir das Gitarrenbuch von Peter Bursch (damals noch mit Folien-Schallplatte) und begann zu üben. Immerhin konnte ich auf diversen Partys anschließend gut mithalten, wenn Dylan, Wolfgang Ambros, Rolling Stones und Beatles, Woodstock (»give me an F«) und überhaupt die Songs aus Peter Burschs Folkbuch rauf und runter gespielt wurden.

Während meiner Zeit in Deutschland habe ich Hubert von Goisern lieben gelernt und während unserer Salzkammergut-Urlaube »echte« alpenländische Volksmusik entdeckt. Irgendwann bin ich dann nach Johnsbach im Gesäuse gekommen, wo Hermann und Inge Härtel mit ihren Kindern jährlich eine »Musikantenwoche« veranstalten.

Im Gasthaus Kölblwirt, mitten im Nationalpark Gesäuse, am »schönsten Ende der Welt« treffen sich dort jeden Sommer an die hundert Hobby- und Profimusikerinnen und -musiker aus dem Alpenraum, um eine Woche lang gemeinsam zu singen (jodeln!), zu musizieren, zu wandern und zu feiern. VolksmusikexpertInnen spielen mit Jazzern, klassisch ausgebildetem Personal aus den großen Wiener Orchestern und mit Leuten wie mir, die von Tuten und Blasen wenig Ahnung haben – Amateure eben (von amare: etwas lieben) und Dilettanten im besten Sinn. Dilettare heißt schließlich, an etwas Spaß haben. Ich finde es immer wieder bemerkenswert, wie sich Profis und Anfänger gemeinsam über die Musik freuen können.

Viele Musiker, die hier zusammenkommen, stecken ihr Geld in sündhaft teure Instrumente, die in Kleinserien und Handarbeit hergestellt werden. Ein paar tausend Euro für ein gutes Stück sind da keine Seltenheit, und selbst ein Amateur wie ich merkt, wenn er so ein edles Instrument zur Hand nimmt, welche Freude es macht, darauf zu spielen. Ein so ausgegebener Euro bringt allen viel Lebensqualität: den Spielern, Mitspielern und Zuhörern. Hier mischt sich (Erwerbs-)Arbeit mit erfüllender (Freizeit-)Aktivität. Und das gilt nicht nur für die Musiker: Unsere langjährige Quartiergeberin in Johnsbach hat neben einer Frühstückspension und Ferienwohnungen mit insgesamt zwanzig Betten auch noch eine kleine Landwirtschaft mit vierzehn Kühen. Der Stundensatz, auf den sie damit kommt, ist sicher nicht hoch. »Ganz schön viel Arbeit«, meinte ich denn auch bei meinem letzten Aufenthalt zu ihr. »Ist schon gut«, sagte sie darauf. »Es ist ja eine gute Arbeit – und sonst wär das Leben ja auch langweilig.«

Die bisher diskutierten Strategien und Maßnahmen sollen nicht nur die Arbeitslosigkeit bekämpfen. Sie sind sozialpolitisch sinnvoll und berücksichtigen die ökologische und ökonomische Dimension der Nachhaltigkeit. Alle drei Dimensionen müssen nämlich miteinander verbunden und am besten aneinandergekoppelt werden. Die ökologischen Grenzen und das Soziale setzen in diesem Modell der Ökonomie die »Grenzen des Erlaubten«. Sie stellen den ordnungspolitischen Rahmen, innerhalb dessen die Wirtschaft sich entfalten kann.

Do it now!

- Finden Sie Ihre Berufung und vertrauen Sie Ihrer inneren Stimme.
- Gehen Sie möglichst wenige Kompromisse ein, wenn es um Ihr Glück bei der Arbeit geht.
- Suchen Sie und bevorzugen Sie Tätigkeiten, bei denen der Lohn der Arbeit auch in der Arbeit selbst liegt und die für Sie unbedingt Sinn machen.
- Wählen Sie einen Arbeitsplatz, der es Ihnen ermöglicht, sich ständig weiterzuentwickeln.
- Streben Sie nach Meisterschaft in dem, was Sie tun.

Zukunft gestalten!

Wir werden unser Energie- und Klimaziel nur erreichen, wenn wir unsere Hausaufgaben in Sachen Ressourcen machen, und die Haupthandlungsfelder sind Ernährung, Mobilität und Wohnen. Jammern hilft nicht – wobei die Vision der Faktor-10-Gesellschaft alles andere sein kann als ein Trauerfall. Sie ist im Gegenteil eine Chance, unser Leben anders, aber nicht weniger freudvoll zu gestalten. Zukunft gestalten und träumen ist in der Faktor-10-Gesellschaft nicht nur erlaubt, sondern geradezu eine Bürgerpflicht: Wir werden in Passivhäusern wohnen, und es wird Fassaden geben, an denen Pflanzen hochranken und für ein gutes Klima sorgen. Auf den Dächern von Häusern und Bürogebäuden werden Beeren wachsen und Kräuter und Pilze. Im allerletzten Becken unserer in Kaskaden angelegten Kläranlagen werden Fische und Krebse gedeihen. Kleine Privatbrauereien werden uns das Feierabendbier liefern. Arm wird nicht mehr sein, wer bei der individuellen Leistungsshow »Mein Haus, mein Boot, mein Auto« nicht mehr mitmachen kann, sondern derjenige, der sich in der Gemeinschaft nicht einbringen kann, sich nirgends engagieren mag. Denn in Zukunft werden die sogenannten »Commons« – alles was uns Menschen verbindet, was uns gemeinsam gehört, was wir gemeinsam für ein gutes Leben und die Zukunft brauchen – von großer Bedeutung sein. Die Full-Service-Gesellschaft können wir uns ganz sicher nicht mehr leisten. Aber wir werden durch den Erhalt, die Pflege und den Ausbau dieser Commons mehr als entschädigt werden. Weil jeder von uns seinen Beitrag zum guten Leben aller leisten wird. Wir werden mobil bleiben, aber anders als heute. Bildung und Kultur werden die Statusgüter von morgen sein. Und wenn wir über Wachstum reden, wird ein Mehr im Sinne von Entwicklung gemeint sein: unserer persönlichen, der unseres Umfelds, der Natur, der Welt als Ganzes.

Do it now!

- Denken Sie Besitz neu! Teilen Sie Autos oder teure Gerätschaften (z.B. für den Garten) in der Nachbarschaft.
- Fahren Sie Fahrrad oder mit öffentlichen Verkehrsmitteln und werden Sie Teil einer Carsharing-Gemeinschaft.
- Machen Sie sich mit den heute schon zahllosen Möglichkeiten des Teilens und Tauschens vertraut: Wohnungstausch in den Ferien, nutzen Sie Möbel- und Kleiderbörsen, statt Ausrangiertes auf den Müll zu schmeißen.
- Leben Sie das Prinzip Familie – ganz gleich mit wem!

Kapitel 17

»Die Politik« hat es in der Hand

Wie gesagt: Vieles können wir jeden Tag selbst dazu beitragen, gut durch die (nächste) Krise zu kommen. Wachstum brauchen wir dazu am allerwenigsten. Aber das reicht nicht aus. Wir brauchen eine Politik, die entsprechende Rahmenbedingungen schafft und damit ein erstes Zeichen setzt, die Entwicklungen unterstützt und fördert, die in die richtige Richtung weisen, und die dafür sorgt, dass aus vielen kleinen Aktivitäten eine breite Bewegung entsteht, der sich auch unsere Wirtschaft letztlich nicht entziehen kann.

Was also sollen wir von den Politikern verlangen, die von uns gewählt werden möchten? Wie können wir sie in »unserem Sinne« steuern?

Ökologische Steuer- und Subventionsreform

Preise spielen bei der Kaufentscheidung eine wichtige Rolle. Wir haben in den vorangegangenen Kapiteln gesehen, wie weit die meisten Preise heute von der ökologischen und sozialen »Wahrheit« entfernt sind. Außerdem haben wir festgestellt, dass die meisten Steuern den Faktor Arbeit belasten, während nur 5 Prozent der Steuereinnahmen auf den Ressourceneinsatz erhoben werden. Weil Unternehmen in der Mehrzahl danach trachten, möglichst günstig zu produzieren, führt dies dazu, dass immer mehr Ressourcen verbraucht und immer weniger oder immer schlechter bezahlte Arbeit zum Einsatz kommt. Wir brauchen also eine Politik, die Unternehmen und Bürgern gleichermaßen Anreize bietet, mit weniger Ressourceneinsatz gut zu leben. Die wenigen positiven Ansätze, die es dafür bislang gibt, werden postwendend ausgehöhlt: Von der höheren Besteuerung von Energie werden gerade energieintensive Unternehmen teils ausgenommen oder wenigstens begünstigt, weil man befürchtet, sonst Arbeitsplätze aufs Spiel zu setzen. Letztlich werden damit Unternehmen auf Umwegen dafür belohnt, *dass* sie so viele Ressourcen verbrauchen. Widersinniger geht es kaum. Ein Anreiz, Produktionsprozesse zu optimieren, sieht anders aus. Statt diese Energieschleudern noch zu belohnen, sollten lieber Unternehmen entlastet oder gezielt gefördert werden, die schon heute auf Nachhaltigkeit setzen und ihren Ressourcenverbrauch gedrosselt haben, ohne dass dies zulasten der Beschäftigungszahl gegangen wäre.

Diesem Prinzip folgend, sollten auch Subventionen abgebaut werden, die nichtnachhaltige Strukturen noch begünstigen: zum Beispiel Massentierhaltung in der Landwirtschaft, eine Fischerei, die die Meere leer fegt, Gütertransporte auf der Straße, der Luftverkehr, die Erschließung von neuen Wohn- und Gewerbegebieten (statt Verdichtung bereits verbauter Flächen) ... Diese Liste ließe sich beliebig fortsetzen.

Neben der Reduzierung oder Abschaffung von solchen zweifelhaften »Fördermaßnahmen« sollten Ressourcen Schritt für Schritt teurer gemacht werden; wenn gleichzeitig der Faktor Arbeit steuerlich entlastet wird, werden Unternehmen auch in Ressourceneffizienz investieren, weil sie die finanziellen Kapazitäten dafür haben. Diese Entlastung ist wichtig, weil wir in besonderem Maße auf Rohstoffe angewiesen sind. Eine einseitige

Belastung würde von den Unternehmen zu Recht kritisiert werden.

Angefangen beim Produktdesign über effizientere Prozesse durch den Einsatz neuer Technologien und Materialien bis hin zu den verschiedenen Konzepten der Kreislaufwirtschaft (langlebige, modernisierbare, modulare, weiter- und wiederverwendbare Produkte, Gebäude, die flexibel nutzbar und später rückbaubar sind etc.) – all diese Variablen würden von einer solchen ökosozialen Fiskalreform begünstigt. Die neuen Regierungen in Österreich, Deutschland, Italien und wo auch immer in der nächsten Zeit gewählt wird, könnten sie sofort umsetzen. Und wer hindert eigentlich schon länger im Amt befindliche Regierungen daran, zwischen den Wahlen gescheiter zu werden?

Nun könnte man einwerfen: Schöne Theorie, aber für eine solche Reform, durch die Arbeit verbilligt wird und Ressourcen teurer gemacht werden, braucht es schließlich ein ausgereiftes Konzept! Bitte sehr, solche Modelle liegen seit Jahren in den Schubladen aller Wirtschaftsforschungsinstitute bereit – und in denen der zuständigen Ministerien.

Wir haben uns auch am SERI immer wieder damit beschäftigt und Berechnungen angestellt, zuletzt im Rahmen eines groß angelegten internationalen Projekts für die Anglo-German-Foundation.

Die wichtigsten Optionen, die wir haben, sind:

1. Direkte oder indirekte Steuern auf Rohstoffe oder ganz allgemeine »Mengensteuern« auf Ressourcen.
2. Die Herausgabe von Zertifikaten (Ressourcennutzungsrechte) an Unternehmen, deren Verfügbarkeit mit der Zeit stetig verknappt wird. Diese Zertifikate werden an

Börsen gehandelt, und ihr steigender Preis sorgt dafür, dass die Investitionen in den Umweltschutz dort erfolgen, wo es gesamtwirtschaftlich am sinnvollsten ist.

Entscheidend ist, eine möglichst breite Bemessungsgrundlage zu finden und ein international abgestimmtes Verfahren, um die Abwanderung der Unternehmen ins Ausland zu verhindern. Solche Ausgleichsmechanismen sind für das Gelingen wichtig, dürfen aber nicht zur Ausrede werden, grundlegende Reformen zu verschieben.

Zeitgleich sollten wir am Aufbau von Entwicklungspartnerschaften und Ressourcenallianzen auf internationaler Ebene arbeiten. Denn solange viele Länder auf dieser Erde noch nicht selbst über eine funktionierende Infrastruktur, eine Landwirtschaft und eine produzierende Wirtschaft verfügen und über Qualifikationen, die sie von unseren Importen unabhängig machen würden, werden sie auch in Zukunft ihre Rohstoffe gegen die Leistungen tauschen wollen, die sie von uns brauchen. Und ihrerseits beim »Aufschließen« zu uns die gleichen Fehler machen wie wir einst und bisher.

Wenn von »Ökosteuern« die Rede ist, denken die meisten an Energie und das Klima. Energie zu sparen und anders zu erzeugen ist wichtig, aber das reicht nicht. Wir müssen den Einsatz *aller* Arten von Rohstoffen bis 2050 um den Faktor 8 bis 10 verringern. In einer funktionierenden Marktwirtschaft kann man dies, wie oben dargelegt, am einfachsten über den Preis steuern. Er ist für Unternehmen und Konsumenten der wichtigste Indikator für den Einsatz ihrer eigenen Ressourcen (Einkommen, Investitionen, Maschinen, Rohstoffe, Wasser, fossile Brennstoffe usw.) Im internationalen Vergleich ist die EU heute bereits ressourceneffizienter als viele andere Regionen. Europa kann aus einem Kilo Rohstoff heute schon Produkte und Dienstleistungen im Wert von 1,55 Euro herstellen. Großbritannien liegt mit 2,60 Euro pro Kilogramm an erster Stelle, gefolgt von Frankreich, Schweden und Deutschland (1,80 Euro, 1,75 Euro und 1,65 Euro je kg). Dennoch sind wir von einem wirklich nachhaltigen Umgang mit Ressourcen sehr, sehr weit entfernt. Der weltweite Durchschnitt liegt bei weniger als 0,60 Euro je kg.

Gelingt dieser Wandel, werden alle davon profitieren: Höhere Ressourcen- und Energieeffizienz bedeutet höhere Versorgungssicherheit und bessere Wettbewerbsfähigkeit von Unternehmen in einer Welt, in der Ressourcen- und Energieknappheit für weiter steigende Preise sorgen werden. Neben technischen Innovationen und allen Instrumenten der Kreislaufwirtschaft ist der Einsatz nachwachsender Rohstoffe ein wichtiges Element beim Umsteuern – sofern diese nachhaltig produziert werden.

Ein von der Politik auf den Weg gebrachtes Umlenken ist machbar, die Risiken, die damit einhergehen könnten, sind heute sowohl kalkulierbar als auch steuerbar. Am SERI haben wir die Veränderungen (Entwicklung des BIP, die Auswirkungen auf unterschiedliche Branchen und den Arbeitsmarkt, die Einkommensentwicklung und die Effekte auf die Natur) für Österreich berechnet. Bei dieser Analyse haben wir zwei Entwicklungspfade verglichen: In Szenario eins durchlebt Österreich eine anhaltende Wachstumsschwäche bis 2025 (d.h. das BIP wächst durchschnittlich um 0,55 Prozent pro Jahr); in Szenario zwei gehen wir von 2 Prozent Wachstum pro Jahr bis 2025 aus. Tatsächlich führt eine Wachstumsschwäche dazu, dass die Arbeitslosigkeit wächst. Die Einkommen steigen in Szenario eins etwas langsamer, wobei die reicheren Haushalte die größten Einkommenseinbußen zu verzeichnen hätten. Und das Budgetdefizit würde steigen. Aber: Die Politik kann gegensteuern. Die Maßnahmen, die der Staat bei geringem Wachstum ergreifen kann, um die Arbeitslosigkeit zu senken und das Budget zu sanieren, sind eine 10-prozentige Arbeitszeitverkürzung, eine ökosoziale Abgabenreform, der Abbau umweltkontraproduktiver Subventionen und die Förderung der Dienstleistungsnachfrage durch private Haushalte.

Eine Arbeitszeitverkürzung kann neben der Reduzierung der Wochenarbeitszeit auch über den Abbau von Überstunden, Ausweitung der Karenzzeiten oder eine Verlängerung von Urlaubszeiten erreicht werden. Die New Economic Foundation, ein Londoner Thinktank, empfiehlt übrigens die 21-Stunden-Woche, um Probleme wie Arbeitslosigkeit, geringe Lebensqualität oder soziale Ungleichheit zu überwinden.

Geld und Vermögen neu regeln

Geld wird von der Zentralbank ausgegeben, etwa der Deutschen Bundesbank oder der Österreichischen Nationalbank. So haben wir's in der Schule gelernt. Geschäftsbanken wie die Deutsche Bank oder die Bank Austria profitieren von denen, die etwas von ihrem Gehalt zur Seite legen wollen. Mit diesem Geldstock bezahlen die Banken Zinsen und vergeben Kredite an Unternehmen oder Privatleute. Sie bekommen dafür etwas mehr Zinsen und verdienen so daran, tragen aber auch das Risiko, dass der Schuldner den Kredit vielleicht nicht zurückzahlen kann. Auch das haben wir so in der Schule gelernt.

Das macht aber nur einen kleinen Teil der Geldflüsse aus, die jeden Tag, jede Stunde, jede Sekunde stattfinden. Tatsächlich

»erschaffen« Geschäftsbanken selbst Geld. Wenn ich heute zur Bank gehe, um einen Kredit bitte und die anschließende Bonitätsprüfung überstehe, gibt der Bankangestellte die entsprechende Summe in einen Computer ein; kurze Zeit später kann ich den Betrag gleich in bar abheben oder an jemanden überweisen (lassen). Die Bank muss nur einen kleinen Teil dieser Summe vorher faktisch besessen haben. Den Rest »schöpft« sie in dem Moment, in dem der Angestellte die Summe im System freigibt. Ich bekomme also in gewisser Weise virtuelles Geld. Die Bank geht davon aus, dass ich diesen Kredit plus Zinsen wieder zurückzahlen werde. Wie mir das gelingt, spielt keine Rolle, Hauptsache ich komme meinen Verpflichtungen nach. Tue ich das nicht, bringe ich die Bank um ihr Geld; vielleicht wird dann über Jahre hinweg kleckerweise ein Teil meines Lohns einbehalten und an die Bank überwiesen, vielleicht muss ich Privatinsolvenz anmelden. Denn ich bin leider nicht »systemrelevant« – dann kämen die Steuerzahler freundlicherweise für meine Schulden auf. Wie während der Finanzkrise 2008/2009 in vielen Ländern geschehen: Um den Zusammenbruch des hoch vernetzten Finanzsystems zu verhindern, haben viele Regierungen weltweit – darunter auch Deutschland, Irland oder Griechenland – ihre in Schieflage geratenen Banken mit echtem Geld, Bürgschaften, Verstaatlichungen oder der Übernahme der Verantwortung für faule Kredite durch die Schaffung von sogenannten *bad banks* gerettet.

Daher geht jeder Vorschlag, die Macht der Banken einzuschränken, in die richtige Richtung. Denn ohne stärkere Kontrollen werden sie immer neue Finanzprodukte erfinden, um mit Geld Geld zu machen. Die am weitesten gehende Forderung ist die nach dem sogenannten »Vollgeld«. Vollgeldkonzepte stärken die Rolle der Zentralbanken. Sie alleine entscheiden über die Geldmengen und darüber, wie viele Kredite Banken vergeben dürfen. Geschäftsbanken dürfen nur noch das verleihen, was ihnen von den Sparern oder der Zentralbank zur Verfügung gestellt wurde. Jeder Kredit wäre damit vonseiten der Bank gedeckt. Ein ehrenwertes Vorhaben.

Nun wissen wir aber aus der Geschichte, dass auch Zentralbanken mitunter dazu neigen, mehr Geld zu drucken, als die Realwirtschaft »ver-arbeiten« kann. Dann entsteht im besten Fall Inflation, in ungünstigeren Fällen kommt es zur Bildung von Blasen wie in der jüngsten Eurokrise. Bis vor etwa vierzig Jahren gab es den Goldstandard zur Deckelung der Geldmenge. Die Summe des gedruckten Geldes durfte die der staatlichen Goldbestände (die zum Beispiel in den USA im legendären Fort Knox gelagert werden) in ihrem Wert nicht überschreiten. Doch dann trat an die Stelle des Goldstandards das System der flexiblen Wechselkurse, und Staaten/Zentralbanken konnten im Prinzip Geld drucken, so viel sie wollten. Die Geldschöpfung im Privatkunden- und Unternehmensbereich kam dann noch obendrauf. Die Geldmengen, die heute weltweit im Umlauf sind, haben sich vom tatsächlichen Wirtschaftsgeschehen so weit entfernt, dass diesen fiktiven Werten keine echten mehr gegenüberstehen.

Nicht nur Gold kommt zur Sicherung des in Umlauf befindlichen Geldes infrage. Wir könnten den Wert des Geldes auch – wie vom britischen Ökonomen Richard Douthwaite letztlich vorgeschlagen – an Ressourcen festmachen. Er schlug vor, zusätzlich zum Vollgeld die globale Geldmenge an einen schrittweise sich verringernden Ressourcenverbrauch zu koppeln. Wir halten es für einen guten Vorschlag, hier sogar noch einen Schritt weiterzugehen und die globale Geldmenge an den »erlaubten« Ressourcenverbrauch zu koppeln. Das würde dazu führen, dass Geldmenge und Ressourcenverbrauch aneinandergekoppelt sind und zeitgleich sinken.

Geld können wir entwerten und ein neues, gerechtes Geldsystem etablieren. Bei unseren natürlichen Lebensgrundlagen können wir das nicht. Wir dürfen sie nicht immer weiter zerstören, nur damit Banken nicht pleitegehen. Zumal dieses Finanzsystem so ohnehin nicht mehr zu retten ist. Es ist die unvorstellbar große Menge an Kapital (Schulden und Guthaben), die zum Problem geworden ist.

Das gilt auch und vor allem für die USA, deren Zentralbank schon seit Langem Geld für 0 Prozent Zinsen verleiht und deren Chef jetzt grade erst erklärt hat, dass man nach Möglichkeiten suche, Geld noch billiger zu machen. Damit sollen die Menschen dazu verleitet werden, wieder mehr Geld auszugeben, als sie haben, und auf diese Weise das Wachstum wieder anzukurbeln. Es scheint ganz so, als habe man die Lektion aus der Krise nicht gelernt. Waren es doch gerade die billigen und nicht abgesicherten Kredite, die für die Immobilien- und Finanzmarktblasen gesorgt haben.

Zusätzlich zu dem Konzept, die globalen Vollgeldmengen im Einklang mit dem angestrebten Ressourcenverbrauch zu regulieren, nennt Douthwaite noch eine dritte Form des Geldes, die unterhalb der nationalstaatlichen Ebene funktionieren könnte und sollte: das bereits erwähnte Regionalgeld, wie es das in Deutschland und Österreich auf lokaler und regionaler Ebene mancherorts schon gibt. So könnte auch die Realwirtschaft gegenüber der Finanzwirtschaft wieder gestärkt werden.

Egal, welche Vorschläge im Raum stehen: Der erste Schritt wäre es, das Geldsystem überhaupt einmal offen zu diskutieren. Zwischen Bankern und alternativen Ökonomen scheint hier ein weitgehendes Kommunikationsverbot zu herrschen, als würde man einen Tabubruch begehen. Und die internationale Politik, die diese Probleme im Grundsatz erkannt hat, kann sich derzeit immer noch nicht darauf einigen, der Finanzwelt die notwendigen Zügel anzulegen. Erste Maßnahmen zur Trennung des normalen Bankengeschäfts (Finanzierung des Kreditbedarfs der echten Wirtschaft) vom Investmentbanking kommen nur schleppend voran, und auch die Verpflichtung, alle Kredite in Zukunft mit eigenem Geld/Rücklagen zu besichern, ist bisher nur sehr zaghaft umgesetzt worden. Es wäre schade, wenn es wirklich des »Big Bangs« bedürfte, damit die Wurzeln dieses Übels endlich angegangen werden.

Bedingungsloses Grundeinkommen

Halten wir noch einmal fest: Fünfzig Jahre kontinuierliche Steigerung der Arbeitsproduktivität haben dazu geführt, dass wir heute sechsmal mehr Produkte und Dienstleistungen herstellen können (in Preisen) als in den 1960er-Jahren. Die Erwerbsarbeit, die heute notwendig ist, um dieses Sozialprodukt zu erzeugen, wurde auf immer mehr Beschäftigte verteilt, weil die Frauenerwerbstätigkeit dramatisch angestiegen ist. Wir arbeiten heute im Durchschnitt nur noch 16 Stunden (Max-Planck-Institut) pro Kopf und verbrauchen dabei ungefähr das Zehnfache dessen an Ressourcen, was dauerhaft möglich ist. Wir haben auch festgestellt, dass die Arbeitswelt wegen der hohen Verdichtung (Stichwort Rationalisierung) mörderisch und selbst zu einem stetig anwachsenden Kostenfaktor geworden ist: Sie frisst immer mehr Wachstum auf, weil sie immer mehr Menschen krank macht.

Wir haben aber auch gesehen, dass die Freude an Tätigkeiten, die wir lieben, eine der wichtigsten Quellen des Glücks ist. Wer seine Arbeit liebt, den macht sie nicht krank, sondern zufrieden, es sei denn, die Aufgaben sind nicht lösbar (zumindest nicht in der Zeit, die wir dafür bewilligt bekommen) oder die Arbeit unterfordert uns. Burn-out (Überforderung) und Bore-out (Unterforderung) erzeugen das gleiche Krankheitsbild.

Für die meisten dieser Probleme wäre ein bedingungsloses Grundeinkommen – von manchen auch Bürgergeld genannt – eine wunderbare Lösung. Der wichtigste Punkt dabei ist: Ein bedingungsloses Grundeinkommen ermöglicht es seinen Empfängern, den (Erwerbs-)Tätigkeiten nachzugehen, die ihnen, ihrer Familie und der Gesellschaft wirklich guttun. Das Grundeinkommen sorgt dafür, dass niemand um seine Existenz bangen muss. Der Sinn eines Grundeinkommens ist es, anders als von manchen Kritikern behauptet, Arbeit nicht etwa überflüssig zu machen; vielmehr soll es Tätigkeiten ermöglichen, die für uns alle und die Gesellschaft lebenswichtig sind, aber bisher nicht oder nicht angemessen entlohnt werden. In einer Gesellschaft, in der dank eines bedingungslosen Grundeinkommens nicht die Existenzsicherung im Vordergrund steht, treten bei der Wahl des Arbeitsplatzes andere Dinge stärker in den Vordergrund, wie etwa der Sinn und die Freude an der Arbeit. Tätigkeiten, bei denen der Lohn auch in der Arbeit selbst liegt, müssen dann nicht so hoch entlohnt werden. Im Umkehrschluss heißt das, Berufe, die nur wenige Leute ergreifen wollen, müssen aufgewertet werden.

Wir erinnern uns: Die von uns als notwendig erachteten Reformen, die Arbeitswelt an die Bedürfnisse der Erwerbstätigen anzupassen (familiengerecht, generationengerecht), gehen in die gleiche Richtung. Die Schaffung von Lebensarbeitszeitkonten etwa, die eine bessere Balance zwischen Leben und Arbeit einerseits und den Interessen der Wirtschaft andererseits ermöglicht. Das Grundeinkommen ist zugleich ein guter Weg, Einkommen zwischen dem Sektor der Erwerbsarbeit und dem informeller Arbeit neu zu verteilen. Es ermöglicht am Gemeinwohl orientierte Tätigkeiten und ist eine gute Alternative zu dem heute von Wachstumsfreunden bevorzugten Modell: noch mehr private Arbeiten in den Markt zu integrieren, alles zu professionalisieren und möglichst viel über Steuern zu finanzieren. Eine Politik, die inzwischen gescheitert ist.

Das Grundeinkommen käme auch einer der dringendsten Forderungen all jener Experten entgegen, die sich mit den dramatischen Folgen des demografischen Wandels beschäftigen: Denn es gibt uns die Möglichkeit, etwa pflegebedürftigen Familienangehörigen die Zeit und Aufmerksamkeit zu schenken, die sie brauchen.

Als »negative Einkommenssteuer«, wie das Grundeinkommen auch diskutiert wird, ist es übrigens eine Erfindung unter anderem von Milton Friedman, einem der anerkanntesten (und berüchtigtesten) liberalen Wirtschaftstheoretiker. Alle Parteien – auch die CDU – haben sich mit diesem Konzept befasst und Berechnungen vorgelegt, nach denen ein solches Grundeinkommen im Prinzip finanzierbar ist. Was die Kosten angeht, unterscheiden sich die Ergebnisse allerdings stark.

Wie hoch könnte ein bedingungsloses Grundeinkommen (BGE) also sein? Welche Folgen hätte die Höhe des BGE auf das Verhalten der Menschen, auf den Arbeitsmarkt und die Wirtschaft? Und welche sozialen und ökologischen Nebenwirkungen hätten die Finanzierungsmodelle?

Alle Modelle zu diesem Thema beruhen letztlich darauf, einen Teil des Sozialprodukts, das von uns Bürgern gemeinsam erwirtschaftet wird, als »Sozialrendite« auszuzahlen. Konservative wollen dieses Grundeinkommen an die Bedingung knüpfen, dass die Empfänger des Grundeinkommens eine Gegenleistung für die Gesellschaft erbringen. Grüne und Linke trauen uns BürgerInnen zu, dass wir mit der so gewonnenen Freiheit verantwortlich umgehen und genau das tun, was durch Umfragen belegt ist: Wir würden arbeiten und ein schöpferisches Leben führen, das auf die Zustimmung und Anerkennung der Gesellschaft und unseres unmittelbaren Umfelds trifft.

Nachfolgend einige Beispiele dafür, was ein Grundeinkommen ganz praktisch bedeuten könnte. Nehmen wir einmal an, alle Erwachsenen hätten Anspruch auf ein staatliches Grundeinkommen in Höhe von 750 Euro; Kinder erhalten ein Drittel dieses Betrages. Das Grundeinkommen würde alle anderen monetären Sozialleistungen ersetzen. Alle bekommen den Differenzbetrag zwischen dem, was sie durch ihre Arbeit tatsächlich verdienen, und den 750 Euro vom Staat ausgezahlt. Das Ganze wird im Zuge der Einkommensteuererklärung verwaltet. Das Einkommen, das über den 750 Euro liegt, wird besteuert.

Ein paar Beispiele

Herr A. (47 Jahre alt) arbeitet seit dreißig Jahren in der Krankenpflege. Nach einem Burn-out beginnt er, sich neu zu orientieren. Vom Staat erhält er 750 Euro monatlich als Grundsicherung. Sollte er keine bezahlte Arbeit mehr aufnehmen, würde ihm dieser Betrag inflationsbereinigt bis an sein Lebensende zustehen.

Frau B. (35) hat eine leitende Position in einem Forschungs-institut inne; sie verdient monatlich 7000 Euro brutto. Davon zahlt sie 2750 Euro an Steuern, mit 300 Euro schlägt die Krankenversicherung zu Buche. In ihre private Alters-vorsorge investiert sie jährlich 10.000 Euro. Auch sie erhält ein Grundeinkommen; alles, was über diese Summe hinaus-geht, muss sie versteuern.

Herr C. (70) arbeitet einen Tag pro Woche bezahlt in einem Start-up-Unternehmen und verdient sich noch ein paar Euro »schwarz« als Leihopa dazu. Außerdem engagiert er sich ehrenamtlich in einem Sozialprojekt für afrikanische Flüchtlinge. Finanziell stehen ihm eine Grundsicherung von 750 Euro, sein Arbeitseinkommen sowie seine Ersparnisse zur Verfügung. Seine Tochter (35) lebt von 750 Euro Grund-sicherung in einer Wohngemeinschaft für Behinderte, die von einer Institution betreut wird, in der Fachkräfte, freiwil-lige Helfer, Freunde und Familienangehörige zusammenar-beiten.

Frau D. (25) hat nach der Scheidung ihrer Eltern erst die Schule abgebrochen, dann eine Lehre. Nach einem Ausflug in die Drogenszene hat sie den Weg zurück geschafft. Das BGE gibt ihr finanzielle Sicherheit und somit die Freiheit, noch einmal die Schulbank drücken zu können. Langfristig will sie sogar Abitur machen. Nebenbei arbeitet sie in einer Initiativgruppe der lokalen Agenda 21.

Herr E. (40), alleinerziehender Vater von drei Kindern, möchte beruflich wieder voll einsteigen. Das gelingt ihm insofern gut, da er während der letzten Jahre, als die Kinder noch klein waren, zehn bis zwanzig Stunden vorwiegend von zu Hause aus für seine Firma gearbeitet hat. Je nach Auftragslage erhielt er dafür netto zwischen 350 und 1000 Euro zusätzlich zu den 1250 Euro, die ihm und seinen Kindern an Grundeinkommen zur Verfügung stehen.

Von einem solchen durch die Politik geförderten Grundeinkommen würde letztes Endes auch die Wirtschaft profitieren, geht es doch darum, dass Menschen nicht nur einen Brot-und-Butter-Beruf ergreifen, sondern ihrer Berufung folgen können. Sie können ihr Potenzial entfalten und würden letztlich jene Leistung bringen, die heute von der Mehrheit der Beschäftigten, die innerlich gekündigt hat, nicht mehr erbracht wird.

Das magische Dreieck: Arbeitsmarkt, Renten und Gesundheit

Europa ist zu Recht stolz auf seine sozialen Sicherungssysteme, die uns allen die Gewissheit geben, im Notfall aufgefangen zu werden: wenn wir krank sind, wenn wir nicht mehr arbeiten können, wenn wir ohne Erwerbsarbeit dastehen und ohne jedes andere Einkommen. Der dahinterstehende Grundgedanke der Solidarität ist verknüpft mit dem der Subsidiarität: Wer Verantwortung übernehmen kann, muss dies als Gegenleistung tun. Darauf fußt der Generationenvertrag unseres Rentensystems ebenso wie das der Gesundheitskassen. Wir haben bereits dargelegt, warum dieses System ins Wanken geraten ist. Aber auch aufgezeigt, dass die Kosten des Gesundheitswesens, die Höhe der Rentenzahlungen und die anderen Sozialkosten (Hartz IV, Berufsunfähigkeitsrenten etc.) über eine Reorganisation der Arbeitswelt und des Einkommens gesteuert werden können.

Eine wirklich große Arbeitsmarkt-, Renten- und Gesundheitsreform erfordert im Kern eine generationengerechte Umverteilung von Arbeit. Lebensarbeitszeitkonten, die Phasen intensiver Arbeit ebenso möglich machen wie Phasen, in denen andere Dinge Priorität haben. Eine längere Lebensarbeitszeitspanne, die angepasst ist an unsere steigende Lebenserwartung und einen Großteil der Bevölkerung nicht aufgrund ihres Alters vom Arbeitsmarkt aussperrt. So können alle BürgerInnen einen fairen Anteil an der erforderlichen Erwerbsarbeit leisten und gleichzeitig ein Leben lang – über ein Grundeinkommen abgesichert – die Erfordernisse *und* die Freuden des Lebens in Einklang bringen und ihren Bedürfnissen nachkommen. Das ist eine Form von Lebensqualität, die wesentlich erstrebenswerter ist als Wirtschaftswachstum.

Bevor dies für eine unbezahlbare Utopie gehalten wird, ein paar Fakten:

1. Die Kostensteigerungen im Gesundheitswesen sind nicht die Folge des demografischen Wandels unserer Gesellschaft (und somit eines steigenden Pflegebedarfs); sie sind vielmehr einem medizinisch-technischen Fortschritt geschuldet, der die Machbarkeit zum Prinzip erhoben hat. Die hohen Kosten, die mit dem Wachstum des medizinisch-industriellen Komplexes verbunden

sind, führen dazu, dass immer mehr Menschen durch diesen Apparat geschleust werden müssen, damit er sich rechnet. Gesund bleiben wir deswegen noch lange nicht. Entscheidend für unsere Gesundheit ist vor allem die Art, wie wir leben und arbeiten. Im Moment tun wir das in einem System, das immer mehr Menschen krank macht.

2. Steigende Kosten für Rentenzahlungen ergeben sich vor allem dann, wenn zu viele Menschen zu früh in Rente gehen. Wenn wir in Zukunft im Durchschnitt 87 oder 90 oder eines Tages gar 100 Jahre alt werden, müssen wir die aktive Phase – die Zeit, in der wir an der Erwerbswelt teilnehmen – verlängern. Wir haben ja bereits gesehen, dass wir tatsächlich nur relativ wenige Stunden (bezogen auf die Gesamtlebenszeit) erwerbstätig sein müssen, um unseren Wohlstand zu halten. Eine Arbeitsmarktreform in unserem Sinne würde zu mehr Lebensqualität für alle Altersstufen führen: Besser in der »Rushhour des Lebens« zwischen 40 und 60 weniger Stress und im Alter weniger Langeweile.

3. Es gibt einen engen Zusammenhang zwischen Bildung und Gesundheit, Bildung und Einkommen: Investitionen in das Bildungswesen sind Investitionen in die Gesundheit und mit vielen positiven Begleiteffekten verbunden.

4. Große soziale Unterschiede erzeugen in allen Gesellschaften hohe Kosten: Die Lebensqualität sinkt, mehr Menschen werden krank. Eine solidarische Gesellschaft, die soziale Unterschiede in Grenzen hält, ist die beste Voraussetzung für das Glück der meisten und für ihre Gesundheit.

5. Menschen brauchen Ziele und eine Anerkennung ihrer Leistung. Wer mehr leistet oder mehr Verantwortung trägt, soll durchaus mehr verdienen. Aber wäre es wirklich ein Unglück, die Einkommensunterschiede zu begrenzen? In Japan ist dies schon lange der Fall. Bundeskanzlerin Merkel verwies kürzlich angesichts der Debatte über Millionengehälter deutscher Vorstände auf die Bescheidenheit japanischer Industriebosse, die maximal das Zwanzigfache dessen verdienen dürfen, was ein einfacher Mitarbeiter des Unternehmens erhält.

Eine umfangreiche Reform im Bereich Arbeit/Renten/Gesundheit würde auch den Begriff Generationengerechtigkeit wieder mit Inhalten füllen. Denn das Konzept, Erwerbsarbeit über die verschiedenen Altersgruppen hinweg gleich zu verteilen, ist die beste Lösung für alle. 50.000 Erwerbsarbeitsstunden über die Lebensarbeitszeitspanne geschickt zu verteilen, heißt:

a) eine familienfreundliche Arbeitswelt zu schaffen und einen wichtigen Beitrag dazu zu leisten, dass wieder mehr Kinder geboren werden und überhaupt mehr Zeit zur Verfügung steht, um Familie/Beziehungen auch zu leben,

b) eine neue Work-Life-Balance zu schaffen, die dafür sorgt, dass wir gesünder alt werden dürfen; das trägt nicht nur zu unserer eigenen Lebensqualität bei, sondern senkt auch die Kosten für Gesundheitserhalt und Pflege,

c) Freiräume zu schaffen für Weiterbildung, lebenslanges Lernen, persönliches Wachstum.

All das ist möglich und nötig. Oder, um es mit den Worten von Prof. James Vaupel, Direktor des Max-Planck-Instituts für Demografischen Wandel, zu sagen: »Das 20. Jahrhundert war das der Umverteilung von Wohlstand. Das 21. wird das der Umverteilung von Arbeit sein.« Genau das ist es, was wir in der Postwachstumszeit brauchen. Eine moderne Gesundheits-, Sozial- und Arbeitsmarktpolitik muss sich dieser Herausforderung stellen.

Mittelstandspolitik

Das Bild, das wir von »der Wirtschaft« haben, ist für die meisten Menschen geprägt von den großen Industrien: Weltkonzerne wie Mercedes Benz und Siemens, große Banken und Versicherungen beherrschen noch immer die Bühne und bekommen 90 Prozent der Aufmerksamkeit der Medien. Weltnachrichten werden begleitet von aktuellen Börsenkursen der dicken Fische, die kleinen und mittelständischen Unternehmen, die aber maßgeblich zu unserem BIP beitragen, nimmt man kaum wahr. Zu diesem einseitigen Bild der Wirtschaft tragen auch die Gewerkschaften ganz maßgeblich bei, die ihre Bedeutung vor allem ihrer starken Stellung in den großen Industrien oder Verwaltungen (öffentlicher Dienst) verdanken.

Tatsächlich gehören 90 Prozent aller Unternehmen in Deutschland und Österreich zu dem, was gemeinhin Mittelstand genannt wird. Über 80 Prozent sind Kleinbetriebe mit weniger als zehn Beschäftigten. Nicht die Aktiengesellschaft ist also der Normalfall, sondern das Familienunternehmen, der Handwerksbetrieb und die unendlich vielen kleinen Unternehmen um die Ecke, die Einzelhändler, der IT-Berater, der Freiberufler, die Krankengymnastin aus der Nachbarschaft ... Das umfangreiche und vielfältige Können dieser Menschen ist das größte Kapitel, das unsere Gesellschaft besitzt.

Was es für eine Wirtschaft und Gesellschaft bedeutet, wenn es diesen Mittelstand nicht gibt, das können wir vor allem in den ehemaligen Ostblockstaaten sehen: Was dort am meisten fehlt, ist dieser Unterbau an kleinen flexiblen und innovativen Unternehmen, die so maßgeblich zum Funktionieren einer Wirtschaft/Gesellschaft beitragen. Gerade die aktuelle Finanz- und Eurokrise (in der Deutschland vergleichsweise gut dasteht) hat einmal mehr gezeigt, wie sehr uns die ganze Welt um diesen Mittelstand beneidet, um die »produktive Basis«, das Rückgrat, das auch durch das duale Ausbildungssystem stark bleibt.

Damit diese Unternehmen auch in Zukunft bestehen und neue nachkommen können, brauchen wir eine Politik, die die richtigen Rahmenbedingungen schafft. Und das fängt bei der Bildung an. Wir brauchen:

- gute, integrative Schulen, die jedes Kind individuell fördern,
- ein durchlässiges Bildungssystem, das Wechsel ermöglicht,
- eine Neubewertung von praktischer und intellektueller Arbeit,
- Banken, die auch kleine Unternehmen zu guten Konditionen finanzieren,
- so wenig Bürokratie wie möglich und die Durchsetzung des Subsidiaritätsprinzips auf europäischer Ebene, Schluss mit dem Wahn, alles mit Brüsseler Standards bis ins Detail regeln zu wollen,

- eine Entlastung des Faktors Arbeit, zum Beispiel über eine Ressourcensteuer,
- Städte und Kommunen, die den Mittelstand fördern – die »Großen« konzentrieren sich in der Regel auf einen Standort, es sind die vermeintlich »Kleinen«, die eine Region wirtschaftlich am Leben halten,
- ein gesellschaftliches Klima, das Firmenneugründungen begünstigt und die damit verbundenen Risiken abfedert.

Und last but not least: Die letzten Jahrzehnte haben auch bewiesen, dass mittelständische Unternehmen, eigentümergeführte und Familienunternehmen den meisten Kapitalgesellschaften etwas voraushaben. An ihrer Spitze stehen Menschen, die langfristig denken, Verantwortung übernehmen und die für die Folgen ihres Handelns persönlich geradestehen. Allein das führt in der Regel zu einem respektvolleren Umgang mit den Ressourcen – sei es Humankapital oder Naturkapital.

Im politischen Handeln sowohl konservativer als auch sozialdemokratischer Akteure scheint aber nach wie vor die Großindustrie den Ton anzugeben. Es sind noch immer Banker und Manager großer Unternehmen, die in den Kanzlerämtern und Ministerien ein und aus gehen, ihre Forderungen deponieren und mit »Auswanderung« drohen. Die Folgen dieses Lobbyismus sind offensichtlich.

Eine wirklich gute Mittelstandspolitik müsste das Kapital privater Unternehmen stärker begünstigen, die Arbeit steuerlich entlasten, vor allem aber Strukturen schaffen, die regionale Produktion für regionalen Konsum ermöglichen. Diese Förderung könnte durch Abgaben auf Derivate, Fonds, Anleihen, Devisen und Aktien gegenfinanziert werden. Das österreichische Wirtschaftsforschungsinstitut WIFO hat 2008 geschätzt, dass bereits bei einer Anhebung des derzeitigen Steuersatzes auf solche Finanzprodukte um 0,01 Prozent in Europa Mehreinnahmen in einer Größenordnung von rund 80 Milliarden Euro erzielt werden könnten. Bei einer globalen Einführung beliefe sich das Plus auf rund 250 Milliarden Euro. Geld, das sinnvoll investiert werden könnte, sofern die Rahmenbedingungen stimmen bzw. entsprechend geschaffen werden.

Den Fortschritt neu messen

Es geht also darum, anders zu fördern, neue Ziele zu setzen und Instrumente zu schaffen, damit das Erreichen dieser Ziele auch überprüft werden kann. Wenn das BIP aus den genannten Gründen nicht mehr die Maßgabe allen Strebens sein soll – was kann an seine Stelle treten?

An breiteren Sets an Indikatoren wird heute überall gearbeitet. Am prominentesten war wohl die vom damaligen französischen Präsidenten Sarkozy eingesetzte Kommission um die beiden Nobelpreisträger Joseph Stiglitz und Amartya Sen. Sarkozy ist sicher kein Grüner, aber er hat frühzeitig erkannt, dass die Politik nicht länger auf die hohlen Versprechungen von mehr Wachstum setzen kann. Der Stiglitz-Report betont, dass das BIP und viele andere statistische Indikatoren heute nicht mehr ausreichen, um die Entwicklung einer Gesellschaft umfassend zu beurteilen, und daher zu einer falschen Politik verführen. Statistiken über Wachstum, Arbeitslosigkeit oder Inflation haben oft nichts mit dem zu tun, was BürgerInnen als Wohlstandsgewinn oder -verlust empfinden. Die Experten empfehlen, dem Wohlbefinden (*well being*) mehr Aufmerksamkeit zu widmen, und schlagen unter anderem vor, alle Verteilungsfragen (Einkommen, Vermögen und Konsumkraft) stärker in die Bewertung mit einzubeziehen. Sie zeigen auch auf, dass ein BIP-Zuwachs keineswegs mehr Wohlstand bedeutet, wenn er einfach nur der Tatsache geschuldet ist, dass Tätigkeiten, die früher in den privaten Haushalten erledigt wurden, zum Gegenstand von neuen Geschäftsfeldern werden. Und sie verweisen darauf, dass auch Freizeit ein Wohlstandsindikator ist. Wohlstand hat demnach viele Dimensionen. Neben dem materiellen Lebensstandard gehören auch Gesundheit, Bildung, die Möglichkeit, sich politisch zu betätigen, soziale Verbindungen und eine stabile Gemeinschaft, eine intakte Umwelt und Sicherheit (ökonomisch und physisch) dazu. Vor allem aber hängt laut Stiglitz und anderen Experten Lebensqualität davon ab, dass alle Mitglieder einer Gesellschaft die Verwirklichungschancen (*capabilities*) vorfinden, die sie für ein gutes Leben brauchen.

Damit all dies in neue Messverfahren einfließen kann, empfehlen die Experten, bei statistischen Erhebungen die subjektiven Befindlichkeiten und Einschätzungen der Menschen stärker zu berücksichtigen.

Auch die OECD hat einen Vorschlag gemacht, wie man solche »weichen« Indikatoren besser integrieren könnte, ebenso das österreichische Statistische Amt und einige NGOs wie die Initiative Gemeinwohlökonomie oder das Ökosoziale Forum. Die meisten Konzepte haben aber den Nachteil, dass sie weit übers Ziel hinausschießen. Sie umfassen statt der einen bislang gültigen und magischen BIP-Zahl zehn, zwanzig oder mehr Indikatoren – in der Praxis lässt sich das nicht bewältigen.

Den aus unserer Sicht vielleicht besten Vorschlag hat schon vor Jahren die europäische Kommission vorgelegt – ohne jedoch bis heute die dafür notwendigen Zahlen zu präsentieren.

»Das BIP und mehr« heißt das Konzept bezeichnenderweise. Es sieht vor, neben das BIP einen Indikator für Lebensqualität und einen für Umweltverbrauch zu stellen. Also insgesamt nur drei Indikatoren. Abgesehen von den fehlenden Zahlen – die zu liefern ist auch deshalb so schwierig, weil in einem internationalen Abstimmungsprozess alle Länder immer gleich darauf schauen, wie sie in einem neuen Ranking abschneiden, und dann versuchen, das Konzept in einem für sie positiven Sinn zu ändern – gab es jede Menge Kritik. Die Umwelt sei ja viel zu komplex, als dass sie sich in *einer* Zahl ausdrücken ließe. Das gelte ebenso für die Lebensqualität. Diese Einwürfe sind sicher berechtigt, sie würdigen allerdings nicht, dass dies bereits ein wichtiger Fortschritt im Vergleich zum jetzigen System wäre. Denn bislang ist das BIP der alleinige Maßstab und addiert lediglich Zahlen. Wir sollten den Experten also etwas Zeit geben bei der Entwicklung von Indikatoren, die in Zukunft das BIP als Maßstab ersetzen oder zumindest flankieren können.

Unser eigener Vorschlag zu dieser neuen Maßeinheit orientiert sich stark an diesem Vorschlag und umfasst ebenfalls drei Indikatoren: das Bruttoinlandsprodukt für die Wirtschaft, den gesamten Ressourcenverbrauch für die Umwelt und die gefühlte Lebensqualität für die Menschen. Unsere Vision ist, dass sich diese drei Faktoren bald schon in den Programmen der politischen Parteien wiederfinden und in den Medien und an den Stammtischen diskutiert werden.

Wirklich Sinn macht ein solches Indikatoren-Set nur, wenn es auf Zielen basiert, die eine Gesellschaft auch anstreben möchte. Umgekehrt gilt: Ziele, deren Erfüllung nicht kontrolliert werden kann, sind nicht viel wert. Die Festlegung von Zielen bedarf also nicht nur eines gesellschaftlichen und politischen Prozesses; sie müssen auch auf kleine Einheiten (etwa Bundesländer oder Ge-

meinden bis hin zum Beitrag des oder der Einzelnen) herunter-
gebrochen und global hochgerechnet werden können. Denn ein
langfristiger Erfolg ist nur möglich, wenn sich diese neuen Standards international etablieren.

Kapitel 18

Die globale Dimension

Für die Armut, die wir in vielen Regionen der Welt beklagen, tragen wir eine große Mitverantwortung. 30.000 Kinder sterben täglich an Hunger, den Folgen schmutzigen Wassers und vermeidbaren Krankheiten; das sind knapp 11 Millionen pro Jahr. Alle 30 Sekunden stirbt ein Mensch an Malaria, 1 Million Tote pro Jahr. 1,4 Milliarden Menschen müssen mit weniger als 1 US-Dollar pro Tag auskommen, 2,6 Milliarden mit weniger als 2 US-Dollar. Mehr als ein Viertel der Kinder in Entwicklungsregionen sind unter- oder mangelernährt. Von den knapp 9 Milliarden Menschen, die 2025 auf der Erde leben werden, werden nach UN-Angaben 1,8 Milliarden keinen Zugang zu sauberem Trinkwasser haben. Und das Vermögen der drei reichsten Menschen entspricht dem der 48 ärmsten Länder.

All das sind Folgen eines Systems, das vom Egoismus und der Gier der reichen Länder angetrieben wurde. Die heutige »Arbeitsteilung« zwischen den früh industrialisierten Ländern, den aufstrebenden Industrienationen und den Armutsregionen dieser Erde (vor allem in Afrika) ist nicht durchhaltbar. Auch nicht für uns. Experten, die sich mit einer nachhaltigen Neugestaltung der Weltbeziehungen befassen, fordern daher zu Recht endlich die Verwirklichung der Millenniumsentwicklungsziele der UNO anzugehen. Im Jahr 2000 vereinbarten 189 Staaten weltweite Entwicklungsziele, die bis 2015 realisiert sein sollten. Nur noch halb so viele Menschen sollten Hunger leiden und von weniger als 1 US-Dollar leben müssen. Alle Kinder sollten Zugang zu Bildung erhalten, die Kindersterblichkeitsrate sollte drastisch gesenkt werden, generell sollte eine bessere medizinische Versorgung Epidemien und Krankheiten eindämmen. Und natürlich stand auch der Zugang zu sauberem Wasser auf der Agenda. Dazu noch ein faires Welthandels- und Weltfinanzsystem, das bei der Überwindung von Armut und/oder Entschuldung hilft.

Alles in allem ambitionierte, richtige Vorhaben – die, aber so wie es aussieht, deutlich verfehlt werden dürften.

Im Jahr 2009 wurden 119,6 Milliarden US-Dollar für Entwicklungszusammenarbeit aufgewendet. (Zum Vergleich: Die Rüstungsausgaben allein der USA lagen 2012 bei 682 Milliarden Dollar.) Damit die Millenniumsziele wenigstens in Teilen erreicht werden können, müssten die Mittel bis 2015 auf 189 Milliarden US-Dollar pro Jahr steigen. Die UNO empfiehlt allen Geberländern, die Summe auf 0,7 Prozent ihres BIP zu erhöhen. Die Global-Marshall-Plan-Initiative, die sich für eine noch deutlichere Erhöhung der Mittel einsetzt, weist in diesem Zusammenhang darauf hin, dass der Marshall-Plan, mit dem die USA Europa (maßgeblich Deutschland) nach dem Ende des Zweiten Weltkriegs unterstützt hat, mit 1,3 Prozent des Bruttoinlandsprodukts deutlich höher lag als die von der UNO empfohlene Größenordnung. Wenn man bedenkt, dass die USA, China und Russland 2012 allein für Rüstung 938 Milliarden US-Dollar ausgaben, bekommt man eine Ahnung, dass die Millenniumsziele sehr wohl finanzierbar wären. Es scheint also eher am Willen zu mangeln.

Viele der armen Länder haben nur dann überhaupt eine Zukunft, wenn wir sie entschulden. Auch hier sind wir mitverantwortlich für die Misere. Durch die unverantwortliche Vergabe von Krediten an Staaten, deren Eliten und Regierungen das Geld sofort in die eigenen Taschen umgeleitet haben. Durch die mangelnde Kontrolle des Verbleibs von Entwicklungsgeldern, die nach der Auszahlung nicht etwa der Bevölkerung zugutekamen, sondern illegal wieder aus dem Land flossen. Und natürlich durch die Import-Export-Strategie der reichen Länder.

Damit hier ein Riegel vorgeschoben werden kann, braucht es einen nachhaltigen Ordnungsrahmen für die Weltwirtschaft. Die bestehenden globalen Regelwerke etwa der Welthandelsorganisation WHO, des Internationalen Währungsfonds, der Weltbank oder der UNO (um nur einige zu nennen) begünstigen große Unternehmen der globalen Ökonomie mehr, als dass sie für bessere Strukturen in Afrika oder Asien sorgen würden. Hinzu kommt, dass wir mit unseren (subventionierten) Exporten lokale Märkte zerstören. Nur weil wir so gerne Hühnerbrüste essen, werden Tonnen von Hühnerbeinen und -flügeln nach Afrika exportiert. Unsere »Hühnerabfälle« sind so billig zu haben, dass die lokalen Fleischproduzenten, die kleinen Geflügelfarmer in die Knie gehen. Gleiches gilt für die Klamotten, die wir aus unseren überfüllten Kleiderschränken entsorgen und die später auf Märkten in Afrika zu kaufen sind. Auch diese Stücke sind günstiger als das, was vor Ort hergestellt wird.

Von der Kolonialisierung bis heute hat der Westen direkt und indirekt die Rahmenbedingungen diktiert, unter denen sich die meisten armen Länder dieser Erde weiterzuentwickeln haben. Wir haben davon profitiert, dass die Welt unserem Entwicklungsmodell unterworfen wurde, ob sie es wollte oder nicht. Die Brutalität, mit der wir das alles durchgesetzt haben, ist immens. Wenn wir nun zu der Einsicht gelangen, dass es so nicht weitergehen kann, sollten wir uns davor hüten, wieder »von oben herab« zu agieren und Almosen zu verteilen. Wir hängen alle voneinander ab, die Welt rückt näher zusammen, wir sind insofern eine große Entwicklungsgemeinschaft, die Probleme nur gemeinsam lösen kann. Entwicklungszusammenarbeit in diesem Sinne meint, dass wir alles dafür tun, unsere Partner in die Lage zu versetzen, sich selbst helfen zu können, und Strukturen aufzubauen, die sie von uns unabhängig machen. Es geht um Ermächtigung, darum, in diesen Ländern Rahmenbedingungen zu schaffen, damit sich die Bevölkerung mit all ihren Kompetenzen und Fähigkeiten entfalten kann.

Die Global-Marshall-Plan-Initiative fordert daher unter anderem:

- die Anwendung aller grundlegenden wirtschaftlichen, sozialen und kulturellen Menschenrechte weltweit,
- die Einhaltung der Standards der Weltarbeitsorganisation (ILO),
- die Gleichbehandlung von Mann und Frau,
- ein weltweites Verbot von Kinderarbeit,
- die Einhaltung der internationalen Umwelt- und Naturschutzabkommen wie zum Beispiel die Biodiversitätskonvention, das Washingtoner Artenschutzübereinkommen oder die Vereinbarungen der internationalen Klimaschutzprotokolle.

Globale Gerechtigkeit zu schaffen ist nicht nur eine Frage des Respekts und der Achtung der Menschenwürde, sie ist auch eine Frage des Friedens auf der Welt.

Kapitel 19

Der Weg entsteht beim Gehen

Man braucht ein Ziel, eine Vision, damit man sich überhaupt in Bewegung setzt. Wir haben gesehen, dass wir nicht länger untätig auf dem Sofa verharren können. Was also wäre unsere Vision, zum Beispiel für die Welt im Jahr 2020? So sieht sie aus:

Seit der Finanzkrise, die 2008 ihren Ausgang nahm, ist die Wirtschaft in Europa und den meisten anderen OECD-Ländern nicht mehr nennenswert gewachsen. Es kam aber auch zu keiner Depression. Der materielle Wohlstand hat sich aufgrund der zunehmenden Ausstattung mit langlebigen Konsumgütern weiter erhöht, obwohl das Pro-Kopf-Jahreseinkommen in etwa konstant blieb. Die Einkommensunterschiede innerhalb der Gesellschaft haben sich verringert. Die Menschen nehmen dies alles als stetige Erhöhung der Lebensqualität wahr, wie aus regelmäßigen Befragungen hervorgeht.

Das Bildungssystem bietet Kindern und Erwachsenen gerechte Chancen und fördert alle Talente. Auf die kreativen Potenziale wird stets besonders geachtet. Alle Bildungswege sind transparent und durchlässig, lebensbegleitendes Lernen ist eine Selbstverständlichkeit geworden. Beschäftigungsfähigkeit ist daher in einem umfassenden Sinn gesichert. Die Menschen sind bei längerer und besserer Gesundheit und bleiben so lange aktiv und in Beschäftigung, wie es ihnen guttut. Kreativität und Bildung haben einen hohen Stellenwert als Schlüsselfaktoren für Innovation und in weiterer Folge für wirtschaftlichen Erfolg.

Weltweit hat sich der Anteil derer, die sehr wohlhabend sind, von 20 auf 33 Prozent erhöht. Ein weiteres Drittel verdient im Durchschnitt davon die Hälfte, das restliche Drittel nur 10 Prozent dessen, was die oberen 20 Prozent der Weltbevölkerung verdienen. Afrika ist wirtschaftlich immer noch weit abgeschlagen, weist aber Wachstumsraten auf, die vor zehn Jahren nur in Indien oder China möglich waren. Dort hat sich das Wirtschaftswachstum auf 3 bis 5 Prozent per annum »normalisiert«. Das Pro-Kopf-Einkommen liegt in den meisten Regionen Asiens allerdings nach wie vor deutlich unter dem in Europa.

Möglich war diese alles in allem positive Entwicklung auch durch eine dramatische Erhöhung der Ressourceneffektivität; seit einigen Jahren sinkt der weltweite Ressourcenverbrauch kontinuierlich. Dafür waren weitreichende technologische, gesellschaftliche und wirtschaftspolitische Veränderungen nötig. Bei der Weltfinanzkonferenz, die im April 2020 in London stattfand, wurde erstmals ein Modell aufgegriffen, das die Weltgeldmenge an den über die Zeit planmäßig sinkenden Weltressourcenverbrauch koppelt – ein Plan, der das Kyoto-Protokoll von 2012 abgelöst hat.

Darüber hinaus wurden nationale Zentralbanken in ihrer Geldpolitik gegenüber den Banken gestärkt (in Europa die EZB) sowie ein blühendes Regionalwährungssystem gefördert. So konnte der (Finanz-)Kapitalismus, der sich um die Jahrtausendwende zu einem unnachhaltigen Turbokapitalismus verselbstständigt hatte, gezähmt und auf ein nachhaltiges Niveau zurückgeführt werden.

Wirtschaftspolitisch ist es gelungen, die Zahl der Arbeitsplätze auf hohem Niveau zu halten; immer mehr Unternehmen gingen (unterstützt durch eine entsprechende Arbeitsmarkt- und Konjunkturpolitik) dazu über, Produktivitätsfortschritte in kürzeren und gleichzeitig flexibleren Arbeitszeiten abzugelten. Heute liegt der Zielwert eines Normalarbeitsplatzes bei ca. 60.000 Erwerbsarbeitsstunden pro Lebensspanne. Die Schaffung von Lebensarbeitszeitkonten haben die früher sozialpolitisch relevanten »Durchrechnungszeiträume« in der Pensionsversicherung abgelöst. Die aufeinander abgestimmte Sozialpolitik Europas befindet sich derzeit in der Übergangsphase zu einem bedingungslosen Grundeinkommen in Höhe von 750 bis 1000 Euro, das als negative Einkommensteuer in Verbindung mit einer »flat tax« von 25 Prozent mit geringem Verwaltungsaufwand umgesetzt werden kann.

Das Steueraufkommen wird heute zum Teil aus einer Ressourcensteuer finanziert. Dem Modell einer Ressourcen-Input-Steuer haben sich praktisch alle OECD-Länder, auch Russland und China, angeschlossen. Neben der direkten Ressourcenentnahme innerhalb dieser steuerharmonisierten Zone garantiert ein Grenzausgleichsmechanismus die Fairness und Effizienz gegenüber dem »Rest der Welt«. Dieser Mechanismus basiert auf einem System, das es ermöglicht, für alle gehandelten Produkte den spezifischen Ressourcenverbrauch (von der Produktion bis zur Entsorgung) anzugeben; er ist auch in der Produktinformation aufgeführt. So weiß heute jedes Kind, welchen ökologischen Rucksack ein Glas Erdbeermarmelade oder ein T-Shirt hat.

Ein starker gemeinwirtschaftlicher Sektor unterstützt Menschen, die am Arbeitsmarkt teilnehmen wollen, aber aus gesundheitlichen oder anderen Gründen auf Probleme stoßen. Wobei der Begriff »Arbeitsmarkt« heute völlig anders verstanden wird: Nur rund 10 Prozent der Lebenszeit sind heute noch mit Erwerbsarbeit ausgefüllt. 1950 lag dieser Wert bei Männern noch doppelt so hoch. Eigen-, Versorgungs- und Gemeinschaftsarbeit leisten einen wichtigen Beitrag zur allgemeinen Lebensqualität und erfreuen sich höchster Wertschätzung.

Sieben politische Forderungen

Ist das alles nur eine schöne Utopie? Oder könnte die Welt im Jahr 2020 tatsächlich so aussehen? Wir glauben: Das ist möglich!

Die sieben aus unserer Sicht wichtigsten politischen Maßnahmen, die dafür den Weg bereiten würden, haben wir hier noch einmal zusammengefasst.

Ökologische Steuerreform:
- Ressourcenverbrauch verteuern und den Faktor Arbeit von Steuern und Abgaben entlasten,
- alle in die Finanzierung der Rente und des Gesundheitswesens einbeziehen,
- Umstieg von einer Steuerfinanzierung der sozialen Sicherungssysteme auf eine Konsumbesteuerung – die soziale Komponente ergibt sich durch ein Bürgergeld oder Grundeinkommen.

Finanzmarkt:
- Umbau der Finanzmärkte und Entschuldung,
- Geldschöpfung darf nur beim Staat/der Zentralbank liegen. Alle Kredite müssen über das Vollgeldsystem abgesichert sein. Dies bedeutet auch: Entschuldung der Staaten auf Kosten der Banken und des Finanzsystems. Alle nicht werthaltigen Forderungen müssen abgeschrieben werden.
- Der Zinsdruck auf die Märkte und auf die Bevölkerung muss schnell und nachhaltig gesenkt werden.

Grundeinkommen:

- Da wir unser Sozialprodukt schon heute mit 20 bis 25 Stunden pro Kopf und Woche erarbeiten und eine Grundsicherung bereits existiert, können wir es uns leisten, unsere sozialen Sicherungssysteme in ein bedingungsloses Grundeinkommen zu überführen, das es allen BürgerInnen erlaubt, die Arbeit, die sie leisten wollen, nach ihren Bedürfnissen auf ihre Lebenszeit zu verteilen. Das Grundeinkommen ersetzt alle anderen Sozialleistungen – insbesondere alle Arten von Ersatzrenten, die heute zur Vermeidung von Altersarmut im Gespräch sind. Das Grundeinkommen belohnt gute Arbeit, macht schlechte Arbeit teurer und ermöglicht es, familiäre und soziale Aufgaben mit beruflichen Anforderungen zu verbinden.

Arbeitsmarkt- und Gesundheitsreform:

- Wir können die notwendige Erwerbsarbeit gerecht auf alle Generationen verteilen und die Arbeitswelt so gestalten, dass wir möglichst lange gesund bleiben. Die Arbeitswelt selbst und ein übertrieben technisiertes Gesundheitswesen machen uns krank. Weniger Ungleichheit und mehr Gerechtigkeit trägt heute mehr zur Gesundheit der Menschen bei als technischer Fortschritt. Deshalb müssen wir dort investieren.
- Das heißt konkret: Schaffung von Lebensarbeitszeitkonten, die die Chance eröffnen, Arbeit, Leben, Familientätigkeiten und lebenslanges Lernen besser zu verbinden.

Mittelstandspolitik:
- Vor allem der Mittelstand, also das Handwerk und kleinere regionale und unternehmergeführte Betriebe, sollte gefördert werden. Sie sind heute schon stärker um Nachhaltigkeit bemüht und übernehmen in der Regel Verantwortung für ihre Mitarbeiter. Wir brauchen ihre Innovationsfähigkeit und ihre Schwarmintelligenz.

Wohlstand neu messen:
- Weil man nur beurteilen und steuern kann, was man beschreiben und messen kann, brauchen wir andere Indikatoren, die uns und der Politik den Weg weisen. Wir schlagen drei vor: das Bruttoinlandsprodukt, den Ressourcenverbrauch und die Lebensqualität.

Globales:
- Wir brauchen faire Handelsbeziehungen, die helfen, die soziale und ökonomische Unwucht zwischen den Weltregionen auszugleichen.
- Das wird auch Folgen für die heimische Industrie und die Landwirtschaft haben; diese können abgemildert werden, indem sich beide Bereiche in Richtung mehr Nachhaltigkeit weiterentwickeln. Für die Industrie bedeutet das, mehr Know-how zu generieren, für die Landwirtschaft mehr Verantwortung für die Natur und eine höhere Wertschöpfung durch die Vermeidung von Monokulturen; außerdem weniger Fleischproduktion, mehr Energiepflanzen und nachhaltige Baustoffe.

FAQs: Einwände und Erwiderungen

Aus den vielen Gesprächen, die wir inzwischen mit Menschen zu diesem Thema geführt haben, kennen wir die am häufigsten gestellten Fragen zu dieser vermeintlichen Utopie und auch die Einwände dagegen. Hier unsere am häufigsten gegebenen Antworten:

Das können wir uns nicht leisten ...

Bei kurzfristiger Betrachtungsweise mag das so aussehen. Wählt man dagegen eine Perspektive über mehrere Jahrzehnte und berücksichtigen wir Kosten des Wachstums auf sozialem wie ökologischem Gebiet, stellen sich die Dinge ganz anders dar. Richtig betrachtet lohnt sich eine nachhaltige Investition sehr wohl, sie rentiert sich sogar recht schnell.

Dann sind wir nicht mehr konkurrenzfähig ...

In einer globalisierten Welt müssen vergleichbare Standards letztlich überall herrschen. Aber Veränderungen kommen nicht von alleine. Und ohne Vorreiter geht es nicht. Ein Blick in die Geschichte der europäischen Sozialgesetzgebung zeigt: Was uns heute als selbstverständlich erscheint (z.B. die 38,5-Stunden-Woche, Betriebsräte oder Renten, die an steigende Löhne gekoppelt sind), musste hart erkämpft werden und hat dem Wirtschaftsstandort Deutschland oder Österreich letztlich nicht geschadet. Im Gegenteil: Gerade im Wettbewerb um gut qualifizierte Arbeitskräfte kann es sogar zum Vorteil werden.

Dadurch gehen doch Arbeitsplätze verloren ...

Die Maßnahmen, die wir vorschlagen, sollen zu einer Reduzierung der Arbeitszeit führen. So werden die Menschen entlastet. Weniger Konsum führt natürlich dazu, dass weniger produziert wird und dass wir weniger Supermärkte brauchen. Dafür entstehen im Umweltsektor neue Arbeitsplätze. In der Summe ändert sich beim Beschäftigungsgrad nur wenig – aber die Veränderungen in der Arbeitswelt helfen uns dabei, glücklicher und gesünder zu leben.

Was geht mich das an, mir geht's doch gut ...

Die Verhältnisse werden sich ändern, so oder so. Man kann die Dinge natürlich auf sich zukommen lassen – unangenehme Überraschungen sind dabei kaum zu vermeiden. Ist es da nicht klüger, zu versuchen, die Prozesse mitzugestalten? Und wenn das alleine nicht geht, sollte man sich Mitstreiter suchen. Die Geschichte der Sozialstaaten spricht übrigens in Sachen »soziale Unterschiede« eine deutliche Sprache. Es ist erwiesen, dass egalitäre Gesellschaften mit geringen Einkommensunterschieden weniger krisenanfällig sind und sich die Menschen dort wohler fühlen und seltener krank werden.

Warum soll gerade ich vorangehen ...

Wer sonst? Kleine Gruppen können viel bewegen. Der Kampf gegen die Sklaverei ist hier ein beeindruckendes historisches Beispiel. Ohne den Mut des Einzelnen geht es nicht. Jede soziale Bewegung hat mit dem Engagement weniger begonnen. In den letzten Jahren hat sich hier sehr viel getan: von Occupy über

Initiativen, die sich gegen das Wegwerfen von Lebensmitteln wehren, hin zur Transition-Town-Bewegung, den Agenda-21-Initiativen usw. In der heutigen Situation ist entscheidend, dass die Menschen erkennen, dass ein »Weiter so!« nicht möglich ist. Jeder kann seinen Beitrag dazu leisten, und sei es, dass er nur im Familien- oder Freundeskreis einen kleinen Dominoeffekt auslöst.

Setzen wir uns also Ziele, deren Umsetzung nicht auf Kosten anderer geht. Seien wir ehrgeizig in Bezug auf unsere eigene persönliche Entwicklung und hinterfragen wir uns immer wieder, wie wir leben wollen. Arbeiten wir an uns, an der Entfaltung unserer Sinne, an unserer Bildung, an unseren individuellen Fähigkeiten. Machen wir uns unabhängiger von den Dingen und von dem Ehrgeiz, der sich auf Geld, Leistung und Konkurrenz bezieht. Emanzipieren wir uns vom Diktat der Märkte und werden vom Konsumtrottel zum aktiven Kunden, der mit wohl überlegten Einkäufen Zeichen setzt. Engagieren wir uns und werden so aktiver Teil unserer Bürgergesellschaft. In unserem Dorf, unserem Stadtteil, unserer Region. Es lohnt sich, sich für eine solide kommunale Infrastruktur einzusetzen. Verlangen wir von der Politik – vor Ort und im Land –, Schluss zu machen mit den falschen Versprechungen vom ewigen Wachstum und endlich Ernst zu machen mit den Vorbereitungen für die Zeit »danach«, in der wir längst drinstecken. Und vor allem: Fürchten wir uns nicht. Es gibt keinen Grund dafür!

Ein System oder eine Gesellschaft mag ausgewachsen sein und an seine/ihre Grenzen stoßen: Stillstand wird es dennoch nicht geben, wenn wir uns weiterentwickeln. Wenn wir die notwendigen strukturellen Veränderungen angehen und sie nicht weiter auf die lange Bank schieben – aus Angst vor Einschränkungen, vor der nächsten Wahl, den Lobbyisten, den Finanzmärkten, der Industrie ... Wir glauben: Nicht wachsen muss nicht automatisch wehtun! Wenn wir die notwendigen Reformen bei den Staatsausgaben, in der Arbeitswelt und an den sozialen Sicherungssystemen vorgenommen haben, darf das BIP sogar schrumpfen. Zumal wir heute schon kein Mengenproblem haben, sondern »nur« ein Verteilungsproblem. Um noch einmal den Vergleich mit dem Kuchen zu bemühen: Ja, der Kuchen könnte in Zukunft kleiner und definitiv anders aussehen – aber er wird weiterhin nahrhaft sein und mehr Menschen zur Verfügung stehen. Weil wir in den Industriegesellschaften den Wert der Dinge, der Nahrung und der guten Arbeit hoffentlich wieder zu schätzen wissen. Denn wenn wir nicht mehr so schnell wachsen müssen, dann können wir es uns leisten, Dinge herzustellen, die langlebig sind und von hoher Qualität. Mit unserem Konsumverhalten können wir genau hier ansetzen.

Eine Wirtschaft, die nicht mehr wächst, würde übrigens keineswegs bedeuten, dass unsere privaten Einkommen oder die unserer Kinder nie mehr wachsen. Junge Menschen werden auch in Zukunft mit moderaten Einstiegsgehältern anfangen und sich im Laufe der Zeit finanziell weiterentwickeln.

Technischen Fortschritt wird es auch in Zukunft geben. Nur die Richtung wird eine andere, eine nachhaltigere sein. Wir werden unser Augenmerk darauf legen, dass am Ende nicht mehr, sondern weniger verbraucht wird – bei gleichem oder sogar wachsendem Nutzen für uns und die Welt.

Weil die Wachstumsfalle, in die wir uns hineinmanövriert haben, hausgemacht ist, können wir mit den richtigen Rezepten auch wieder einen Weg hinausfinden. Wir BürgerInnen haben die Möglichkeit, die Hebel umzulegen, wenn wir nur wollen.

Wir haben nicht nur alles, was wir brauchen – wir haben mehr als das. Wir haben das Know-how, die Technologien, das Geld …, um den Übergang zu organisieren. Wenn nicht wir, wer dann? Wenn nicht jetzt, wann dann?

Wir können unser Geld in die Region und in nachhaltige Investitionen hier und überall auf der Welt stecken. Wir können anders arbeiten und leben, und es wird uns guttun. Wir können mehr miteinander und füreinander machen statt gegeneinander. Natürlich wird es nicht jedem jederzeit leichtfallen, seinen Egoismus zurückzustellen und das Wohl seiner Mitmenschen und der nachfolgenden Generationen als seine Verantwortung anzuerkennen und sich entsprechend zu verhalten. Aber es lohnt sich, es wenigstens zu probieren. Wir werden entdecken, wie erfindungsreich und kreativ Menschen sind, sobald ihnen eine Grenze gesetzt wird, an der sie sich abarbeiten dürfen. Wir werden selbst die Erfahrung machen, wie befriedigend es sein kann, wenn uns die gebratenen Tauben nicht mehr einfach nur so in den Mund fliegen, wenn wir nicht alles als selbstverständlich betrachten. Niemand braucht frische Erdbeeren im Winter, wenn der Vorratsschrank voll mit Erdbeermarmelade ist. Niemand braucht 300 unterschiedliche Fertiggerichtpulver, Frischkäse mit Dönergeschmack, zehn Meter lange Regale voller Süßigkeiten, die uns krank machen, und Schuhe, die uns die Füße und den Rücken ruinieren.

Luxus hat viele Gesichter – in Zukunft wird Luxus vielleicht in einem völlig neuen Gewand daherkommen: mit einem Weniger an Quantität, aber einem Mehr an Qualität, was Dinge und Nahrung angeht. In Form von besserer Bildung und Gesundheit, einem ausgewogeneren Nebeneinander von Arbeit und Freizeit.

Es gibt so viel mehr, als wir es uns heute, hineingepresst in ein System aus Wachstums- und Leistungsdruck, vorstellen können. Oder, wie es schon Ludwig Erhard 1957 in seinem Buch *Wohlstand für alle* formulierte: »Wir werden sogar mit Sicherheit dahin gelangen, dass zu Recht die Frage gestellt wird, ob es noch immer richtig und nützlich ist, mehr Güter, mehr materiellen Wohlstand zu erzeugen, oder ob es nicht sinnvoller ist, unter Verzichtleistung auf diesen ›Fortschritt‹ mehr Freizeit, mehr Besinnung, mehr Muße und mehr Erholung zu gewinnen.«

Dem ist auch über fünfzig Jahre später kaum etwas hinzuzufügen – außer vielleicht: Unterm Pflaster war schon immer der Strand. Wir sollten uns die Mühe machen, diesen Schatz endlich zu heben!

Literatur

Aachener Stiftung Kathy Beys: Ressourcenproduktivität als Chance. Ein langfristiges Konjunkturprogramm für Deutschland, Books on Demand, Aachen 2005

Clayton Alderfer: The Practice of Organizational Diagnosis, Theory and Methods, Oxford University Press, Oxford 2010

Rudi Anschober: Das grüne Wirtschaftswunder. Wie die Energiewende funktioniert und wie jeder davon profitiert, Ueberreuter, Berlin 2011

Christine Ax: Die Könnensgesellschaft. Mit guter Arbeit aus der Krise, Rhombos, Berlin 2009

Christine Ax: Das Handwerk der Zukunft. Leitbilder für nachhaltiges Wirtschaften, Birkhäuser, Berlin 1997

Christine Ax, Arne Engelbrecht, Jochen Gros: Fertigung im Netzwerk. Handwerk als Hersteller kundenindividueller Produkte, Oekom, München 2003

Willy Bierter: »Mehr autonome Produktion – weniger globale Werkbänke. Mit einem Blick in die Zukunft« – Bericht von der Alternativen Weltwirtschaftskonferenz im Jahre 2003, C.F. Müller, Karlsruhe 1986

Willy Bierter, Uta von Winterfeld: Zukunft der Arbeit – welcher Arbeit? Wuppertal Texte, Stuttgart 1998

Hans Christoph Binswanger: Die Wachstumsspirale. Geld, Energie und Imagination in der Dynamik des Marktprozesses, Metropolis, Marburg 2006

Mathias Binswanger: Die Tretmühlen des Glücks: Wir haben immer mehr und werden nicht glücklicher. Was können wir tun? Herder, Freiburg 2006

Sebastian Brandl, Eckart Hildebrand: Zukunft der Arbeit und soziale Nachhaltigkeit. Zur Transformation der Arbeitsgesellschaft vor dem Hintergrund der Nachhaltigkeitsdebatte, Opladen 2002

Hans Bürger, Kurt W. Rothschild: Wie Wirtschaft die Welt bewegt. Die großen ökonomischen Modelle auf dem Prüfstand, Lesethek, Wien 2009

Mihaly Csíkszentmihályi: Flow im Beruf. Das Geheimnis des Glücks am Arbeitsplatz, Klett-Cotta, Stuttgart 2004

Monika Dittrich, Stefan Giljum, Stephan Lutter, Christine Polzin: Green Economies around the World? SERI-Studie, Wien 2012, www.seri.at

Richard Douthwaite: The Ecology of Money, in: Schumacher Briefings, Green Books, Cambridge 1999

Enquete-Kommission: Wachstum, Wohlstand, Lebensqualität. Wege zu nachhaltigem Wirtschaften und gesellschaftlichem Fortschritt in der Sozialen Marktwirtschaft (Schlussbericht), Berlin 2013, www.bundestag.de

Ludwig Erhard: Wohlstand für alle, Econ, Düsseldorf 1957

Christian Felber: Die Gemeinwohl-Ökonomie, Deuticke, Wien 2012

Erich Fromm: Haben oder Sein. Die seelischen Grundlagen einer neuen Gesellschaft, DVA, Stuttgart 1976

Anneliese Fuchs, Alexander Kaiser (Hrsg.): Der Ausbruch aus dem Hamsterrad. Werkzeuge zur harmonischen und befriedigenden Verbindung von Leben und Arbeit, Böhlau, Wien 2010

Ralf Fücks: Intelligent wachsen. Die grüne Revolution, Hanser, München 2013

Orio Giarini, Walter Stahel: Die Performance-Gesellschaft, Metropolis, Marburg 2000

Hans-Böckler-Stiftung: »Wege in eine nachhaltige Zukunft«. Ergebnisse aus dem Verbundprojekt Arbeit und Ökologie, Düsseldorf 2000

Susanne Hartard, Alex Schaffer, Carsten Stahmer: Die Halbtagsgesellschaft – konkrete Utopie für eine zukunftsfähige Gesellschaft, Nomos, Baden-Baden 2006

Friedrich Hinterberger: Monetäre Verteilungspolitik, Duncker und Humblot, Berlin 1990

Friedrich Hinterberger, Fred Luks, Markus Stewen: Ökologische Wirtschaftspolitik, Birkhäuser, Basel 1996

Friedrich Hinterberger, Harald Hutterer, Ines Omann, Elisabeth Freytag (Hrsg.): Welches Wachstum ist nachhaltig? Ein Argumentarium, Mandelbaum, Wien 2009

Friedrich Hinterberger (et al.): Green Growth. From Labour to Resource Productivity Best Practice, Examples, Initiatives and Policy Options, herausgegeben von UNIDO, Paris 2013

Michael Hüther: Die disziplinierte Freiheit. Eine neue Balance von Markt und Staat, Murmann, Hamburg 2011

Ivan Illich: Energy and Equity, Marion Boyars, London 1974

Tim Jackson: Wohlstand ohne Wachstum. Leben und Wirtschaften in einer endlichen Welt, Oekom, München 2011

Jill Jäger: »Was verträgt unsere Erde noch? Wege in die Nachhaltigkeit«; in: Schriftenreihe Forum für Verantwortung, herausgegeben von Klaus Wiegandt, Frankfurt 2007

Lutz C. Kaiser: »Unbefristete Vollzeitbeschäftigung nach wie vor dominierende Erwerbsform in Europa«; in: *Wochenbericht DIW*, Berlin 2001

Richard Layard: Die glückliche Gesellschaft. Kurswechsel für Politik und Wirtschaft, Campus, Frankfurt am Main/New York 2009

Michael Lettenmeier (et al.): Suomen Ympäristö KotiMIPS, Kotitalouksien luonnonvarojen kulut ja sen pienentäminen, 43/2008, Helsinki 2008

Fred Luks: Die Zukunft des Wachstums. Theoriegeschichte, Nachhaltigkeit und die Perspektiven einer neuen Wirtschaft, Metropolis, Marburg 2013

Abraham H. Maslow: Motivation und Persönlichkeit, rororo, Reinbek 1981

Manfred Max-Neef, Antonio Elizalde, Martín Hopenhayn: Entwicklung nach menschlichem Maß. Eine Option für die Zukunft, Gesamthochschulbibliothek, Kassel 1990

Dirk Messner: Die Netzwerkgesellschaft. Wirtschaftliche Entwicklung und internationale Wettbewerbsfähigkeit als Probleme gesellschaftlicher Steuerung, Weltforum, Köln 1995

Klaus Michael Meyer-Abich: Was es bedeutet, gesund zu sein. Philosophie der Medizin, Hanser, München 2010

Meinhard Miegel: Exit. Wohlstand ohne Wachstum, Propyläen, Berlin 2010

Niko Paech: Befreiung vom Überfluss. Auf dem Weg in die Postwachstumsökonomie, Oekom, München 2012

Hans-Georg Petersen: Sozialökonomik, Kohlhammer, Stuttgart 1989

Jorgen Randers: 2052. Der neue Bericht an den Club of Rome. Eine globale Prognose für die nächsten 40 Jahre, München 2012

Wolfgang Sachs (et al.): Zukunftsfähiges Deutschland in einer globalisierten Welt, hrsg. von Brot für die Welt, eed und BUND, Fischer, Frankfurt am Main 2008

Gerhard Scherhorn: Geld soll dienen, nicht herrschen. Die aufhaltsame Expansion des Finanzkapitals, Picus, Wien 2009

Friedrich Schmidt-Bleek, Rainer Klüting, Ernst U. von Weizsäcker: Wieviel Umwelt braucht der Mensch? MIPS – das Maß für ökologisches Wirtschaften, Birkhäuser, Basel 1994

Tibor Scitovsky: The Joyless Economy. The Psychology of Human Satisfaction, Oxford University Press, Oxford 1976/1992

Irmi Seidl, Angelika Zahrnt (Hrsg.): Postwachstumsgesellschaft. Konzepte für die Zukunft, Metropolis, Marburg 2010

Richard Sennet: Der flexible Mensch. Die Kultur des neuen Kapitalismus, Berlin Verlag, Berlin 1998

Barbara Stiegler: »Geschlechter in Verhältnissen: Denkanstöße für die Arbeit« in: Gender Mainstreaming Prozesse, Bonn 2004

Wolfgang Streeck: Gekaufte Zeit. Die vertagte Krise des demokratischen Kapitalismus, Suhrkamp, Berlin 2013.

Water Footprint Network, Enschede, Netherlands University of Twente, Enschede, www.waterfootprint.org

Ernst U. von Weizsäcker, Amory Lovins, Hunter Lovins: Faktor vier, Droemer-Knaur, München 1997

Götz Werner: Einkommen für alle, Kiepenheuer & Witsch, Köln 2007

Oscar Wilde: »The Soul of Man under Socialism«; in: *The fortnightly Review*, Februar 1891

Danksagung

Wir widmen dieses Buch unseren Familien, ohne die wir nicht wären, was wir sind. Die unsere Schreibphase geduldig ertragen haben und manchmal auch Teil der Geschichte sind. Dankbar sind wir auch allen Kolleginnen und Kollegen an unseren diversen Wirkungsstätten, von denen wir vieles gelernt haben. Sie alle haben dieses Buch mitgeschrieben. Konkreter Dank gebührt unseren Kolleginnen und MitstreiterInnen am SERI, Herrn Wolfram Huncke, unserer Lektorin Heike Gronemeier sowie dem Team des Ludwig Verlags: Ihre konstruktive Kritik, ihre Ermutigungen und Anregungen trugen zum Durchhalten und Gelingen ganz wesentlich bei.